本 书 编 委 会

主　编：罗　文

常务副主编：田世宏

副 主 编：（按姓氏笔画排序）

马有祥　王　伟　王　宏　王道树　王嘉毅　毛盛勇

吕尔学　吕伟红　刘伟平　杜　江　李如生　李春临

张雨东　张春生　赵英民　胡文辉　俞家栋　徐晓兰

徐景和　黄国梁　曹雪涛　谭作钧

编委成员：（按姓氏笔画排序）

马　杰　王乃铝　王立志　王柏琴　王晓君　王赟松

井　琛　卢丽华　冯　军　邢若齐　毕开春　乔亮亮

危　浩　刘　晗　刘　超　刘永有　刘伟芳　刘军卫

孙继龙　李　艳　李治平　李春江　李宣庆　李常青

李殿平　肖　放　吴华龙　邱丽君　余昌国　汪　洋

张　俭　张士侠　张志成　张启龙　张晓霖　张蕾蕾

张曙光　陆春明　陈伟亮　陈宇芳　武　晋　庞　堃

郑　健　宗习均　宛时进　赵　卫　赵　健　胡紫依

项方怀　段保同　侯纪伟　耿　欣　徐　青　高　勇

郭　欣　黄才宇　曹　健　龚桢梽　梁　锋　蒋家东

韩建平　傅　靖　谢兆坚　谢志利　蔡煜刚　燕　娥

强国读本系列

质量强国建设纲要
学习读本

人民出版社

目　　录

《质量强国建设纲要》学习问答

质量强国建设纲要

新华社北京2月6日电 近日，中共中央、国务院印发了《质量强国建设纲要》，并发出通知，要求各地区各部门结合实际认真贯彻落实。

《质量强国建设纲要》主要内容如下。

建设质量强国是推动高质量发展、促进我国经济由大向强转变的重要举措，是满足人民美好生活需要的重要途径。为统筹推进质量强国建设，全面提高我国质量总体水平，制定本纲要。

一、形势背景

质量是人类生产生活的重要保障。党的十八大以来，在以习近平同志为核心的党中央坚强领导下，我国质量事业实现跨越式发展，质量强国建设取得历史性成效。全民质量意识显著提高，质量管理和品牌发展能力明显增强，产品、工程、服务质量总体水平稳步提升，质量安全更有保障，一批重大技术装备、重大工程、重要消费品、新兴领域高技术产品的质量达到国际先进水平，商贸、旅游、金融、物流等服务质量明显改善；产业和区域质量竞争力持续提升，质量基础设施效能逐步彰显，质量对提高全要素生产率和促进经济发展的贡献更加突出，人民群众质量获得感显著增强。

当今世界正经历百年未有之大变局，新一轮科技革命和产业变革深入发展，引发质量理念、机制、实践的深刻变革。质量作为繁荣国际贸易、促进产业发展、增进民生福祉的关键要素，越来越成为经济、贸易、科技、文化等领域的焦点。当前，我国质量水平的提高仍然滞后于经济社会发展，质量发展基础还不够坚实。

面对新形势新要求，必须把推动发展的立足点转到提高质量和效益上来，培育以技术、标准、品牌、质量、服务等为核心的经济发展新优势，推动中国制造向中国创造转变、中国速度向中国质量转变、中国产品向中国品牌转变，坚定不移推进质量强国建设。

二、总体要求

（一）**指导思想**。以习近平新时代中国特色社会主义思想为指导，立足新发展阶段，完整、准确、全面贯彻新发展理念，构建新发展格局，统筹发展和安全，以推动高质量发展为主题，以提高供给质量为主攻方向，以改革创新为根本动力，以满足人民日益增长的美好生活需要为根本目的，深入实施质量强国战略，牢固树立质量第一意识，健全质量政策，加强全面质量管理，促进质量变革创新，着力提升产品、工程、服务质量，着力推动品牌建设，着力增强产业质量竞争力，着力提高经济发展质量效益，着力提高全民质量素养，积极对接国际先进技术、规则、标准，全方位建设质量强国，为全面建设社会主义现代化国家、实现中华民族伟大复兴的中国梦提供质量支撑。

（二）主要目标

到2025年，质量整体水平进一步全面提高，中国品牌影响力稳步提升，人民群众质量获得感、满意度明显增强，质量推动经济社会发展的作用更加突出，质量强国建设取得阶段性成效。

——经济发展质量效益明显提升。经济结构更加优化，创新能力显著提升，现代化经济体系建设取得重大进展，单位GDP资源能源消耗不断下降，经济发展新动能和质量新优势显著增强。

——产业质量竞争力持续增强。制约产业发展的质量瓶颈不断突破，产业链供应链整体现代化水平显著提高，一二三产业质量效益稳步提高，农业标准化生产普及率稳步提升，制造业质量竞争力指数达到86，服务业供给有效满足产业转型升级和居民消费升级需要，质量竞争型产业规模显著扩大，建成一批具有引领力的质量卓越产业集群。

——产品、工程、服务质量水平显著提升。质量供给和需求更加适配，农产品质量安全例行监测合格率和食品抽检合格率均达到98%以上，制造业产品质量合格率达到94%，工程质量抽查符合率不断提高，消费品质量合格率有效支撑高品质生活需要，服务质量满意度全面提升。

——品牌建设取得更大进展。品牌培育、发展、壮大的促进机制和支持制度更加健全，品牌建设水平显著提高，企业争创品牌、大众信赖品牌的社会氛围更加浓厚，品质卓越、特色鲜明的品牌领军企业持续涌现，形成一大批质量过硬、优势明显的中国品牌。

——质量基础设施更加现代高效。质量基础设施管理体制机制更加健全、布局更加合理，计量、标准、认证认可、检验检测等实现更高水平协同发展，建成若干国家级质量标准实验室，打造一批高效实用的质量基础设施集成服务基地。

——质量治理体系更加完善。质量政策法规更加健全，质量监管体系更趋完备，重大质量安全风险防控机制更加有效，质量管理水平普遍提高，质量人才队伍持续壮大，质量专业技术人员结构和数量更好适配现代质量管理需要，全民质量素养不断增强，质量发展环境更加优化。

到 2035 年，质量强国建设基础更加牢固，先进质量文化蔚然成风，质量和品牌综合实力达到更高水平。

三、推动经济质量效益型发展

（三）**增强质量发展创新动能**。建立政产学研用深度融合的质量创新体系，协同开展质量领域技术、管理、制度创新。加强质量领域基础性、原创性研究，集中实施一批产业链供应链质量攻关项目，突破一批重大标志性质量技术和装备。开展质量管理数字化赋能行动，推动质量策划、质量控制、质量保证、质量改进等全流程信息化、网络化、智能化转型。加强专利、商标、版权、地理标志、植物新品种、集成电路布图设计等知识产权保护，提升知识产权公共服务能力。建立质量专业化服务体系，协同推进技术研发、标准研制、产业应用，打通质量创新成果转化应用渠道。

（四）**树立质量发展绿色导向**。开展重点行业和重点产品资源效率对标提升行动，加快低碳零碳负碳关键核心技术攻关，推动高耗能行业低碳转型。全面推行绿色设计、绿色制造、绿色建造，健全统一的绿色产品标准、认证、标识体系，大力发展绿色供应链。优化资源循环利用技术标准，实现资源绿色、高效再利用。建立健全碳达峰、碳中和标准计量体系，推动建立国际互认的碳计量基标准、碳监测及效果评估机制。建立实施国土空间生态修复标准体系。建立绿色产品消费促进制度，推广绿色生活方式。

（五）**强化质量发展利民惠民**。开展质量惠民行动，顺应消费升级趋势，推动企业加快产品创新、服务升级、质量改进，促进定制、体验、智能、时尚等新型消费提质扩容，满足多样化、多层级消费需求。开展放心消费创建活动，推动经营者诚信自律，营造安全消费环境，加强售后服务保障。完善质量多元救济机制，鼓励企业投保产品、工程、服务质量相关保险，健全质量保证金制度，推行消费争议先行赔付，开展消费投诉信息公示,加强消费者权益保护,让人民群众买得放心、吃得安心、用得舒心。

四、增强产业质量竞争力

（六）**强化产业基础质量支撑**。聚焦产业基础质量短板,分行业实施产业基础质量提升工程,加强重点领域产业基础质量攻关,实现工程化突破和产业化应用。开展材料质量提升关键共性技术研发和应用验证,提高材料质量稳定性、一致性、适用性水平。改进基础零部件与元器件性能指标,提升可靠性、耐久性、先进性。推进基础制造工艺与质量管理、数字智能、网络技术深度融合,提高生产制造敏捷度和精益性。支持通用基础软件、工业软件、平台软件、应用软件工程化开发,实现工业质量分析与控制软件关键技术突破。加强技术创新、标准研制、计量测试、合格评定、知识产权、工业数据等产业技术基础能力建设,加快产业基础高级化进程。

（七）**提高产业质量竞争水平**。推动产业质量升级,加强产业链全面质量管理,着力提升关键环节、关键领域质量管控水平。开展对标达标提升行动,以先进标准助推传统产业提质增效和新兴产业高起点发展。推进农业品种培优、品质提升、品牌打造和标准化生产,全面提升农业生产质量效益。加快传统制造业技术迭代和质量升级,强化战略性新兴产业技术、质量、管理协同创新,培育壮大质量竞争型产业,推动制造业高端化、智能化、绿色化发展,大力发展服务型制造。加快培育服务业新业态新模式，以质量创新促进服务场景再造、业务再造、管理再造，推动生产性服务业向专业化和价值链高端延伸，推动生活性服务业向高品质和多样化升级。完善服务业质量标准，加强服务业质量监测，优化服务业市场环境。加快大数据、网络、人工智能等新技术的深度应用，促进现代服务业与先进制造业、现代农业融合发展。

（八）**提升产业集群质量引领力**。支持先导性、支柱性产业集群加强先进技术应用、质量创新、质量基础设施升级，培育形成一批技术质量优势突出、产业链融通发展的产业集群。深化产业集群质量管理机制创新，构建质量管理协同、质量资源共享、企业分工协作的质量发展良好生态。组建一批产业集群质量标准创新合作平台，加强创新技术研发，开展先进标准研制，推广卓越质量管理实践。依托国家级新区、国家高新技术产业开发区、自由贸易试验区等，打造技术、质量、管理创新策源地，培育形成具有引领力的质量卓越产业集群。

（九）**打造区域质量发展新优势**。加强质量政策引导，推动区域质量发展与生产力布局、区位优势、环境承载能力及社会发展需求对接融合。推动东部地区发挥质量变革创新的引领带动作用，增强质量竞争新优势，实现整体质量提升。引导中西部地区因地制宜发展特色产业，促进区域内支柱产业质量升级，培育形成质量发展比较优势。推动东北地区优化质量发展环境，加快新旧动能转换，促进产业改造升级和质量振兴。健全区域质量合作互助机制，推动区域质量协同发展。深化质量强省建设，推动质量强市、质量强业向纵深发展，打造质量强国建设标杆。

专栏1　区域质量发展示范工程

——建设国家质量创新先导区。在质量治理理念先进、质量变革创新活跃、产业质量优势显著、城乡质量发展均衡的区域，依托中心城市、城市群开展质量协同发展试点，建设国家质量创新先导区，探索构建新型质量治理体制机制和现代质量政策体系，率先探索有特色的质量效益型发展路径。

——打造质量强国标杆城市。推动不同类型城市立足自身定位和资源要素优势，制定实施城市质量发展战略，支持城市导入全面质量管理方法，运用数字技术和标准手段推动城市管理理念、方法、模式创新，推动城市建设与质量发展融合共进，促进城市精细化、品质化、智能化发展。

——创建质量品牌提升示范区。鼓励产业园区、产业集聚区等创造性开展质量提升行动，制定和实施先进质量标准，通过质量人才培养、质量品牌建设、质量基础设施服务，培育一批产业集群商标和区域品牌，提升产业质量效益。

五、加快产品质量提档升级

（十）**提高农产品食品药品质量安全水平。**严格落实食品安全"四个最严"要求，实行全主体、全品种、全链条监管，确保人民群众"舌尖上的安全"。强化农产品质量安全保障，制定农产品质量监测追溯互联互通标准，加大监测力度，依法依规严厉打击违法违规使用禁限用药物行为，严格管控直接上市农产品农兽药残留超标问题，加强优质农产品基地建设，推行承诺达标合格证制度，推进绿色食品、有机农产品、良好农业规范的认证管理，深入实施地理标志农产品保护工程，推进现代农业全产业链标准化试点。深入实施食品安全战略，推进食品安全放心工程。调整优化食品产业布局，加快产业技术改造升级。完善食品安全标准体系，推动食品生产企业建立实施危害分析和关键控制点体系，加强生产经营过程质量安全控制。加快构建全程覆盖、运行高效的农产品食品安全监管体系，强化信用和智慧赋能质量安全监管，提升农产品食品全链条质量安全水平。加强药品和疫苗全生命周期管理，推动临床急需和罕见病治疗药品、医疗器械审评审批提速，提高药品检验检测和生物制品（疫苗）批签发能力，优化中药审评机制，加速推进化学原料药、中药技术研发和质量标准升级，提升仿制药与原研药、专利药的质量和疗效一致性。加强农产品食品药品冷链物流设施建设，完善信息化追溯体系，实现重点类别产品全过程可追溯。

（十一）**优化消费品供给品类**。实施消费品质量提升行动，加快升级消费品质量标准，提高研发设计与生产质量，推动消费品质量从生产端符合型向消费端适配型转变，促进增品种、提品质、创品牌。加快传统消费品迭代创新，推广个性化定制、柔性化生产，推动基于材料选配、工艺美学、用户体验的产品质量变革。加强产品前瞻性功能研发，扩大优质新型消费品供给，推行高端品质认证，以创新供给引领消费需求。强化农产品营养品质评价和分等分级。增加老年人、儿童、残疾人等特殊群体的消费品供给，强化安全要求、功能适配、使用便利。对标国际先进标准，推进内外贸产品同线同标同质。鼓励优质消费品进口，提高出口商品品质和单位价值，实现优进优出。制定消费品质量安全监管目录，对质量问题突出、涉及人民群众身体健康和生命财产安全的重要消费品，严格质量安全监管。

（十二）**推动工业品质量迈向中高端**。发挥工业设计对质量提升的牵引作用，大力发展优质制造，强化研发设计、生产制造、售后服务全过程质量控制。加强应用基础研究和前沿技术研发，强化复杂系统的功能、性能及可靠性一体化设计，提升重大技术装备制造能力和质量水平。建立首台（套）重大技术装备检测评定制度，加强检测评定能力建设，促进原创性技术和成套装备产业化。完善重大工程设备监理制度，保障重大设备质量安全与投资效益。加快传统装备智能化改造，大力发展高质量通用智能装备。实施质量可靠性提升计划，提高机械、电子、汽车等产品及其基础零部件、元器件可靠性水平，促进品质升级。

专栏2　重点产品质量阶梯攀登工程

——关键基础材料。推进特种材料、功能材料、复合材料等设计制造技术研发和质量精确控制技术攻关。加强新材料的质量性能研发。运用质量工程技术，缩短研发、工程化、产业化周期，提升制造质量水平。

——基础零部件及元器件。强化通用型基础零部件质量攻关，加快发展核心元器件，依靠技术进步、管理创新、标准完善，提升零部件及元器件精确性、耐久性、通用性。

——重点消费品。加强创新创意设计，加快新技术研发应用，推动纺织品、快速消费品、家电家居用品等升级迭代和品牌化发展。加大健身器材和运动用品优质供给，提升移动终端、可穿戴设备、新能源汽车与智能网联汽车等新型消费产品用户体验和质量安全水平。强化玩具、文具等儿童和学生用品益智性、舒适性、安全性，加强养老产品、康复辅助器具等特殊消费品的研发和质量设计。针对家电、家具、可穿戴设备等产品，推广人体工效学设计，加强人体工效基础研究与产品标准研制。

——重大技术装备。加快基础共性技术和增材制造、智能制造等前沿技术研究，推动品质性能升级和新产品规模化应用。提升轨道交通装备、工程机械等质量可靠性。加强仪器仪表、农机装备等领域关键部件及整机装备的技术研发和质量攻关，保障产业链供应链安全稳定。开展关键承压类特种设备技术攻关，提升机电类特种设备安全可靠性。

六、提升建设工程品质

（十三）**强化工程质量保障**。全面落实各方主体的工程质量责任，强化建设单位工程质量首要责任和勘察、设计、施工、监理单位主体责任。严格执行工程质量终身责任书面承诺制、永久性标牌制、质量信息档案等制度，强化质量责任追溯追究。落实建设项目法人责任制，保证合理工期、造价和质量。推进工程质量管理标准化，实施工程施工岗位责任制，严格进场设备和材料、施工工序、项目验收的全过程质量管控。完善建设工程质量保修制度，加强运营维护管理。强化工程建设全链条质量监管，完善日常检查和抽查抽测相结合的质量监督检查制度，加强工程质量监督队伍建设，探索推行政府购买服务方式委托社会力量辅助工程质量监督检查。完善工程建设招标投标制度，将企业工程质量情况纳入招标投标评审，加强标后合同履约监管。

（十四）**提高建筑材料质量水平**。加快高强度高耐久、可循环利用、绿色环保等新型建材研发与应用，推动钢材、玻璃、陶瓷等传统建材升级换代，提升建材性能和品质。大力发展绿色建材，完善绿色建材产品标准和认证评价体系，倡导选用绿色建材。鼓励企业建立装配式建筑部品部件生产、施工、安装全生命周期质量控制体系，推行装配式建筑部品部件驻厂监造。落实建材生产和供应单位终身责任，严格建材使用单位质量责任，强化影响结构强度和安全性、耐久性的关键建材全过程质量管理。加强建材质量监管，加大对外墙保温材料、水泥、电线电缆等重点建材产品质量监督抽查力度，实施缺陷建材响应处理和质量追溯。开展住宅、公共建筑等重点领域建材专项整治，促进从生产到施工全链条的建材行业质量提升。

（十五）**打造中国建造升级版**。坚持百年大计、质量第一，树立全生命周期建设发展理念，构建现代工程建设质量管理体系，打造中国建造品牌。完善勘察、设计、监理、造价等工程咨询服务技术标准，鼓励发展全过程工程咨询和专业化服务。完善工程设计方案审查论证机制，突出地域特征、民族特点、时代风貌，提供质量优良、安全耐久、环境协调、社会认可的工程设计产品。加大先进建造技术前瞻性研究力度和研发投入，加快建筑信息模型等数字化技术研发和集成应用，创新开展工程建设工法研发、评审、推广。加强先进质量管理模式和方法高水平应用，打造品质工程标杆。推广先进建造设备和智能建造方式，提升建设工程的质量和安全性能。大力发展绿色建筑，深入推进可再生能源、资源建筑应用，实现工程建设全过程低碳环保、节能减排。

专栏3　建设工程质量管理升级工程

——推进建设工程质量管理标准化。加强对工程参建各方主体的质量行为和工程实体质量控制的标准化管理，制定质量管理标准化手册，明确企业和现场项目管理机构的质量责任和义务，规范重点分项工程、关键工序做法及管理要求。大力推广信息技术应用，打造基于信息化技术、覆盖施工全过程的质量管理标准体系。建立基于质量行为标准化和工程实体质量控制标准化为核心内容的指标体系和评价制度，及时总结具有推广价值的质量管理标准化成果。

——严格质量追溯。明确工程项目及关键部位、关键环节的质量责任，建立施工过程质量责任标识制度，严格施工过程质量控制。加强施工记录和验收资料管理，推行工程建设数字化成果交付、审查、存档，保证工程质量的可追溯性。推进工程建设领域质量信用信息归集共享，对违法违规的市场主体实施联合惩戒。健全建设工程质量指标体系和评价制度。

——实施样板示范。以现场示范操作、视频影像、实物展示等形式展示关键部位与工序的技术、施工要求，引导施工人员熟练掌握质量标准和具体工艺。积极实施质量管理标准化示范工程，发挥示范带动作用，推动工程建设领域优质化、品牌化发展。推动精品建造和精细管理，建设品质工程。

七、增加优质服务供给

（十六）**提高生产服务专业化水平**。大力发展农业社会化服务，开展农技推广、生产托管、代耕代种等专业服务。发展智能化解决方案、系统性集成、流程再造等服务，提升工业设计、检验检测、知识产权、质量咨询等科技服务水平，推动产业链与创新链、价值链精准对接、深度融合。统筹推进普惠金融、绿色金融、科创金融、供应链金融发展，提高服务实体经济质量升级的精准性和可及性。积极发展多式联运、智慧物流、供应链物流，提升冷链物流服务质量，优化国际物流通道，提高口岸通关便利化程度。规范发展网上销售、直播电商等新业态新模式。加快发展海外仓等外贸新业态。提高现代物流、生产控制、信息数据等服务能力，增强产业链集成优势。加强重大装备、特种设备、耐用消费品的售后服务能力建设，提升安装、维修、保养质量水平。

（十七）**促进生活服务品质升级**。大力发展人众餐饮服务，提高质量安全水平。创新丰富家政服务，培育优质服务品牌。促进物业管理、房屋租赁服务专业化、规范化发展。提升旅游管理和服务水平，规范旅游市场秩序，改善旅游消费体验，打造乡村旅游、康养旅游、红色旅游等精品项目。提升面向居家生活、户外旅游等的应急救援服务能力。大力发展公共交通，引导网约出租车、定制公交等个性化出行服务规范发展。推动航空公司和机场全面建立旅客服务质量管理体系，提高航空服务能力和品质。积极培育体育赛事活动、社区健身等服务项目，提升公共体育场馆开放服务品质。促进网络购物、移动支付等新模式规范有序发展，鼓励超市、电商平台等零售业态多元化融合发展。支持有条件的地方建设新型消费体验中心，开展多样化体验活动。加强生活服务质量监管，保障人民群众享有高品质生活。

（十八）**提升公共服务质量效率**。围绕城乡居民生活便利化、品质化需要，加强便民服务设施建设，提升卫生、文化等公共设施服务质量。推动政务服务事项集成化办理、一窗通办、网上办理、跨省通办，提高服务便利度。建设高质量教育体系，推动基本公共教育、职业技术教育、高等教育等提质扩容。大力推动图书馆、博物馆等公共文化场馆数字化发展，加快线上线下服务融合。加强基层公共就业创业服务平台建设，强化职业技能培训、用工指导等公共就业服务。加强养老服务质量标准与评价体系建设，扩大日间照料、失能照护、助餐助行等养老服务有效供给，积极发展互助性养老服务。健全医疗质量管理体系，完善城乡医疗服务网络，逐步扩大城乡家庭医生签约服务覆盖范围。完善突发公共卫生事件监测预警处置机制，加强实验室检测网络建设，强化科技标准支撑和物资质量保障。持续推进口岸公共卫生核心能力建设，进一步提升防控传染病跨境传播能力。加强公共配套设施适老化、适儿化、无障碍改造。

专栏4 服务品质提升工程

——开展优质服务标准建设行动。健全服务质量标准体系，推行优质服务承诺、认证、标识制度，推动服务行业诚信化、标准化、职业化发展，培育一批金牌服务市场主体和现代服务企业。大力发展标准认证、检验检测等高技术服务业。

——推行服务质量监测评价。加强服务质量监测评价能力建设，构建评价指标体系，培育市场化、专业化第三方监测评价机构，逐步扩大服务质量监测覆盖面。应用人工智能、大数据、自动语音识别调查等方式，开展服务质量监测评价，定期发布监测评价结果，改善群众服务消费体验。

——实施服务品质升级计划。在物流、商务咨询、检验检测等生产性服务领域，开展质量标杆企业创建行动。在健康、养老、文化、旅游、体育等生活性服务领域，开展质量满意度提升行动。加快工业设计、建筑设计、服务设计、文化创意协同发展，打造高端设计服务企业和品牌。

八、增强企业质量和品牌发展能力

（十九）加快质量技术创新应用。 强化企业创新主体地位，引导企业加大质量技术创新投入，推动新技术、新工艺、新材料应用，促进品种开发和品质升级。鼓励企业加强质量技术创新中心建设，推进质量设计、试验检测、可靠性工程等先进质量技术的研发应用。支持企业牵头组建质量技术创新联合体，实施重大质量改进项目，协同开展产业链供应链质量共性技术攻关。鼓励支持中小微企业实施技术改造、质量改进、品牌建设，提升中小微企业质量技术创新能力。

（二十）**提升全面质量管理水平**。鼓励企业制定实施以质取胜生产经营战略，创新质量管理理念、方法、工具，推动全员、全要素、全过程、全数据的新型质量管理体系应用，加快质量管理成熟度跃升。强化新一代信息技术应用和企业质量保证能力建设，构建数字化、智能化质量管控模式，实施供应商质量控制能力考核评价，推动质量形成过程的显性化、可视化。引导企业开展质量管理数字化升级、质量标杆经验交流、质量管理体系认证、质量标准制定等，加强全员质量教育培训，健全企业首席质量官制度，重视质量经理、质量工程师、质量技术能手队伍建设。

（二十一）**争创国内国际知名品牌**。完善品牌培育发展机制，开展中国品牌创建行动，打造中国精品和"百年老店"。鼓励企业实施质量品牌战略，建立品牌培育管理体系，深化品牌设计、市场推广、品牌维护等能力建设，提高品牌全生命周期管理运营能力。开展品牌理论、价值评价研究，完善品牌价值评价标准，推动品牌价值评价和结果应用。统筹开展中华老字号和地方老字号认定，完善老字号名录体系。持续办好"中国品牌日"系列活动。支持企业加强品牌保护和维权，依法严厉打击品牌仿冒、商标侵权等违法行为，为优质品牌企业发展创造良好环境。

专栏5 中国品牌建设工程

——实施中国精品培育行动。建立中国精品质量标准体系和标识认证制度，培育一批设计精良、生产精细、服务精心的高端品牌。推广实施智能制造、绿色制造、优质制造。在金融、商贸、物流、文旅、体育等领域，推动标准化、专业化、品牌化发展，培育一批专业度高、覆盖面广、影响力大、放心安全的服务精品。

——提升品牌建设软实力。鼓励企业加强产品设计、文化创意、技术创新与品牌建设融合，建设品牌专业化服务平台，发展品牌建设中介服务机构，引导高等学校、科研院所、行业协会等加强品牌发展与传播理论研究，支持高等学校开设品牌相关课程，加大品牌专业人才队伍建设力度，支撑品牌创建、运营及管理。积极参与品牌评价国际标准制定。

——办好"中国品牌日"系列活动。定期举办中国品牌博览会，全方位展示品牌发展最新成果。举办中国品牌发展国际论坛，拓展质量品牌交流互鉴平台。鼓励地方开展特色品牌创建活动，不断提高本地品牌知名度。加强中国品牌宣传推广和传播，讲好中国品牌故事。

九、构建高水平质量基础设施

（二十二）优化质量基础设施管理。建立高效权威的国家质量基础设施管理体制，推进质量基础设施分级分类管理。深化计量技术机构改革创新，推进国家现代先进测量体系建设，完善国家依法管理的量值传递体系和市场需求导向的量值溯源体系，规范和引导计量技术服务市场发展。深入推进标准化运行机制创新，优化政府颁布标准与市场自主制定标准二元结构，不断提升标准供给质量和效率，推动国内国际标准化协同发展。深化检验检测机构市场化改革，加强公益性机构功能性定位、专业化建设，推进经营性机构集约化运营、产业化发展。深化检验检测认证机构资质审批制度改革，全面实施告知承诺和优化审批服务，优化规范检验检测机构资质认定程序。加强检验检测认证机构监管，落实主体责任，规范从业行为。开展质量基础设施运行监测和综合评价，提高质量技术服务机构管理水平。

（二十三）**加强质量基础设施能力建设**。合理布局国家、区域、产业质量技术服务机构，建设系统完备、结构优化、高效实用的质量基础设施。实施质量基础设施能力提升行动，突破量子化计量及扁平化量值传递关键技术，构建标准数字化平台，发展新型标准化服务工具和模式，加强检验检测技术与装备研发，加快认证认可技术研究由单一要素向系统性、集成化方向发展。加快建设国家级质量标准实验室，开展先进质量标准、检验检测方法、高端计量仪器、检验检测设备设施的研制验证。完善检验检测认证行业品牌培育、发展、保护机制，推动形成检验检测认证知名品牌。加大质量基础设施能力建设，逐步增加计量检定校准、标准研制与实施、检验检测认证等无形资产投资，鼓励社会各方共同参与质量基础设施建设。

（二十四）**提升质量基础设施服务效能**。开展质量基础设施助力行动，围绕科技创新、优质制造、乡村振兴、生态环保等重点领域，大力开展计量、标准化、合格评定等技术服务，推动数据、仪器、设备等资源开放共享，更好服务市场需求。深入实施"标准化+"行动，促进全域标准化深度发展。实施质量基础设施拓展伙伴计划，构建协同服务网络，打造质量基础设施集成服务基地，为产业集群、产业链质量升级提供"一站式"服务。支持区域内计量、标准、认证认可、检验检测等要素集成融合，鼓励跨区域要素融通互补、协同发展。建设技术性贸易措施公共服务体系，加强对技术性贸易壁垒和动植物卫生检疫措施的跟踪、研判、预警、评议、应对。加强质量标准、检验检疫、认证认可等国内国际衔接，促进内外贸一体化发展。

专栏6　质量基础设施升级增效工程

——打造质量技术机构能力升级版。加强计量、标准化、检验检疫、合格评定等基础理论、应用技术研究，推动专业技术能力升级和研究领域拓展，加快国家产业计量测试中心、国家产品质量检验检测中心规划建设，加快重大科研装备和实验室设施更新改造，强化从业人员专业化、职业化水平，实现计量、标准化、认证认可、检验检测、特种设备等质量技术机构的科研实力、装备水平、管理效能、人员素质全面提升。

——建设国家级质量标准实验室。依托高等学校、科研院所、质检中心、技术标准创新基地、国家级标准验证点和专业技术创新

中心等，建设一批高水平国家级质量标准实验室，承担质量标准基础科学与应用研究，加强关键性、前瞻性、战略性质量共性技术攻关，研究解决质量创新、安全风险管控、质量治理重要问题，培养质量标准领军人才，加快质量科研成果转化。

——创建质量基础设施集成服务基地。以产业园区、头部企业、国家质检中心为骨干，以优化服务、提高效率、辐射带动为导向，健全质量基础设施运行机制，加强计量、标准、认证认可、检验检测等要素统筹建设与协同服务，推进技术、信息、人才、设备等向社会开放共享，支撑中小微企业质量升级，推动产业集群、特色优势产业链质量联动提升。

——完善技术性贸易措施公共服务。推动国内外规制协调、标准协同以及合格评定结果互认，参与技术性贸易措施国际规则制定。完善技术性贸易措施通报、评议、研究及预警应对工作机制，强化部际协调、基层技术支撑和专家队伍建设。优化国家技术性贸易措施公共信息和技术服务，加强通报咨询中心和研究评议基地建设。

十、推进质量治理现代化

（二十五）**加强质量法治建设**。健全质量法律法规，修订完善产品质量法，推动产品安全、产品责任、质量基础设施等领域法律法规建设。依法依规严厉打击制售假冒伪劣商品、侵犯知识产权、工程质量违法违规等行为，推动跨行业跨区域监管执法合作，推进行政执法与刑事司法衔接。支持开展质量公益诉讼和集体诉讼，有效执行商品质量惩罚性赔偿制度。健全产品和服务质量担保与争议处理机制，推行第三方质量争议仲裁。加强质量法治宣传教育，普及质量法律知识。

（二十六）**健全质量政策制度**。完善质量统计指标体系，开展质量统计分析。完善多元化、多层级的质量激励机制，健全国家质量奖励制度，鼓励地方按有关规定对质量管理先进、成绩显著的组织和个人实施激励。建立质量分级标准规则，实施产品和服务质量分级，引导优质优价，促进精准监管。建立健全强制性与自愿性相结合的质量披露制度，鼓励企业实施质量承诺和标准自我声明公开。完善政府采购政策和招投标制度，健全符合采购需求特点、质量标准、市场交易习惯的交易规则，加强采购需求管理，推动形成需求引领、优质优价的采购制度。健全覆盖质量、标准、品牌、专利等要素的融资增信体系，强化对质量改进、技术改造、设备更新的金融服务供给，加大对中小微企业质量创新的金融扶持力度。将质量内容纳入中小学义务教育，支持高等学校加强质量相关学科建设和专业设置，完善质量专业技术技能人才职业培训制度和职称制度，实现职称制度与职业资格制度有效衔接，着力培养质量专业技能型人才、科研人才、经营管理人才。建立质量政策评估制度，强化结果反馈和跟踪改进。

（二十七）**优化质量监管效能**。健全以"双随机、一公开"监管和"互联网+监管"为基本手段、以重点监管为补充、以信用监管为基础的新型监管机制。创新质量监管方式，完善市场准入制度，深化工业产品生产许可证和强制性认证制度改革，分类放宽一般工业产品和服务业准入限制，强化事前事中事后全链条监管。对涉及人民群众身体健康和生命财产安全、公共安全、生态环境安全的产品以及重点服务领域，依法实施严格监管。完善产品质量监督抽查制度，加强工业品和消费品质量监督检查，推动实现生产流通、线上线下一体化抽查，探索建立全国联动抽查机制，对重点产品实施全国企业抽查全覆盖，强化监督抽查结果处理。建立健全产品质量安全风险监控机制，完善产品伤害监测体系，开展质量安全风险识别、评估和处置。建立健全产品质量安全事故强制报告制度，开展重大质量安全事故调查与处理。健全产品召回管理体制机制，加强召回技术支撑，强化缺陷产品召回管理。构建重点产品质量安全追溯体系，完善质量安全追溯标准，加强数据开放共享，形成来源可查、去向可追、责任可究的质量安全追溯链条。加强产品防伪监督管理。建立质量安全"沙盒监管"制度，为新产品新业态发展提供容错纠错空间。加强市场秩序综合治理，营造公平竞争的市场环境，促进质量竞争、优胜劣汰。严格进出口商品质量安全检验监管，持续完善进出口商品质量安全风险预警和快速反应监管机制。加大对城乡结合部、农村等重点区域假冒伪劣的打击力度。强化网络平台销售商品质量监管，健全跨地区跨行业监管协调联动机制，推进线上线下一体化监管。

（二十八）**推动质量社会共治**。创新质量治理模式，健全以法治为基础、政府为主导、社会各方参与的多元治理机制，强化基层治理、企业主责和行业自律。深入实施质量提升行动，动员各行业、各地区及广大企业全面加强质量管理，全方位推动质量升级。支持群团组织、一线班组开展质量改进、质量创新、劳动技能竞赛等群众性质量活动。发挥行业协会商会、学会及消费者组织等的桥梁纽带作用，开展标准制定、品牌建设、质量管理等技术服务，推进行业质量诚信自律。引导消费者树立绿色健康安全消费理念，主动参与质量促进、社会监督等活动。发挥新闻媒体宣传引导作用，传播先进质量理念和最佳实践，曝光制售假冒伪劣等违法行为。引导社会力量参与质量文化建设，鼓励创作体现质量文化特色的影视和文学作品。以全国"质量月"等活动为载体，深入开展全民质量行动，弘扬企业家精神和工匠精神，营造政府重视质量、企业追求质量、社会崇尚质量、人人关心质量的良好氛围。

（二十九）**加强质量国际合作**。深入开展双多边质量合作交流，加强与国际组织、区域组织和有关国家的质量对话与磋商，开展质量教育培训、文化交流、人才培养等合作。围绕区域全面经济伙伴关系协定实施等，建设跨区域计量技术转移平台和标准信息平台，推进质量基础设施互联互通。健全贸易质量争端预警和协调机制，积极参与技术性贸易措施相关规则和标准制定。参与建立跨国（境）消费争议处理和执法监管合作机制，开展质量监管执法和消费维权双多边合作。定期举办中国质量大会，积极参加和承办国际性质量会议。

专栏7 质量安全监管筑堤工程

——完善产品质量监督抽查制度。加大消费投诉集中产品、质量问题多发产品的抽查力度，聚焦网络交易平台、农村和城乡结合部消费市场，强化流通领域产品质量监督抽查。推行"即抽、即检、即报告、即处置"工作模式，及时发现、精准处理质量安全问题。开展国家与地方联动抽查、地方跨区域联动抽查。推动产品质量监督抽查全国一体化建设，实现全国监督抽查数据有效整合、信息共享。推动实施快速检验机制，大力发展快检技术和装备。实行产品质量责任生产流通双向追查，严查不合格产品流向。开展监督抽查不合格结果处理督导检查。

——加强产品伤害监测。健全全国统一产品伤害监测系统，合理布局产品伤害哨点监测医院，拓宽学校、社区等伤害监测渠道，实时监测产品安全状况。建立健全国家产品伤害数据库，加强产品伤害统计分析与经济社会损失评估。

——完善重点产品事故报告与调查制度。实施汽车、电动自行车、电子电器、儿童和学生用品等产品事故强制报告制度。健全产品事故调查机制，组建专家队伍，开展重大事故深度调查。在全国布局一批产品质量安全事故调查站点，建立统一的质量安全事故基础数据库。

——开展产品质量安全风险评估。建立全国统一的产品质量安全风险监测平台，完善产品危害识别和试验验证体系，加强产品缺陷与失效分析、事故复现与场景重构等能力建设，开展损伤机理、有毒有害物质慢性危害研究评估。制定产品质量安全风险评估技术规则，建立风险评估模型，强化风险信息研判，综合评定伤害程度、影响、风险等级，分类实施预警、下架、召回等措施。

十一、组织保障

（三十）**加强党的领导**。坚持党对质量工作的全面领导，把党的领导贯彻到质量工作的各领域各方面各环节，确保党中央决策部署落到实处。建立质量强国建设统筹协调工作机制，健全质量监督管理体制，强化部门协同、上下联动，整体有序推进质量强国战略实施。

（三十一）**狠抓工作落实**。各级党委和政府要将质量强国建设列入重要议事日程，纳入国民经济和社会发展规划、专项规划、区域规划。各地区各有关部门要结合实际，将纲要主要任务与国民经济和社会发展规划有效衔接、同步推进，促进产业、财政、金融、科技、贸易、环境、人才等方面政策与质量政策协同，确保各项任务落地见效。

（三十二）**开展督察评估**。加强中央质量督察工作，形成有效的督促检查和整改落实机制。深化质量工作考核，将考核结果纳入各级党政领导班子和领导干部政绩考核内容。对纲要实施中作出突出贡献的单位和个人，按照国家有关规定予以表彰。建立纲要实施评估机制，市场监管总局会同有关部门加强跟踪分析和督促指导，重大事项及时向党中央、国务院请示报告。

国务院新闻办公室举行"实施质量强国建设纲要　着力推动高质量发展"新闻发布会

（2023 年 2 月 16 日下午 3 时）

国务院新闻办新闻局副局长、新闻发言人邢慧娜：

女士们、先生们，大家下午好！欢迎出席国务院新闻办新闻发布会。近日，中共中央、国务院印发了《质量强国建设纲要》，今天我们邀请到国家市场监督管理总局副局长、国家标准化管理委员会主任田世宏先生，请他为大家介绍"实施质量强国建设纲要　着力推动高质量发展"有关情况，并回答大家关心的问题。出席今天发布会的还有：国家市场监督管理总局总工程师、质量发展局局长黄国梁先生；国家发展和改革委员会产业发展司负责人龚桢梽先生；工业和信息化部科技司负责人毕开春先生；国家市场监督管理总局产品质量安全监督管理司司长段永升先生。

下面，先请田世宏先生作情况介绍。

田世宏：

各位媒体朋友，大家下午好！今年是全面贯彻党的二十大精神的开局之年，高质量发展是全面建设社会主义现代化国家的首要任务。近日，党中央、国务院印发《质量强国建设纲要》，作为指导我国质量工作中长期发展的纲领性文件，掀开了新时代建设质量强国的新篇章，对我国质量事业发展具有重要里程碑意义。

党和国家历来高度重视质量工作。习近平总书记多次强调，要以提高发展质量和效益为中心，树立质量第一的强烈意识，下最大气力抓全面提高质量，深入开展质量提升行动，促进质量变革创新，推动中国制造向中国创造转变，中国速度向中国质量转变，中国产品向中国品牌转变，加快建设质量强国。习近平总书记的系列重要论述，为做好新时代质量工作指明了前进方向，提供了根本遵循。贯彻落实习近平总书记重要指示精神，按照党中央、国务院决策部署，市场监管总局、发展改革委、工业和信息化部等 24 个部门，共同完成了《纲要》编制工作。《纲要》印发后，在全社会引发广泛关注和热烈反响。

《纲要》全文共十一部分三十二条，分为形势背景、总体要求、主要任务和组织保障四个板块。

在形势背景部分，《纲要》指出，质量是人类生产生活的重要保障。当今世界正经历百年未有之大变局，新一轮科技革命和产业变革深入发展，引发质量理念、机制、实践的深刻变革。强调必须把推动发展的立足点转到提高质量和效益上来，培育以技术、标准、品牌、质量、服务等为核心的经济发展新优势，坚定不移推进质量强国建设。

在总体要求部分，《纲要》明确了指导思想，提出了 2025

年和 2035 年两阶段发展目标。到 2025 年，以定性与定量相结合
的方式，从六个方面对实现质量整体水平进一步全面提高，中国
品牌影响力稳步提升，人民群众质量获得感、满意度明显增强，
质量推动经济社会发展的作用更加突出，质量强国建设取得阶段
性成效等目标进行了细化。展望 2035 年，《纲要》设定的目标
是，质量强国建设基础更加牢固，先进质量文化蔚然成风，质量
和品牌综合实力达到更高水平。

在主要任务部分，《纲要》提出了八个方面重点任务。一是
推动经济质量效益型发展。要增强质量发展创新动能，树立质量
发展绿色导向，强化质量发展利民惠民。二是增强产业质量竞争
力。要强化产业基础质量支撑，提高产业质量竞争水平，提升产
业集群质量引领力，打造区域质量发展新优势。三是加快产品质
量提档升级。要提高农产品食品药品质量安全水平，优化消费品
供给品类，推动工业品质量迈向中高端。四是提升建设工程品
质。要强化工程质量保障，提高建筑材料质量水平，打造中国建
造升级版。五是增加优质服务供给。要提高生产服务专业化水
平，促进生活服务品质升级，提升公共服务质量效率。六是增强
企业质量和品牌发展能力。要加快质量技术创新应用，提升全面
质量管理水平，争创国内国际知名品牌。七是构建高水平质量基
础设施。要优化质量基础设施管理，加强质量基础设施能力建
设，提升质量基础设施服务效能。八是推进质量治理现代化。要
加强质量法治建设，健全质量政策制度，优化质量监管效能，推
动质量社会共治，加强质量国际合作。

围绕上述重点领域、关键环节，《纲要》同步部署了区域质量、产品质量、工程质量、服务品质、品牌建设、质量基础设施、质量安全等七项重大工程，还提出了培育壮大质量竞争型产业，实施产品和服务质量分级，推动区域质量协同发展，打造质量强国建设标杆，推进质量基础设施分级分类管理，开展质量管理数字化赋能等一系列创新措施。

在组织保障部分，《纲要》从加强党的领导、狠抓工作落实、开展督察评估三个方面强化实施保障，明确提出要建立质量强国建设统筹协调工作机制、健全质量监督管理体制、加强中央质量督察工作、建立纲要实施评估机制等重要举措，推动抓好《纲要》目标任务的贯彻落实。

新华社记者：自《纲要》印发以来，各行各业都十分关注。请问作为新时期统筹推进我国质量强国建设的行动纲领，应该如何理解《纲要》的核心要义，如何把握《纲要》的主要内容？

田世宏：

制定实施《纲要》是以习近平同志为核心的党中央作出的重大决策部署，学习宣传贯彻好《纲要》是推进质量强国建设的重要任务，要从四个方面进行把握：

首先，要把握《纲要》颁布实施的重大意义。《纲要》是首个由党中央、国务院印发的中长期质量纲领性文件，确立了新时代质量工作的全新方位，为统筹推进质量强国建设提供了行动指

南、注入了强大动力。贯彻实施好《纲要》是推进中国式现代
化建设、促进我国经济由大向强转变、实现经济社会高质量发展
的重要举措，是更好满足人民美好生活需要的重要途径。

第二，要把握《纲要》确立的指导思想。《纲要》以习近平
新时代中国特色社会主义思想为指导，以推动高质量发展为主
题，以提高供给质量为主攻方向，以改革创新为根本动力，以满
足人民日益增长的美好生活需要为根本目的，深入实施质量强国
战略，加强全面质量管理，促进质量变革创新，全方位建设质量
强国，为全面建设社会主义现代化国家、实现中华民族伟大复兴
的中国梦提供质量支撑。

第三，要把握《纲要》提出的发展目标。刚才，我介绍了
《纲要》设定的两阶段目标。到 2025 年，是质量强国建设的关
键时期，这个时期的目标可以从六个方面来理解：一是经济发展
质量效益明显提升；二是产业质量竞争力持续增强；三是产品、
工程、服务质量水平显著提升；四是品牌建设取得更大进展；五
是质量基础设施更加现代高效；六是质量治理体系更加完善。这
些目标，既考虑了我国质量工作现实基础和国家发展重大需求，
同时也兼顾了国际质量发展环境和趋势，为质量强国建设提供了
预期，具有较强的激励导向作用。

最后，要把握《纲要》明确的主攻方向。具体可以概括为
"三个体系"建设：一是建设更适配的质量供给体系。着力推动
经济质量效益型发展，增强区域和产业质量竞争力，加快产品、
工程、服务提档升级，增强企业质量和品牌发展能力，强化宏观

中观微观质量的系统性谋划、整体性推进，打造质量供给体系升级版。二是建设高水平的质量基础设施体系。着力加强质量基础设施运行监测和综合评价，合理布局国家、区域、产业质量技术服务机构，实施质量基础设施拓展伙伴计划，特别是要加强计量、标准、检验检测、认证认可等国内国际衔接、互联互通，打造"一站式"集成服务基地，建设系统完备、结构优化、高效实用的质量基础设施，更好释放质量基础设施服务效能。三是建设现代化的质量治理体系。着力健全质量政策、完善质量法治、优化质量监管，深化质量督察和质量工作考核，强化基层治理、企业主责和行业自律，实现社会共治，营造政府重视质量、企业追求质量、社会崇尚质量、人人关心质量的良好氛围。

中央广播电视总台央视记者：产品和服务质量与生产生活紧密相关，对促进产业发展、提升供给质量发挥着重要作用。在 2017 年，党中央、国务院对开展质量提升行动专门作出部署，此次《纲要》又对质量提升行动作出要求。请问，提出了哪些重点任务？下一步又有哪些具体的举措？

黄国梁：

开展质量提升行动是建设质量强国的重要抓手，提升产品、工程和服务质量是建设质量强国的重要任务。自 2017 年开展质量提升行动以来，我国质量总体水平显著提高，有力支撑了中国经济转型升级，也惠及了亿万中国人民和全球消费者。这次

《纲要》再次对质量提升行动发出号令，要求深入实施质量提升行动，全方位推动质量升级，并就产品、工程和服务质量提升作出了具体部署。

一是加快产品质量提档升级。严格落实食品安全"四个最严"要求，实行全主体、全品种、全链条监管，确保人民群众"舌尖上的安全"。同时要推广个性化定制、柔性化生产，优化消费品供给品类，推动消费品质量从生产端符合型向消费端适配型转变。增加老年人、儿童、残疾人等特殊群体的消费品优质供给。对标国际先进标准，推进内外贸产品同线同标同质，鼓励优质消费品进口，提高出口商品品质和单位价值，实现优进优出。发挥工业设计对质量提升的牵引作用，强化研发设计、生产制造、售后服务全过程质量控制，提升重大技术装备制造能力，从而推动工业品质量迈向中高端。

二是提升建设工程品质。全面落实各方主体的工程质量责任，强化质量责任追溯追究。提高建筑材料质量水平，落实建材生产和供应单位终身责任，严格建材使用单位质量责任，强化全过程质量管理。大力发展绿色建材，构建现代工程建设质量管理体系，打造中国建造升级版。

三是增加优质服务供给。提高生产服务专业化水平，发展智能化解决方案、系统性集成、流程再造等服务，特别是要注重推动产业链与创新链、价值链精准对接、深度融合，提高服务实体经济质量升级的精准性和可及性。促进生活服务品质升级，注重培育优质服务品牌，改善消费体验。加强生活性服务质量监管，保障人民享有高品质生活。加强便民服务设施建设，推动政务服务事项集成化办理、一窗通办、网上办理、跨省通办，提升公共服务质量效率。

近期，经国务院同意，市场监管总局、发展改革委、工业和信息化部等 18 个部门，联合印发实施《进一步提高产品、工程和服务质量行动方案（2022—2025 年)》。下一步，我们将围绕推动民生消费质量升级，增强产业基础质量竞争力，引导新技术新产品新业态优质发展，促进服务品质大幅提升等方面，抓好重点任务落实。

质量是满足需求的能力，随着人民群众消费需求提升，产品和服务供给质量要随之不断提升，我们将下最大气力、一个行业一个行业抓质量提升，以更好满足人民对美好生活的追求。

澎湃新闻记者：据经济合作与发展组织统计，3% 的知名品牌占据了全球 40% 的份额。品牌的背后体现的是市场竞争力。《质量强国建设纲要》围绕品牌建设提出了持续办好"中国品牌日"系列活动，请问下一步有哪些具体考虑？

龚桢梽：

品牌是经济高质量发展的重要象征，也是质量强国的内在支撑。习近平总书记 2014 年 5 月 10 日在河南考察时强调，"推动中国制造向中国创造转变、中国速度向中国质量转变、中国产品向中国品牌转变"，此后又多次强调要"强化品牌意识""做强做大民族品牌"。党中央、国务院高度重视品牌建设工作，并且把每年 5 月 10 日设立为"中国品牌日"。

国家发展改革委作为品牌建设的牵头部门，近年来，我们印发实施了《关于新时代推进品牌建设的指导意见》，组织编制了年度《中国品牌建设报告》，并且会同有关部门和地方依托"中国品牌日"活动平台，来宣传我们的国货精品，讲好中国品牌的故事，并且推动中国的品牌建设取得了积极成效。下一步，我们将结合贯彻落实发布的《质量强国建设纲要》，从以下方面来推动品牌高质量发展。

首先，就是要高起点办好品牌日活动。我们将在进一步总结经验、充实力量、优化模式的基础之上，高质量办好每年的活动，这个活动就是一个展会和一个论坛，分别是中国品牌博览会以及中国品牌发展国际论坛，并且我们也将鼓励地方结合实际，开展特色的品牌创建活动。我们将通过宣传展示、参观体验、交流互鉴来激发广大消费者关爱自主品牌的热情和信心，也激励全社会深入开展品牌创建行动。

二是持续放大活动效应。我们将积极推动中华优秀传统文化和社会主义先进文化融入到品牌创建实践工作中来，不断提升品牌的文化内涵。在此基础上，我们将借助各位媒体朋友的平台，做好品牌的宣传报道，全方位、多角度讲好中国品牌故事。此外，我们也将加强品牌的国际传播，提升品牌的国际形象，提高中国品牌的世界知名度和影响力。

三是进一步健全活动长效机制。在每年办好 5 月 10 日"中国品牌日"活动的同时，我们将会同有关部门和地方组织开展品牌建设的工作接力，在全社会广泛传播品牌发展理念、凝聚品牌发展共识、营造品牌培育的氛围，形成政府搭台、企业参与、消费者期待的这样一种可持续发展的机制。

四是完善服务支撑体系。我们还将引导有关机构开展中国特色品牌发展理论研究和品牌创建、品牌评价、品牌运营等实践，并且研究推进建立品牌专家智库。此外，我们鼓励各地方结合实际，出台品牌建设的相关政策措施，建立健全品牌发展激励和要素保障机制，激励广大企业实施质量品牌战略，提高品牌全生命周期管理运营能力。

21 世纪经济报道记者：《质量强国建设纲要》当中提出，要增强产业质量竞争力，推动工业品质量迈向中高端。请问在制造业质量提升方面，工业和信息化部做了哪些工作？后续又有什么考虑？

毕开春：

习近平总书记高度重视制造业高质量发展，强调要推动制造业从数量扩张向质量提高的战略性转变。工业和信息化部认真学习贯彻落实习近平总书记重要指示批示精神，按照党中央、国务院决策部署，协同推进质量强国与制造强国、网络强国、数字中国建设，加快推进新型工业化，扎实推动制造业高端化、智能化、绿色化发展。

一是指导企业牢固树立先进科学的质量观。建立产品质量是设计出来的、是制造出来的，是依靠实验测试来保障的理念，推动企业把质量工作落实到研发生产经营全过程，持续提升企业的质量管理和质量技术，推动制造业向中高端迈进。二是强化重大项目、重大工程质量保障。将试验验证作为质量工作的重点，会同有关部门开展质量安全专项联合检查，加强重大工程质量协调调度，为 C919 大型客机等重大工程重大项目顺利实施保驾护航。三是深入实施制造业"三品"专项行动，促进企业增品种、提品质、创品牌。引导企业向个性化定制、柔性化生产制造的新模式转变。四是坚持将质量提升与管理、技术、标准、知识产权等一体化推进。开展质量可靠性攻关，推动优势技术和创新成果的标准化，制定一批产品质量分级和品牌培育标准，大力推广先进适用技术。五是全面提升企业质量管理水平。通过全国质量标杆等活动推广先进质量管理经验，普及可靠性设计、精益制造、质量管理数字化等先进质量工具和方法，扎实推动企业实现提质增效。六是持续加强制造业质量基础设施建设。建成一批工业产品质量控制和技术评价实验室、国家制造业创新中心、重点实验室、产业技术基础公共服务平台，不断优化产业质量基础体系。

下一步，我们将认真贯彻《纲要》部署，锚定新型工业化及实现产业质的有效提升这一战略目标，不断推动制造业高质量发展。一是实施制造业卓越质量工程。深入开展先进质量管理体系标准贯标，激励企业向卓越质量攀升。持续开展制造业"三品"专项行动、质量管理数字化"深度行"行动、全国质量标杆示范等，激发企业提质增效的内生动力。二是实施质量标准品牌赋值中小企业专项行动。通过质量提升、标准引领、品牌建设，帮助中小企业提高经营绩效，培育更多专精特新中小企业。三是提高以可靠性为核心的产品质量水平。加强质量与可靠性技术创新和推广应用，健全可靠性标准体系，遴选一批典型案例，为企业提供更多的质量可靠性先进经验。四是夯实产业技术基础。加强标准、计量、实验测试等质量基础能力建设，开展培训、咨询、诊断等服务，不断夯实产业质量基础服务效能。

中国新闻社记者：质量强国建设离不开计量标准、检验检测等质量基础设施的支撑，能否介绍一下质量基础设施的重要意义和发展现状，以及《纲要》对质量基础设施建设有哪些部署？

田世宏：

质量基础设施是促进产业发展、科技创新、国际贸易和实现可持续发展的重要技术基础，我们也把它称为基础之基础。质量基础设施是由联合国贸易发展组织、联合国工业发展组织、国际标准化组织等国际组织，在总结全球可持续发展、缩小贫富差距、实现公平竞争、促进经济繁荣等实践经验的基础上提出的一个系统性概念，主要包括计量、标准、检验检测、认证认可等要素。无论是载人航天、深海探测，还是万物互联、人工智能，甚至是家政服务、医疗养老、网上购物等社会生产生活的方方面面，都离不开质量基础设施的支撑保障作用。

新时代10年来，党中央、国务院相继出台了一系列加强质量基础设施建设、推动质量基础设施改革发展的政策措施，质量基础设施得到了进一步加强。《纲要》针对质量基础设施建设，从三个方面作了专门部署，并以专栏的形式设定了"质量基础设施升级增效工程"。具体来讲：

一是从硬件上，加强质量基础设施的能力建设。合理布局国家、区域、产业质量技术服务机构，实施质量基础设施能力提升行动，完善检验检测认证行业品牌培育、发展、保护机制，逐步增加计量检定校准、标准研制与实施等无形资产投资，鼓励社会各方共同参与，建设系统完备、结构优化、高效实用的质量基础设施。

二是从软件上，优化质量基础设施的管理。推进质量基础设施分级分类管理，加强国家现代先进测量体系建设，优化政府颁布标准与市场自主制定标准二元结构，深化检验检测机构市场化改革，强化检验检测认证机构资质审批制度改革，开展质量基础设施运行监测和综合评价，建立高效权威的国家质量基础设施管理体制。

三是从应用上，提升质量基础设施服务效能。实施质量基础设施助力行动，大力开展计量、标准化、合格评定等技术服务，推动数据、仪器、设备等资源开放共享。构建协同服务网络，打造质量基础设施集成服务基地，为产业集群、产业链质量升级提供"一站式"服务。加强质量标准、检验检疫、认证认可等国内国际衔接，促进内外贸一体化发展。

同时，《纲要》的专栏部分还对打造质量技术机构能力升级版、建设国家级质量标准实验室、完善技术性贸易措施公共服务等作出了部署安排。

香港中评社记者：质量安全与企业生产经营和老百姓的衣食住行息息相关。请问《纲要》在确保质量安全方面有哪些考虑和设计？

段永升：

质量安全事关人民群众生命财产安全和公共安全，《纲要》明确提出实施质量安全监管筑堤工程，着力推进质量治理现代化，主要从以下三方面下功夫：

一是加强质量法治建设。加快修订《产品质量法》，完善产品安全、产品责任、质量基础设施等领域法规。依法依规严厉打击制售假冒伪劣商品、侵犯知识产权等行为，推进行政执法与刑事司法衔接。支持开展质量公益和集体诉讼，有效执行商品质量惩罚性赔偿制度。

二是健全质量政策制度。要建立质量政策评估和健全国家质量奖励制度。实施产品和服务质量分级，引导优质优价，促进精准监管。完善以质量要素为基础的政府采购政策、招投标制度和融资增信体系。建立健全强制性与自愿性相结合的质量披露制度，鼓励企业实施质量承诺和标准自我声明公开。完善质量专业人才培训和职称制度，着力培养质量专业技能型人才、科研人才、经营管理人才。

三是优化质量监管效能。进一步深化工业产品生产许可证和强制性认证制度改革，强化事前事中事后全链条监管。进一步明确老年人、学生、儿童、残疾人等特殊群体的消费品质量安全要求，制定消费品质量安全监管目录，严格质量安全监管。加强对水泥、电线电缆等重点建材产品的质量监管和缺陷产品召回管理。推进网络平台销售商品线上线下一体化质量监管。构建重点产品质量安全追溯体系，形成来源可查、去向可追、责任可究的追溯链条。

我们将认真落实《纲要》有关质量治理要求，不断提升质量安全监管水平，夯实质量强国建设的安全基础。

新京报记者：党的二十大提出，要形成更高水平和更高质量的区域经济协调发展新格局。请问《纲要》对促进区域质量发展有哪些谋划和部署？

黄国梁：

实施区域协调发展战略是新时代国家的重大战略之一，《纲要》提出推动区域发展质量与生产力布局、区位优势、环境承载能力以及社会发展的实际需求对接融合。鼓励东部地区发挥质量变革创新的引领作用，以质量变革创新促进培育高端化、智能化、绿色化的先进制造业集群，推动生产性服务业向专业化和价值链高端延伸；引导中西部地区因地制宜发展特色产业，促进区域内支柱产业质量升级，培育形成质量发展比较优势；同时推动东北地区优化质量发展环境，加快新旧动能转换，促进传统优势产业技术迭代和质量升级，培育新兴产业。

《纲要》以专栏的形式，部署实施"区域质量发展示范工程"，将推动质量强省、质量强市、质量强业向纵深发展。下一步，市场监管总局将会同有关部门，紧扣重大区域战略，打造区域质量发展新优势。

一是建设国家质量创新先导区。依托区域中心城市、城市群开展质量协同发展试点，探索构建新型质量治理体制机制和现代质量政策体系。布局建设国家级质量标准实验室，以现代化的质量基础设施建设适配支撑现代化产业体系的完善。推动质量变革创新，促进现代服务业与先进制造业、现代农业融合发展，实现城乡质量均衡发展，探索特色质量效益型发展路径，建设区域质量发展高地。

二是打造质量强国标杆城市。引导各类城市制定实施城市质量发展战略，导入全面质量管理体系和方法，运用数字技术和标准手段推动城市管理理念、管理方法、管理模式创新，从而促进城市建设与质量发展融合共进，创建精细化、品质化、智能化发展的质量强国标杆城市。

三是创建质量品牌提升示范区。推动有条件的产业园区、产业集聚区等创造性开展质量品牌提升行动，建设服务产业集群的质量基础设施集成基地，优化质量基础设施服务系统效能。制定和实施先进质量标准，促进质量技术和管理人才培育。加强产品和服务的创新创意设计、原创新技术研发应用和创新专利应用推广。完善品牌运营和管理，形成一批质量引领力强、产品美誉度高的区域品牌。同时，发挥示范区集聚效应，培育形成一批高水平的质量卓越产业集群。

在这里也向各位报告一下,今年9月,市场监管总局将会同相关部委与四川省政府、成都市政府,在四川成都举办第五届中国质量(成都)大会。这个大会是面向全球的高水平的交流现代质量管理理念观点、促进质量国际合作的平台,通过交流互鉴质量变革创新成果,服务以国内大循环为主体、国内国际双循环相互促进的新发展格局。欢迎各位关注、参与。

中宏网记者:我们注意到《质量强国建设纲要》从宏观经济角度对推动经济质量效益型发展作出了部署,请问下一步还有哪些具体考虑?

龚桢梽:

党的二十大报告指出:"高质量发展是全面建设社会主义现代化国家的首要任务。"党中央、国务院印发《质量强国建设纲要》,以专节形式深入阐述"推动经济质量效益型发展"。国家发展改革委将坚决贯彻落实党中央、国务院决策部署,坚持以推动高质量发展为主题,把实施扩大内需战略同深化供给侧结构性改革有机结合起来,加快建设现代化经济体系,推动经济实现质的有效提升和量的合理增长。主要是以下几方面:

一是着力构建高水平社会主义市场经济体制。我们将坚持"两个毫不动摇",积极营造好的政策和制度环境,切实让国企敢干、民企敢闯、外企敢投。同时,也将建设高标准市场体系,深化要素市场化改革,加快建设高效规范、公平竞争、充分开放的全国统一大市场。要完善宏观经济治理机制,依法规范和引导资本健康发展。

二是加快建设现代化产业体系。我们将和有关部门一道着力提升产业链供应链韧性和安全水平，深入实施重大技术装备攻关工程，推动制造业高端化、智能化、绿色化发展。同时，还将进一步优化石化、新能源汽车等重大生产力布局，持续巩固钢铁去产能和产量压减成果，推动轻工、纺织等行业优化升级，巩固优势产业领先地位。加快发展数字经济，打造具有国际竞争力的数字产业集群。此外，我们还将加快构建优质高效的服务业新体系，推动现代服务业同先进制造业、现代农业深度融合。

三是着力推进城乡区域协调发展。全面推进乡村振兴，推进以人为核心的新型城镇化。深入实施区域协调发展战略、区域重大战略、主体功能区战略，构建优势互补、高质量发展的区域经济布局和国土空间体系。同时，支持革命老区、民族地区加快发展，加强边疆地区建设。

四是着力推进高水平对外开放。我们将持续深化要素流动型开放，稳步扩大规则、规制、管理、标准等制度型开放。创新服务贸易发展机制，积极发展数字贸易，落实好稳外贸政策。同时，营造高水平利用外资环境，推动共建"一带一路"高质量发展，构建互利共赢、多元平衡、安全高效的开放型经济体系。

五是着力推动绿色低碳发展。我们将积极稳妥推进碳达峰碳中和，有计划分步骤实施碳达峰十大行动，完善能源消耗总量和强度调控，深入推进能源清洁低碳高效利用。大力推动重点行业节能降碳，坚决遏制高耗能、高排放、低水平项目盲目发展，并且实施全面节约战略,倡导绿色消费。

总之,我们将增强质量发展创新动能、树立质量发展绿色导向、强化质量发展利民惠民,持续优化经济结构,着力提升创新能力,不断增强经济发展新动能和质量新优势。

香港紫荆杂志记者:企业是质量创新发展的主力军,请问建设质量强国中,企业如何更好发挥主体作用?

段永升:

企业是质量强国建设的主力军。《纲要》就引导企业发挥好主体作用,增强企业质量和品牌发展能力提出了一系列举措。无论是国有企业、民营企业,还是外资企业,都要找准市场定位、发挥主体作用,要从以下四个方面推动企业质量创新发展。

一是企业要着力提升质量管理水平。鼓励企业制定实施以质取胜的生产经营战略,创新质量管理理念、方法、工具,建立和应用全员、全要素、全过程、全数据的新型质量管理体系,加快质量管理成熟度跃升。特别是要顺应新一轮科技革命和产业变革大趋势,加快构建数字化、智能化的质量管控模式,实现质量管理数字化升级。

二是企业要着力实施质量技术创新。各类企业要强化创新主体地位,加大投入,推动新技术、新工艺、新材料应用,促进品种开发和品质升级,加强首台(套)重大技术装备等创新研发。行业龙头企业要主动牵头组建质量技术创新联合体,协同开展产业链供应链质量共性技术攻关。中小微企业要大力实施技术改造、质量改进、品牌建设，提升质量技术创新能力。

三是企业要着力加强质量文化建设。广大企业要健全首席质量官制度，重视质量经理、质量工程师、质量技术能手队伍建设，加强全员质量教育培训，推动树立质量第一的强烈意识。要广泛参与全国"质量月"等群众性质量活动，推动企业之间质量文化交流互鉴，激发全员质量创新热情。要大力实施企业质量品牌战略，将产品设计、文化创意、技术创新与品牌建设融合，提升品牌建设软实力，努力培育中国精品。

四是全社会要为企业质量发展营造良好环境。政府要维护好公平竞争的市场环境，保护和激发企业质量发展活力。健全质量奖励制度，树立质量标杆，激励企业勇攀质量高峰。行业协会商会、学会以及消费者组织，要发挥桥梁纽带作用，加强对企业标准制定、品牌建设、质量管理等技术服务支撑，推进行业质量诚信自律。特别是请新闻媒体的朋友们发挥宣传引导作用，传播先进质量理念，弘扬企业家精神和工匠精神，营造重视质量、追求质量、崇尚质量、关心质量的社会氛围。

中国日报记者：我国先后印发了《质量振兴纲要（1996—2010年）》《质量发展纲要（2011—2020年）》，与之相比，《质量强国建设纲要》有哪些继承和创新的地方？

田世宏：

上世纪九十年代以来，我国先后制定实施了《质量振兴纲要（1996—2010年）》《质量发展纲要（2011—2020年）》两个规划文件，持续推动质量提升与经济社会的协调发展，探索出了一条中国特色的质量发展之路。《质量强国建设纲要》的接续出台，更加凸显了质量在经济社会发展全局中的基础性、战略性地位和作用，也更加凸显了质量强国建设在全面建设社会主义现代化国家、实现中华民族伟大复兴中的使命和责任。从质量振兴到质量发展再到质量强国，标志着我国质量工作进入新时代、开启新篇章。与之前的两个规划文件相比，《质量强国建设纲要》既保持了延续性，同时又具有新的特色和亮点。具体来说：

一是突出坚持党的领导。《纲要》坚持以习近平新时代中国特色社会主义思想为指导，坚持党对质量工作的全面领导，把党的领导贯彻到质量工作各领域各方面各环节，健全中央质量督察制度，将质量强国建设列入各级党委和政府的重要议事日程，纳入国民经济和社会发展的规划计划，同时也将质量工作考核列入各级党政领导班子和领导干部政绩考核内容，这样来确保党中央关于建设质量强国的决策部署能够落到实处。

二是突出以人民为中心。《纲要》坚持以满足人民日益增长的美好生活需要为根本目的，聚焦民生福祉和短板弱项，强调严格质量安全保障，增加优质产品和服务供给，满足多样化、多层级的消费需求，增强人民群众质量获得感、满意度。

三是突出贯彻新发展理念。《纲要》聚焦高质量发展，创新提出了质量竞争型产业规模显著扩大、建设一批质量卓越产业集群等引导性指标，同时也强化了有关产品、工程和服务质量的约束性指标，提出了要增强质量创新动能，树立质量发展绿色导向，推进解决质量发展中不平衡不充分的问题，实现质量发展成果全民共享。要求进一步深化质量国际合作，推进质量基础设施互联互通，切实做到崇尚创新、注重协调、倡导绿色、厚植开放、推进共享。

四是突出系统推进的原则。《纲要》调整领域从微观的产品、工程、服务质量，向经济、产业、区域质量等宏观层面拓展，首次对推动经济质量效益型发展、增强产业和区域质量竞争力等作出了专门部署。《纲要》统筹发展和安全，既注重提升产业现代化水平，抬升质量高线，又聚焦重点领域风险隐患，确保质量安全底线，更好实现系统推进、互动提升。《纲要》还特别提出要加强全面质量管理，推进全员全要素全过程全数据的新型质量管理体系的建设与应用。

五是突出质量变革创新。《纲要》鲜明提出健全质量政策，推动质量变革创新。具体来说，在质量激励方面，提出了要建立绿色产品消费促进制度、加大对企业质量创新金融扶持、健全国家质量奖励制度、完善质量多元救济机制以及实施质量可靠性提升计划等一系列激励性措施。在约束机制方面，提出了完善产品召回制度，改革产品质量监督抽查制度，健全产品伤害监测体系，建立质量安全追溯体系，开展质量安全风险评估，完善重大工程设备监理制度等一系列约束性措施。在质量基础方面，要求要建立高效权威的国家质量基础设施管理体制，推动计量、标准、检验检测、认证认可协同发展，同时鼓励企业加强质量技术创新中心的建设，提升中小微企业质量技术创新能力，加强质量相关学科建设,加大全员质量教育培训和专业技能型人才培养。《纲要》也鼓励协会、学会、商会以及广大企业能够广泛开展质量改进、质量创新等群众性质量活动。这些都是一些积极的变革创新措施,进一步完善国家质量政策体系。

邢慧娜:

大家没有更多的问题,今天的发布会就先到这儿。谢谢田局长和几位发布人,也谢谢各位媒体朋友。大家再见。

(来源:国务院新闻办公室网站)

加快建设质量强国，着力推动高质量发展

中共市场监管总局党组

近日，中共中央、国务院印发了《质量强国建设纲要》（以下简称《纲要》），这是以习近平同志为核心的党中央立足全面建设社会主义现代化国家、着眼统筹"两个大局"、着力推动经济社会高质量发展作出的重大决策部署，是贯彻落实党的二十大精神、推进中国式现代化的重大举措，是新时代建设质量强国的宏伟蓝图，在我国质量事业发展史上具有重大里程碑意义。

一、建设质量强国具有重大而深远的意义

党的十八大以来，以习近平同志为核心的党中央统揽全局，把推动发展的立足点转到提高质量和效益上来，大力促进质量发展，狠抓质量提升，推动我国质量事业实现跨越式发展，取得历史性成效。

建设质量强国是全面建设社会主义现代化国家的必由之路。国家强必须质量强，质量不仅是国家现代化的基础支撑，也是国家竞争力的重要标志。经济发展规律表明，一个国家或地区在经

50

历高速增长后，必须推动实现从量的扩张转向质的提高的根本性转变，才能真正走上强盛之路。我国已经成为世界第二大经济体，但发展的质量效益仍有待提升，必须把质量上升为国家战略，树立质量第一的强烈意识，推动质量变革、效率变革、动力变革，努力走以质取胜发展之路，为中国式现代化提供坚实的质量支撑。

建设质量强国是推动经济高质量发展的重大举措。推动高质量发展需要树立提高发展质量效益的鲜明导向，以提高供给质量作为主攻方向，将全面提高产品和服务质量作为提升供给体系的中心任务，振兴实体经济。要下最大气力抓全面提高质量，强化质量技术、管理和制度创新，增强企业质量和品牌发展能力，提高产业链质量竞争力，促进区域质量协调发展，以质量提升助力打造自主可控、安全可靠、竞争力强的现代化产业体系。

建设质量强国是推动构建新发展格局的重要保障。质量一头连着供给，一头连着需求，贯通了整个产业链条，融入了经济发展全域，全面提升产品和服务质量有助于促进生产、流通、消费等环节循环畅通，推动国民经济良性循环。质量是深度参与全球产业分工与合作的关键要素，要深化质量基础设施互联互通，深入开展双多边质量合作交流，发展更有质量的开放型经济，推动国内国际双循环相互促进、更有活力。

建设质量强国是满足人民对美好生活需要的关键要求。质量体现着人民对美好生活的向往，产品和服务质量水平直接影响着人民群众生命健康、财产安全和生活品质。要把更好满足人民群众的需要，作为质量强国建设的出发点和落脚点，提高供给质量，不断释放和扩大内需潜力，让人民群众买得放心、吃得安心、用得舒心，增强人民群众的质量获得感、满足感、幸福感。

二、准确把握质量强国建设的总体要求

《纲要》对我国质量强国建设作出整体部署，明确了全方位建设质量强国的指导思想和发展目标。

全方位建设质量强国，必须坚持以习近平新时代中国特色社会主义思想为指导。习近平总书记强调，"要树立质量第一的强烈意识，下最大气力抓全面提高质量""中国致力于质量提升行动，提高质量标准，加强全面质量管理，推动质量变革、效率变革、动力变革，推动高质量发展"。党的二十大报告提出："加快建设制造强国、质量强国、航天强国、交通强国、网络强国、数字中国。"这是质量强国建设的根本遵循，必须长期坚持。要立足新发展阶段，完整、准确、全面贯彻新发展理念，构建新发展格局，深入实施质量强国战略，牢固树立质量第一意识，健全质量政策，加强全面质量管理，促进质量变革创新，着力提升产品、工程、服务质量，着力推动品牌建设，着力增强产业质量竞争力，着力提高经济发展质量效益，着力提高全民质量素养，积极对接国际先进技术、规则、标准，全方位建设质量强国，为全面建设社会主义现代化国家、实现中华民族伟大复兴的中国梦提供质量支撑。

全方位建设质量强国，必须明确总体发展目标。《纲要》提

出，到 2025 年，质量整体水平进一步全面提高，中国品牌影响力稳步提升，人民群众质量获得感、满意度明显增强，质量推动经济社会发展的作用更加突出，质量强国建设取得阶段性成效。经济发展质量效益明显提升，产业质量竞争力持续增强，产品、工程、服务质量水平显著提升，品牌建设取得更大进展，质量基础设施更加现代高效，质量治理体系更加完善。到 2035 年，质量强国建设基础更加牢固，先进质量文化蔚然成风，质量和品牌综合实力达到更高水平。

三、切实抓好质量强国建设重点任务落实

《纲要》明确了 8 个方面重点任务，这些都是质量强国建设的重点领域和主攻方向，需要全面准确把握，统筹推进落实。

一是推动经济质量效益型发展。协同开展质量领域技术、管理、制度创新，突破一批重大标志性质量技术和装备，增强质量发展创新动能。开展重点行业和重点产品资源效率对标提升行动，树立质量发展绿色导向。开展质量惠民行动和放心消费创建活动。

二是增强产业质量竞争力。分行业实施产业基础质量提升工程，强化产业基础质量支撑。加强产业链全面质量管理，打造技术、质量、管理创新策源地，实施区域质量发展示范工程，推动区域质量协同发展。

三是加快产品质量提档升级。实行全主体、全品种、全链条监管，提高农产品食品药品质量安全水平，确保人民群众"舌

尖上的安全"。实施消费品质量提升行动，建立首台（套）重大技术装备检测评定制度，推进实施重点产品质量阶梯攀登工程。

四是提升建设工程品质。全面落实各方主体的工程质量责任，强化质量责任追溯追究，强化工程质量保障。促进从生产到施工全链条的建材行业质量提升，提高建筑材料质量水平，实施建设工程质量管理升级工程，打造中国建造升级版。

五是增加优质服务供给。推动产业链与创新链、价值链精准对接、深度融合，提高生产服务专业化水平。加强生活服务质量监管，加强便民服务设施建设，推进实施服务品质提升工程。

六是增强企业质量和品牌发展能力。引导企业加大质量技术创新投入。创新质量管理理念、方法、工具，推动全员、全要素、全过程、全数据的新型质量管理体系应用。开展中国品牌创建行动，实施中国品牌建设工程，争创国内国际知名品牌。

七是构建高水平质量基础设施。建立高效权威的国家质量基础设施管理体制，建设系统完备、结构优化、高效实用的质量基础设施，加快建设国家级质量标准实验室，加强质量基础设施能力建设。实施质量基础设施拓展伙伴计划，推进实施质量基础设施升级增效工程。

八是推进质量治理现代化。健全质量法律法规，严厉打击制售假冒伪劣商品、侵犯知识产权、工程质量违法违规等行为。完善多元化、多层级的质量激励机制，创新质量监管方式，健全产品召回管理体制机制，实施质量安全监管筑堤工程，深入开展全民质量行动。开展质量监管执法和消费维权双多边合作，定期举办中国质量大会，积极参加和承办国际性质量会议，加强质量国际合作。

建设质量强国，必须坚持党对质量工作的全面领导，把党的领导贯彻到质量工作的各领域各方面各环节，确保党中央决策部署落到实处。建立质量强国建设统筹协调工作机制，强化部门协同、上下联动。促进产业、财政、金融、科技、贸易、环境、人才等方面政策与质量政策协同，确保任务落地见效。开展督察评估，加强中央质量督察工作，建立纲要实施评估机制，形成有效的督促检查和整改落实机制。

（来源：《人民日报》2023 年 2 月 28 日第 10 版）

扎实推进品牌建设，着力推动高质量发展

国家发展改革委

党的二十大报告指出："高质量发展是全面建设社会主义现代化国家的首要任务。发展是党执政兴国的第一要务。没有坚实的物质技术基础，就不可能全面建成社会主义现代化强国。"我国经济已转向高质量发展阶段，经济社会发展必须以推动高质量发展为主题。品牌是经济高质量发展的重要象征，也是质量强国的内在支撑。党中央、国务院印发的《质量强国建设纲要》，以专节形式深入阐述"争创国内国际知名品牌"，设立"中国品牌建设工程"专栏，对新时代加强品牌建设工作提出具体要求。我们要深入学习贯彻习近平新时代中国特色社会主义思想和党的二十大精神，全面落实《质量强国建设纲要》，高质量推进品牌建设，培育打造一批质量过硬、美誉度好、竞争优势明显的中国品牌，持续发挥品牌引领作用，加快建设现代化经济体系，促进经济高质量发展。

一、深刻认识新时代新征程品牌建设的重大意义

党的二十大擘画了全面建成社会主义现代化强国、以中国式现代化全面推进中华民族伟大复兴的宏伟蓝图，明确了新时代新征程党和国家事业发展的目标任务。我们要深刻认识加快推动品牌建设的重大意义，高度重视品牌建设在构建新发展格局中的重要作用，以品牌建设赋能高质量发展、高品质生活和高水平开放。

（一）品牌建设是构建现代化产业体系的重要举措。新发展格局以现代化产业体系为基础，经济循环畅通需要各产业有序链接、高效畅通。经过多年快速发展，我国已形成规模庞大、配套齐全的完备产业体系，是全球唯一拥有联合国产业分类中全部工业门类的国家，作为世界第一制造大国地位更加巩固。但与此同时，产业链供应链还存在诸多"断点""堵点"，部分核心环节和关键技术受制于人，产业基础能力不足，自主创新能力不强，产业链供应链韧性和安全水平有待进一步提高。党的二十大报告提出建设现代化产业体系，强调坚持把发展经济的着力点放在实体经济上，推进新型工业化，加快建设制造强国、质量强国、航天强国、交通强国、网络强国、数字中国。品牌建设贯穿现代化产业体系建设全过程，要以品牌培育促进技术创新和质量提升，推动制造业高端化、智能化、绿色化发展，加快提升产业链供应链现代化水平，提高我国产业核心竞争力，实现更高质量、更有效率、更加公平、更可持续、更为安全的发展。

（二）**品牌建设是满足人民日益增长美好生活需要的必然要求**。党的二十大报告指出，"坚持把实现人民对美好生活的向往作为现代化建设的出发点和落脚点""着力扩大内需，增强消费对经济发展的基础性作用和投资对优化供给结构的关键作用"。习近平总书记强调，把高质量发展同满足人民美好生活需要紧密结合起来，搞好统筹扩大内需和深化供给侧结构性改革，形成需求牵引供给、供给创造需求的更高水平动态平衡。品牌一头连着生产，一头连着消费，是产业结构升级和消费结构升级的重要方向，承载着人民对美好生活的向往。当前，我国经济发展进入新时代，居民收入快速增加，中等收入群体持续扩大，消费结构不断升级，消费特征呈现个性化多样化趋势，消费者更加注重品质生活、讲究品牌消费。要加快推动品牌建设，努力培育更多优质产品和服务品牌，促进扩大品牌消费，着力激发市场潜力，以自主可控、高质量的供给适应满足现有需求、创造引领新的需求，更好满足人民日益增长的美好生活需要。

（三）**品牌建设是推进高水平对外开放的有效途径**。党的二十大报告指出，"推进高水平对外开放""以国内大循环吸引全球资源要素，增强国内国际两个市场两种资源联动效应，提升贸易投资合作质量和水平"。习近平总书记强调，"推动优质产能和装备走向世界大舞台、国际大市场，把品牌和技术打出去"。近年来，随着我国对外开放不断扩大，中国品牌在海外市场的认可度、美誉度不断提升，品牌建设不仅带动我国产业、技术、文化走向世界，更向全球传播中国声音、展示多元立体中国形象。

当前，世界百年未有之大变局加速演进，世纪疫情影响深远，逆全球化思潮抬头，单边主义、保护主义明显上升，世界经济复苏乏力，我国发展进入战略机遇和风险挑战并存、不确定难预料因素增多的时期。要以品牌建设促进贸易强国建设，结合共建"一带一路"高质量发展，引导中国企业统筹利用国内国际两个市场两种资源，推动中国产品和服务"走出去"，深度参与全球产业分工和合作，维护多元稳定国际经济格局和经贸关系，构建互利共赢、多元平衡、安全高效的开放型经济体系。

二、我国品牌建设取得明显成效

党的十八大以来，习近平总书记就做好品牌工作先后作出一系列重要指示批示，为加快推进品牌强国建设提供了行动指南和根本遵循。党中央、国务院出台推动品牌建设的指导性文件，并将每年5月10日设立为"中国品牌日"，批准举办中国品牌发展国际论坛、中国品牌博览会等，全社会以饱满热情和十足干劲投身品牌建设，企业奋力创建品牌、政府积极支持品牌、消费者自觉关爱品牌的良好局面加快形成，推动我国品牌建设取得明显成效。

（一）**品牌创建行动深入开展**。按照党中央、国务院决策部署，国家发展改革委认真履行品牌建设牵头部门职责，制定印发《关于新时代推进品牌建设的指导意见》，进一步完善品牌发展政策，引导全社会深入开展中国品牌创建行动；各地区各部门结合实际出台一系列具有较强针对性、可操作性的政策措施，为品牌建设提供支撑。商标、地理标志相关法律法规不断健全，知识产权保护和执法力度持续加大，品牌成长环境不断完善。质量提升行动深入开展，计量、标准、检验检测、认证认可等体系持续完善，品牌建设质量基础不断夯实。重点领域品牌建设加快推进，农业领域深入开展品牌强农和农业生产"三品一标"提升行动，加强农业品牌标准建设；工业领域围绕消费品、装备制造、原材料等重点行业持续开展质量品牌提升行动，引导企业建立完善品牌培育和质量管理体系；服务业领域聚焦重点行业，加快完善服务质量标准体系，有效支撑优质服务品牌建设。

（二）**大批优秀品牌脱颖而出**。近年来，我国涌现出一大批国内外知名的自主品牌企业，用质量和服务讲述中国故事、传递中国声音，成为享誉海内外的"中国名片"。电子信息、装备制造、纺织服装、建筑工程等领域众多品牌，在全球消费者中"圈粉"无数；"中国路""中国桥""中国港""中国高铁""中国装备"等加快"出海"步伐，让世界共享中国品牌发展成果。绿色兴农、质量兴农与品牌强农相得益彰，农产品品牌影响力持续扩大。电商零售、文化旅游等服务品牌快速成长，不断满足消费者个性化多样化需求。老字号品牌深度挖掘中华优秀传统文化价值，塑造提升品牌形象，得到消费者广泛认可。区域品牌与区域经济、企业品牌融合发展，一批区域品牌成为促进经济发展和产业结构升级的"金字招牌"。资料显示，超过八成的消费者对自主品牌持正面评价，中国品牌在各种国际品牌评价机构发布的榜单中数量逐渐增多。中国品牌影响力持续扩大，越来越受到国内外消费者的喜爱。

（三）"中国品牌日"影响力持续扩大。自2017年以来，国家发展改革委联合中央宣传部、工业和信息化部、农业农村部、商务部、国务院国资委、国家市场监督管理总局、知识产权局、上海市人民政府，深入贯彻落实习近平总书记重要指示精神和党中央、国务院决策部署，以"中国品牌　世界共享"为主题，于每年5月10日举办"中国品牌日"系列活动。通过召开中国品牌发展国际论坛，在更高层次传播品牌发展理念，凝聚品牌发展社会共识；举办中国品牌博览会，设置自主品牌消费品体验区，在更宽领域宣传展示国货精品魅力，激发自主品牌消费热情，释放国内消费市场巨大潜力；引导开展品牌创建特色活动，在更大范围营造品牌发展浓厚氛围，加快形成品牌发展社会自觉。在各方大力支持和积极参与下，"中国品牌日"活动作为唯一一个以宣传展示我国自主品牌发展成就为主题的国家级平台，社会影响力越来越大，已成为构建"双循环"新发展格局的重要窗口，对推动品牌强国建设、促进经济高质量发展发挥了重要作用。

三、高质量推动品牌建设再上新台阶

未来5年是全面建设社会主义现代化国家开局起步的关键时期，党的二十大对加快构建新发展格局、着力推动高质量发展作出了战略部署。要以习近平新时代中国特色社会主义思想为指导，全面贯彻落实党的二十大精神，深入落实《质量强国建设纲要》，完善品牌培育发展机制，以品牌建设为引领，推动全社会牢固树立质量意识、品牌意识，努力提高产品和服务的质量与综合竞争力，引导品牌强国和质量强国建设互促共进，形成优质高效的现代化产业体系，推动我国经济实现质的有效提升和量的合理增长。

（一）**提升技术创新和质量水平，夯实品牌建设基础**。紧紧抓住新一轮科技革命和产业变革带来的历史性机遇，深入实施创新驱动发展战略，以科技创新为核心带动全面创新。建立以企业为主体、市场为导向、产学研用相结合的创新体系，加强关键核心技术攻关和科技成果转化应用，为品牌建设注入不竭动力。坚持质量第一效益优先，深入实施质量强国建设和产业基础再造工程，着力在做好做精和提质增效上下功夫，健全覆盖研发创新、生产制造和营销服务的全过程质量管理体系，提高全要素生产率。鼓励企业实施质量品牌战略，建立品牌培育管理体系，增强高品质产品服务供给能力。

（二）**丰富品牌文化内涵，提升品牌建设软实力**。积极推动中华优秀传统文化元素融入中国品牌，依托见证社会变迁的老字号品牌、代表精湛技艺的非遗品牌、勾勒历史脉络的文旅品牌等，增强国内外消费者对中国品牌的文化认同。鼓励企业加强产品设计、文化创意、技术升级与品牌建设融合，推进品牌文化与产品服务相匹配，培育打造兼容现代潮流和民族文化特质的优秀品牌。鼓励地方开展特色品牌创建活动，深度挖掘本地区文化资源，将地域文化元素融入区域品牌建设，不断提高品牌知名度和生命力。

（三）**加大品牌宣传推广，提升品牌影响力**。持续高水平举办"中国品牌日"系列活动，高质量办好中国品牌博览会、中国品牌发展国际论坛，全方位展示品牌发展最新成果，巩固拓展品牌交流互鉴平台，不断扩大"中国品牌日"活动溢出效应，增强国内大循环内生动力和可靠性。发挥行业协会、媒体、各类论坛展会等作用，积极宣传品牌建设典型案例，全方位多角度讲好中国品牌故事、传播品牌文化，增强消费者自主品牌情感。鼓励企业实施品牌国际化发展战略，探索建立品牌海外推广运营体系，积极参与中国品牌海外展示专题活动，推动中国品牌"走出去"，助力推进高水平对外开放，提升国际循环质量和水平。

（四）**切实加强品牌保护，规范品牌竞争秩序**。完善跨区域跨部门知识产权执法协作机制，加大知识产权保护和反不正当竞争工作力度，依法严厉打击品牌仿冒、商标侵权等违法行为，降低知识产权维权成本，为品牌企业发展壮大和参与市场竞争营造良好环境。加快推进质量诚信体系建设，完善质量守信联合激励和失信联合惩戒制度，依托信息共享平台探索构建质量增信融资体系，推动企业将品牌意识、质量意识、诚信意识落实到生产生活各环节。完善自主品牌海外保护机制，助力企业海外维权。

（五）**完善品牌发展环境，强化要素服务支撑**。深化"放管服"改革，营造市场化、法治化、国际化一流营商环境。建设高标准市场体系，深化要素市场化改革，加快构建高效规范、公平竞争、充分开放的全国统一大市场。把增强产业链供应链韧性和竞争力放在更加重要的位置，着力打造自主可控、安全可靠的产业链供应链。坚定实施扩大内需战略，优化完善品牌消费环境，持续开展消费中心城市培育建设，推动城市商圈、重点商业街区等提升服务功能。鼓励地方结合实际出台品牌建设政策举措，开展品牌理论研究，建立健全品牌发展激励和要素保障机制，激励企业加大品牌建设投入、加强品牌人才培养等，不断提高品牌全生命周期管理运营能力。

大力发展质量教育，
为质量强国建设提供人才支撑

教 育 部

习近平总书记在党的二十大报告中指出，高质量发展是全面建设社会主义现代化国家的首要任务，教育、科技、人才是全面建设社会主义现代化国家的基础性、战略性支撑。党的二十大作出了一体推进教育、科技、人才强国战略的重要部署，强化了教育的基础性、先导性、全局性地位和作用。党中央、国务院印发的《质量强国建设纲要》，强调教育要发挥为质量强国建设提供人才支撑的重要作用，并从建设高质量教育体系、发展质量教育、培养质量专业领域高素质人才等方面提出任务要求。近年来，教育部在发展质量教育、服务质量强国建设上做了大量工作，已有很好的基础。

一、建设高质量教育体系，提高人才自主培养质量

《纲要》提出，"建设高质量教育体系，推动基本公共教育、

职业技术教育、高等教育等提质扩容"。教育部坚持深化教育改革，不断优化教育层次类型和布局结构，确保各级各类教育高质量发展，满足国家经济社会发展对人才的需求。基础教育方面，2022年学前三年毛入园率达到89.7%，普惠性幼儿园覆盖率达到89.6%，比2016年提高22.3个百分点，绝大多数的幼儿能够享受到普惠性的学前教育服务。截至2021年底，全国所有县（市、区）都通过了国家义务教育基本均衡督导评估验收，全面实现县域义务教育基本均衡发展，在此基础上，推进县域义务教育优质均衡发展。普通高中教育方面，普通高中办学条件显著改善，普及水平进一步提高，2022年高中阶段毛入学率达到91.6%。2021年底，教育部等九部门制定出台《"十四五"县域普通高中发展提升行动计划》，着力促进县中和城区普通高中协调发展。截至目前，全国除北京、上海、西藏3个没有县中或县中极少的省份外，其余28个省份和新疆生产建设兵团都已制定了本地县中提升计划实施方案，组织实施部属高校县中托管帮扶项目，组织有附属高中的48所部属高校和相关专业机构，面向中西部、东北地区23个省份和新疆生产建设兵团托管帮扶115所县中，发挥示范带动作用。职业教育方面，先后发布了包括专业目录、专业教学标准、公共基础课程标准、顶岗实习标准等在内的国家教学标准，完善国家职业教育标准体系，为依法执教、规范办学奠定基础。教育部等五部门印发《关于印发〈职业学校办学条件达标工程实施方案〉的通知》，进一步优化职业教育布局结构，全面改善职业学校办学条件。高等教育方面，高等教育的毛入学率从 2012 年的 30%，提高至 2022 年的 59.6%，高等教育进入普及化发展阶段。优化高等教育结构，中国特色的高校学位授予体系、专业目录体系、评估评价体系和管理制度不断完善。教育部等五部门印发《普通高等教育学科专业设置调整优化改革方案》，主动融入国家战略和行业发展，对接新发展格局调整优化学科专业布局，针对解决现实问题推进学科交叉融合，推进高等教育高质量发展。

各级各类教育高质量发展得益于经费条件保障与教师队伍建设。经费条件保障方面，会同财政部继续加大教育转移支付力度，逐步完善各级各类教育生均拨款制度，根据巩固拓展脱贫攻坚成果与乡村振兴有效衔接有关要求，调整完善学生资助政策，做好义务教育薄弱环节改善与能力提升、农村义务教育学生营养改善计划等专项工作，为办好人民满意的质量教育提供有力保障。教师队伍建设方面，充分发挥教师是教育发展第一资源作用，加快建设高素质专业化教师队伍，实现全国教师队伍量质齐升。专任教师总数从 2012 年的 1462.9 万人增长到 2021 年的 1844.4 万人，小学教师本科以上学历从 32.6% 增长到 70.3%，"双师型"教师在专业课教师中的占比超过 55%，高校研究生导师从 29.8 万人增长到 55.6 万人。持续推进乡村教师支持计划，截至 2022 年，"特岗教师"为中西部乡村学校补充 110 万名教师，累计派出 22.1 万余名教师到农村和中西部学校支教讲学，幼儿园专任教师从 147.9 万人增加到 324.4 万人，特殊教育教师从 4.4 万人增加到 6.9 万人。教师思想政治和师德师风建设持续强化，教师管理和发展体系进一步完善，教师教书育人能力素质不断提升。

二、开展质量教育，增强质量意识

《纲要》提出"将质量内容纳入中小学义务教育"，教育部从教育教学和活动开展等方面不断加强质量教育，全面增强学生质量意识。教育教学方面，结合中小学自身特点，通过课文选编、活动设计等方式，加强质量教育，将质量第一的观念有机融入相关教材中。注重通过劳动、综合实践活动等相关课程及丰富的课内外活动，引导学生在日常生活中关注质量，培养质量意识。推进普通高中新课程新教材实施，2022 年秋季学期，全国新增 5 个省份启动实施普通高中新课程新教材，实现全国所有省份均实施普通高中新课程新教材的目标。活动开展方面，指导职业院校开展"技能成才　强国有我""文明风采"等育人活动，增强活动育人实效，培养爱国之情、砥砺报国之志，引导学生走技能成才、技能报国之路，强化质量意识，共有超 5000 所职业院校系统举办有关活动，学生近 3000 万人次参与。

三、加强质量相关学科专业建设，培养质量人才

《纲要》提出"支持高等学校加强质量相关学科建设和专业设置""着力培养质量专业技能型人才、科研人才、经营管理人才"，教育部高度重视质量相关学科专业建设，已形成分层级的

质量人才培养格局。职业教育方面，主动适应质量建设发展新要求，优化职业院校质量建设相关专业布局结构，根据新版《职业教育专业目录（2021年）》，对中职、高职专科、高职本科专业进行了一体化升级和数字化改造，已设置质量管理与认证、产品质量监督检验、药品质量管理、食品质量与安全、生物产品检验检疫、工业产品质量检测技术等十余项专业，2022年全国已有质量建设领域相关高职专科专业布点数1200余个。支持继续教育领域质量管理相关专业建设，推动质量管理工程（专升本）、质量管理与认证（专科）增补列入《高等教育自学考试开考专业清单》工作，培养紧缺的质量专业人才，为建设质量强国夯实人才基础。本科教育方面，面向质量相关领域持续优化专业设置，依据《普通高等学校本科专业设置管理规定》，支持高校依法自主设置专业，鼓励有条件的高校设置质量相关本科专业，如质量管理工程、标准化工程、食品质量与安全等。截至目前，全国共有26所高校开设质量管理工程专业，12所高校开设标准化工程专业，277所高校开设食品质量与安全专业。推动高校进一步凝练质量相关专业办学特色和优势，提高专业建设质量，在一流本科专业建设工作中，认定7个质量管理工程专业、1个标准化工程专业、85个食品质量与安全专业为国家级和省级一流本科专业建设点，通过示范引领，引导高校突出优势、发展特色，提升专业建设水平和人才自主培养质量。研究生教育方面，印发《研究生教育学科专业目录（2022年）》，新设智能科学与技术、纳米科学与工程、数字经济、知识产权、食品与营养等一批新兴学科专业，进一步完善质量相关学科专业体系。采取专门举措引导高校加强人工智能、区块链、先进计算、关键软件、新材料等学科专业领域建设，为质量强国建设提供有力人才支撑。组织专家瞄准科技前沿和"卡脖子"关键领域，进一步细化人才培养方向，加大紧缺高层次人才培养力度。同时，积极加强质量相关学科专业建设，支持北京大学、华中科技大学等学位授权自主审核单位，通过自主审核方式增列了人工智能、数据科学与工程等十多个与质量密切相关的一级学科博士点或交叉学科博士点。支持武汉大学、昆明理工大学等高校，在机械工程等一级学科下，自主设置了质量与可靠性工程等数十个与质量密切相关的二级学科点或交叉学科点。

党和国家事业发展对教育的需要，对优秀人才的需要，比以往任何时候都更为迫切。为质量强国建设贡献教育之力，需要在重点领域和关键环节持续攻坚。下一步，教育部将深入贯彻党的二十大精神，全面落实《纲要》相关任务，做好教育领域质量相关工作。重点是根据国家经济社会发展需要及条件支撑，合理规划各级各类教育发展，调整优化高等教育结构，同步推动量的合理增长和质的稳步提升，为全面建设社会主义现代化国家提供人才支撑。进一步引导有条件的职业院校开设质量建设相关专业，持续优化专业布局，继续完善职业教育国家标准体系。积极引导和支持高校主动适应经济社会发展需求，主动服务国家战略和民生急需，深化新工科、新医科、新农科、新文科建设，继续支持有条件的高校加强质量相关领域专业建设、课程建设和教育教学改革，源源不断培养和输送高素质质量人才，大力提升服务经济社会发展能力，支持加快世界重要人才中心和创新高地建设，让教育真正为经济社会发展储能、为质量强国建设赋能。

科技支撑国家质量基础设施体系创新发展

科 技 部

《质量强国建设纲要》掀开了新时代建设质量强国的新篇章。《纲要》提出，要构建高水平国家质量基础设施（以下简称"NQI"），夯实质量强国的技术支撑基石。不同于传统基础设施，NQI 涵盖计量、标准、认证、检验检测等多个领域，是科技含量高的复杂系统和确保产品质量和安全、促进国际贸易的重要基础设施。《纲要》将科技创新嵌入质量强国建设的方方面面，加强科技创新赋能 NQI 建设，对质量强国建设具有深远意义。

一、科技创新是高水平建设 NQI 的必然路径

NQI 是质量强国建设的重要基础。科技创新在 NQI 建设过程中具有举足轻重的地位，是提升 NQI 核心能力和技术水平的重要保障。科技创新可以带来新的计量、标准和检验检测技术方法，显著提高检测精度和效率，保障产品的质量和安全；同时，科技创新还可以带来新的业务和管理模式，为 NQI 协同创新、可持续发展提供技术支撑和保障。

（一）**强化科技创新是 NQI 建设的本质要求和动力引擎**。科学性是 NQI 的本质属性，科学地认识和把握事物，并运用科学方法来完成测量、标准化、检验检测等工作，以确保质量、可靠性、安全性等要素达到最高水平。如在计量领域，我国自主研发的 NIM5 铯原子喷泉钟成为国际计量局认可的基准钟之一，并参与驾驭国际原子时（TAI），这让我国成为全球第八个参与驾驭国际原子时的国家。科技创新是 NQI 构建完善体系、提升技术水平、强化服务能力的重要保障，是促进质量基础设施变革创新与全面升级、充分发挥服务效能的重要支撑。如在国家科技计划支持下，我国自主研制的"北斗时间传递装置"成功实现了超8200 公里远程时间频率传输并完成了洲际时间比对，达到了与 GPS 链路一致的纳秒级传输精度，成功应用于国际标准时间计算，为我国自主可控时间频率体系提供强力支撑。

（二）**强化科技创新是加强 NQI 国际合作的必然选择**。以科技创新赋能高水平 NQI 建设，是质量强国建设的重要任务，也是推动我国参与国际经济科技合作的必然要求。NQI 的科技水平越高，相关产业尤其是新兴产业的优势越显著，在国际经济、贸易、科技等领域合作中更能占据主导地位。一方面，随着经济全球化深入发展，各国产业分工愈发细致、经贸科技往来愈发密切，强化科技创新能够显著提升 NQI 技术水平，推动各国在 NQI 领域形成互补优势，降低技术壁垒，促进经贸交流与发展；另一方面，加强 NQI 领域科技创新，有利于促进计量、标准、检测等领域先进的科技成果、技术资源实现全球共享，推动各国在能源、交通、通信、环境等领域开展密切合作，共同应对全球性挑战、构建人类命运共同体。

（三）加强科技创新是 NQI 满足新时代高质量发展的战略支撑。党的二十大擘画了以中国式现代化全面推进中华民族伟大复兴的宏伟蓝图，报告指出要加快建设质量强国，这对科技创新支撑高水平 NQI 建设提出了新的要求。一是面向世界科技前沿，要密切关注前沿科技发展动态和趋势，推进我国 NQI 领域核心技术研发和创新。二是面向经济主战场，把握新一轮科技革命和产业变革趋势，以解决制约经济发展的问题为出发点，以科技创新提升 NQI 供给质量和水平。三是面向国家重大需求，着眼国家重大战略，关注民生、环保、安全等领域的关键技术问题，加强 NQI 科技攻关和应用示范，着力解决关系国家安全、人民健康、社会稳定等重大问题。四是面向人民生命健康，以科技创新促进提升健康医疗、环境安全、食品安全等领域 NQI 技术能力，发展更加精确、高效、安全的 NQI 体系，为人民健康保驾护航。

二、科技支撑 NQI 创新发展成效显著

为推进我国 NQI 的科技创新，驱动我国经济社会发展的质量提升，2016 年科技部、原国家质检总局、工业和信息化部等 13 个部委共同研究提出国家重点研发计划"国家质量基础的共性技术研究与应用"重点专项（以下简称"NQI 专项"）。NQI 专项首次对计量、标准、检验检测、认证认可等四大技术要素进行一体化设计和系统性攻关，设置了计量、标准、检验检测、认

证认可和典型示范五大方向。NQI 专项在"十三五"期间取得了一系列技术突破，形成了一批标志性科研成果，在坚持面向世界科技前沿、面向经济主战场、面向国家重大需求、面向人民生命健康等方面不断向广度和深度进军，取得了明显成效，影响力显著提升。

（一）**专项实施推动我国 NQI 迈上新台阶**。NQI 专项支持获得了国际承认的校准与测量能力达到 1678 项，国际排名由第 4 位提升到第 3 位；截至 2022 年末，我国主导制定并发布的国际标准占 ISO 和 IEC 发布标准总数的比例已达到 3.6%，超预期完成了"十三五"重点专项的总体目标。

（二）**高水平创新成果不断涌现**。在计量领域，实现了两种独立方法测定玻尔兹曼常数，不确定度分别达到 2.0×10^{-6} 和 2.7×10^{-6}，测量结果被国际科技数据委员会（CODATA）收录；实现两种不同方法测量阿伏伽德罗常数，在 8 国国际比对中取得了很好的国际等效性，为 SI 新定义作出了重要贡献；通过钙离子光钟实现秒测量不确定度达到 3×10^{-18}，成功入选国际计量局"秒"定义候选频率推荐值。在标准领域，我国主导制定了《工厂自动化的无线通信技术标准》IEC 国际标准，实现了百点规模工厂自动化无线网络接入时延由 100 毫秒降低到 10 毫秒，时间同步精度小于 10 微秒，可靠性达到 99.99% 以上。在检验检测领域，研制了宽带千瓦级大功率电磁超声仪器，掌握了 800℃ 超高温 EMAT 传感器技术，解决了我国承压设备领域 90% 以上高温在线超声测厚难题。在认证认可领域，提出了国际领先的科研实验室认可、产品认证互认、服务认证、智能卡类产品的侧信道安全性测评 3 套整体技术解决方案，并在实际应用中取得良好成效。在典型示范领域，循环经济关键技术标准服务国家循环经济试点示范，助力采掘、火电、冶炼等产业转型升级。

（三）**聚焦"四个面向"，持续推进创新成果应用示范**。在计量领域，自主研制的北斗时间传递装置，实现了超远距离洲际时间传递，洲际时间比对时间稳定度优于 1 纳秒，与 GPS 链路结果的吻合度优于 2 纳秒，推动北斗链路成为国际标准时间正式链路协议。在标准领域，制定的自动化设备可靠性数据保证及其来源规范国际标准，为提升制造基础核心装备整体性能提供了从设备到系统级的技术解决方案。在检验检测领域，研制的一体化电磁超声检测仪，对风场的安全运行和我国风电日程巡检模式变革提供了技术支撑。在认证认可领域，支撑"一带一路"贸易便利化的技术成果在中国高铁非洲项目、中俄建材联合实验室建设、中澳温盐深测量仪校准比对等领域开展了广泛的应用，大幅减少了"一带一路"建设的检测认证成本和时间。在典型示范方面，"空间导航与定位 NQI 技术集成及应用示范"项目实现了可远程实时驯服（溯源）到原子时标国家计量基准 UTC（NIM）的精准时间频率源（氢钟、铯钟、铷钟）及应用平台，精准时间传递体系的最终实现将为国内外，尤其是"一带一路"国家开展电网基础建设、5G 通信网络建设提供精准时间保障。

三、科技创新赋能高水平质量基础设施建设

《纲要》提出，要构建高水平质量基础设施，优化质量基础设施管理、加强质量基础设施能力建设、提升质量基础设施服务效能，这是对我国 NQI 创新发展作出的整体部署。我们将认真学习领会党的二十大精神和《纲要》要求，从更宽视野、更深层次理解把握，在"十四五"期间，以实施好 NQI 专项为抓手，持续推动科技创新支撑 NQI 高质量发展。

（一）**夯实国际一流的计量技术能力**。抓住国际计量单位量子化变革机遇，以国家重大需求为导向，突出战略性、国际性的关键测量技术，重点发展基础性、公益性量子计量标准。开展以量子计量与传感、生命计量与表征为核心的基础前沿技术和理论研究，突破芯片级计量标准器关键技术和工艺，攻克扁平化量值传递技术和生物计量技术。

（二）**强化支撑高质量发展的标准体系**。以支撑国家重大战略，引导新产业和新业态发展为目标，在新能源、新材料、高端装备等领域研制一批领航标准。在生物安全、产品安全、城市应急等公共安全和民生领域综合施策，研究制定科学、高效的国家标准体系。在人工智能、物联网、量子技术等新技术领域精准发力，培育并支持制定重大国际标准。

（三）**深化检验检测智能化发展**。推进系统性、集成性检验检测技术攻关，打破关键细分领域壁垒，共享量值传递扁平化的技术红利。重点发展自校准在线实时测量技术，全覆盖、非靶向

和全过程的多维动态感知检测技术。突破先进测量技术瓶颈，实现关键技术和仪器设备自主可控。将人工智能、大数据和量子传感技术融合发展，实现测量与检验检测技术系统的智能化。

（四）**完善权威公正的认证认可技术体系**。探索基于大数据、区块链等新技术的认证认可关键技术架构，打破准行政模式，依赖技术创新和市场驱动，实现质量信用生成、传递和管理的自主化。研究建立一批新技术、新业态、新产业和新产品的认证技术与方法，有效支撑质量信用链条的自组织、自约束和自管理。全面再造高效率、可信赖和全自洽的质量信用链条新模式。

（五）**加强 NQI 协同服务**。针对科技创新、产业发展、区域协同和应对突发性公共事件新需求，打破藩篱，补齐短板，形成"计量—标准—检验检测—认证认可"全链条技术解决方案。推广最佳应用场景，实现计量、标准、检验检测、认证认可等多要素协同发展，释放 NQI 整体效能，为质量强国建设提供坚实技术支撑。

加快制造业质量提升，推进制造强国建设

工业和信息化部

实现中国式现代化，要协同推进质量强国与制造强国、网络强国、数字中国建设。实施《质量强国建设纲要》是党中央面向质量强国和制造强国作出的重大战略部署，是推动制造业从量变向质变转换的关键之举。我们要全面领会和把握《纲要》的精神实质和实践要求，认真抓好落实，更好统筹质的有效提升和量的合理增长，始终坚持质量第一、效益优先，视质量为生命，以高质量为追求，筑牢"中国制造"的质量根基，为加快推进新型工业化提供有力支撑。

一、制造业质量水平稳步提升

工业和信息化部深入学习贯彻习近平总书记关于制造强国战略的重要论述和关于网络强国的重要论述，以效率变革、动力变革促进质量变革，推动制造业质量提升工作不断向纵深推进，取得了积极成效。党的十八大以来，我国制造业规模持续位居世界第一，220多种工业产品产量位居世界首位，工业产品供给的数

量、质量和档次明显提升，以提高发展质量和效益为中心的质量变革蓄势待发。

一是制造业产品质量持续提升。推动实施可靠性"筑基"和"倍增"行动，深化质量工程技术创新应用，开展消费品工业"三品"专项行动、制造业关键过程质量控制能力提升活动，促进产品全生命周期质量持续提升。强化试验验证等质量保障，为 C919 大型客机等重大工程重大项目顺利实施保驾护航。电子信息、原材料、重大装备、消费品等领域一批产品的质量正在接近国际先进水平，涌现出一批国内外知名企业和品牌产品。中高端产品供给能力增强，智能终端、智能家电等产品有效满足国内外消费需求。国产婴配乳粉追溯平台收集产品追溯数据超过 19 亿条，有效保证了乳粉质量水平。制造业产品质量合格率连续 7 年达到93%以上，处于历史最高水平。

二是企业质量管理水平有效提高。制造业企业质量意识明显增强，过程管控精细化水平显著提升，企业质量改进管理方法应用不断深化，采用质量管理体系、现场管理、合理化建议等主要质量管理方法的企业比重不断提高。截至 2022 年底，我国累计树立全国质量标杆 456 项，带动 20 多个省区市开展本地区的质量标杆活动，引导超万家企业导入标杆经验。企业质量效益持续改善，"十三五"期间，重点产品的质量损失呈逐年下降趋势，全国注册质量管理小组 800 余万个，累计创造经济效益近 2500 亿元。

三是质量基础支撑能力明显增强。制造业质量技术基础建设稳步推进。建成国家标准、行业标准、团体标准相互协同的供给结构。目前，信息通信、家电、农业机械、工程机械等重点领域的国际标准转化率已超过 90%。产业质量基础设施体系更加完善，建成 220 家工业产品质量控制和技术评价实验室以及 120 家产业技术基础公共服务平台，为企业提供分析试验、改进验证、培训咨询等服务，服务企业数量累计超过 19 万家。

四是质量管理数字化步伐加快。推动新一代信息技术与质量管理融合，出台《制造业质量管理数字化实施指南（试行）》，组织开展制造业质量管理数字化"深度行"行动，增强重点行业企业全生命周期、全价值链、全产业链质量管理能力。推动行业协会、专业机构提升质量管理数字化基础支撑能力，为企业提供系统解决方案和专业技术服务。遴选质量管理数字化典型场景和案例，组织开展经验交流活动，参与推广交流 14.4 万人次。

二、充分认识新时代制造业推进质量强国建设的重要意义

习近平总书记强调，中国梦具体到工业战线就是加快推进新型工业化。纵观世界经济发展史，经济强国一定是质量强国。建设现代化产业体系、加快迈向全球价值链中高端的工业化，必须向质量要竞争力。这要求我们必须更好统筹质的有效提升和量的合理增长，以推动高质量发展为主题，把实施扩大内需战略同深化供给侧结构性改革有机结合起来，夯实新发展格局的产业基础，为全面建设社会主义现代化国家提供高质量支撑。

一是制造业质量提升是制造业高端化发展的内在要求。当前，我国已转向高质量发展阶段，支撑发展的要素条件发生了深刻变化，制造业的发展理念和方式飞速变革，市场对产品多样化、个性化、智能化提出了更高要求，催生了大量产品质量和服务新需求。但长期以来，我国制造业质量改善速度滞后于市场需求变化，企业质量管理水平还不够高，高端高质产品不够丰富，仍处于价值链中低端，普遍依赖低廉的价格来赢得市场，在产品质量和性能方面与国际先进水平还有较大差距，难以满足人民日益增长的美好生活需要。这要求我们在推动经济发展中把质量问题放到突出重要的位置，通过提升质量促进产品升级，不断增强人民群众的获得感、幸福感、安全感，努力实现速度、质量和效益的统一，推动产业迈向价值链中高端。

二是制造业质量提升是制造业由大变强的必由之路。质量兴则企业兴，质量强则制造业强。我国现已建成体系完整、产能巨大的工业体系，成为世界制造业第一大国和全球第二大经济体，但总体上看，制造业大而不强的格局尚未改观，具有生态主导力和质量竞争力的龙头企业还不够多，中小企业质量效益普遍不高，具有国际影响力的知名品牌不足。经济发展规律表明，一个国家在经历高速增长后，必须推动实现从量的扩张向质的提高的根本性转变，才能真正走上强盛之路。这要求我们必须深入转变发展方式，以效率变革、动力变革促进质量变革，推动产品标准和质量提升，加快建设一批世界一流企业，在持续创造价值、牵引带动产业链、全球化配置资源等方面发挥重要作用，走出一条具有中国特色的制造业由大变强之路。

三是制造业质量提升是构建新发展格局的迫切需要。质量是综合国力的集中反映，制造业是国家经济的命脉所系，加快制造业质量提升是积极应对国内外环境变化、增强发展主动性、构建新发展格局的长久之计。质量一头连着供给，一头连着需求，涵盖了产品生命周期全过程，贯通于制造业全链条，涉及经济社会发展各方面，是推动国民经济良性循环的关键，是塑造我国在国际大循环中新优势的关键。当前，我国面临需求收缩、供给冲击、预期转弱三重压力，制造业发展遭遇严峻挑战，面对错综复杂的外部环境、艰巨繁重的改革发展任务，必须重塑以质量为核心的制造业新优势，通过高质量供给不断释放和扩大内需潜力，促进生产、流通、消费等环节循环畅通，深度融入全球产业分工与合作，提升产业链供应链韧性和安全水平，推动国内国际双循环相互促进、更有活力。

三、制造业质量提升的重点任务

质量工作事关制造强国战略全局，是一项系统工程和长期任务。我们要深入贯彻落实《纲要》战略部署，明确工作目标和重点任务，实施制造业卓越质量工程，遵循质量发展规律，坚持质量绩效导向，将质量提升与管理、技术、标准、知识产权等一体化推进，通过完善标准、质量和竞争规制，不断提升产品质量和服务质量，提升产业集群引领力，筑牢中国制造的质量根基，以质量变革支撑制造强国建设，推动制造业高质量发展。

一是大力增强企业质量意识，提升企业全员质量素质。质量意识决定质量行动，质量行动关键在人，要面向企业管理者和专业技术人员开展质量培训，建设培训体系和专业师资库，搭建在线学习平台，传播先进的质量管理方法，指导企业牢固树立先进科学的质量观，宣贯"质量是生命""质量第一、效益优先"的理念，建立"产品质量是研发设计决定的、加工制造实现的、实验测试保障的"正确观念，把质量工作落实到研发、生产、经营全过程。深化群众性质量活动，普及可靠性设计、精益制造、质量管理数字化等先进质量工具和方法，提升人才的数字化技能、质量工程技术应用能力，提升企业全员质量素质。

二是促进企业质量管理体系升级，增强质量发展能力。企业是质量的责任主体，是提升质量的基本依托，要持续推进企业质量管理体系升级，加强企业质量管理能力分级研究，科学评价企业质量管理能力，激励企业向卓越质量攀升。支持开展质量管理体系咨询诊断、全国质量标杆示范等活动，激发企业提质增效的内生动力。实施质量标准品牌赋值中小企业专项行动，通过质量提升、标准引领、品牌建设提高中小企业经营绩效，培育更多专精特新中小企业，推动我国制造业迈向更高质量、更可持续的新型工业化之路。

三是提升以可靠性为核心的产品质量，加大优质产品供给。产品质量源于设计、基于生产、成于技术和工艺，要深入实施制造业"增品种、提品质、创品牌"行动，鼓励产学研用深度融合，依托国家重大科技项目开展质量可靠性攻关，推动优势技术和创新成果标准化，促进品种开发和品质升级，增强新技术、新产品、新工艺成果产业化、工程化中试能力。落实制造业可靠性提升实施意见，推广运用先进可靠性工程技术及工具，实现基础零部件、基础元器件、基础材料、基础软件、基础工艺及重点行业核心产品可靠性指标大幅提升。通过遴选典型案例，为企业提供更多的质量可靠性提升先进经验。支持开展关键过程质量控制能力诊断评价和改进活动，引导企业加强生产过程零缺陷管理，提升产品制造的一致性、稳定性。推动重点行业开展重点产品质量分级评价，激发企业质量提升的动力。

四是加快质量管理数字化，增强质量管理能力。质量管理数字化是增强全生命周期、全价值链、全产业链质量管理能力的重要举措，要深度挖掘质量管理数字化关键场景，完善企业质量管理数字化工作机制，增强企业质量管理数字化运行能力，加强产品全生命周期质量数据开发利用，创新质量管理数字化公共服务。支持龙头企业建设产业链质量协同平台，实现上下游企业质量数据信息共享和协同合作，加强产业链供应链质量管理联动。组织开展质量管理数字化"深度行"等活动，加大质量管理数字化解决方案供给力度，为中小企业提供培训辅导、转型咨询、诊断评估等服务。

五是加强产业质量基础设施能力建设，提升公共服务效能。产业质量基础设施是制造业质量提升的有力支撑，要打造一批高水平的工业产品质量控制和技术评价实验室、国家制造业创新中心、产业技术基础公共服务平台、产业基础共性技术中心、行业重点实验室，加强质量应用基础研究和标准研制，加快首台（套）装备、首批次材料、首版次软件试验验证环境建设，发展极端复杂环境检测、可靠性仿真分析等先进技术，建设中试验证公共服务能力，为企业提供质量诊断、分析试验等专业技术服务，提供技术熟化、样品试制、数据模拟、场景应用、工艺改进等中试服务，提供培训咨询、成果转化应用等公共服务。加强制造业质量数据采集分析，开展重点行业质量监控、质量预警和质量评价，发挥质量数据的价值创造力。

六是推动企业提升质量效益，提高企业整体绩效。质量就是效益，质量就是竞争力，要深入开展先进质量管理体系标准贯标，科学评估贯标效果，推动企业实现质量管理持续成功及财务经济效益增长。引导企业实施以绩效为导向的质量方针和战略，构建追求卓越的企业文化，提升质量知识管理能力，营造全面重视质量的氛围。深化企业先进质量工具与方法运用，缩短产品研发周期，降低质量损失风险，强化质量预防管理，提高生产经营效率，努力实现质量效益最大化，增强企业的核心竞争力。

七是打造"中国制造"卓著品牌，增强品牌核心价值。品牌是中国制造核心竞争力的重要内涵，要深入开展"中国制造"品牌创建行动，推进品牌培育管理体系标准宣贯工作，提升企业品牌建设能力。引导企业优化用户体验，向个性化定制、柔性化生产制造的新模式转变，提升核心竞争力和品牌影响力。组织开展"中国制造"品牌发展指数研究，完善品牌价值评价标准体系，探索卓著品牌的创建路径。加大"中国制造"品牌传播力度，组织中国工业品牌之旅、全国品牌故事大赛等活动，讲好"中国制造"品牌故事，不断提升"中国制造"的国际知名度和美誉度。

促进养老服务高质量发展

民 政 部

《质量强国建设纲要》就加强养老服务质量标准与评价体系建设，扩大养老服务有效供给等作出重要部署，对新时代新征程推动养老服务高质量发展具有重要指导意义。习近平总书记对提高养老服务质量多次作出重要指示，强调养老服务机构要加强管理，增强安全意识，提高服务质量，让每一位老人都能生活得安心、静心、舒心，指出要按照适应需要、质量优先、价格合理、多元供给的思路，尽快在养老院服务质量上有个明显改善，加快建立全国统一的服务质量标准和评价体系，加强养老机构服务质量监管。这是我们加强养老服务质量建设的根本遵循。我们要认真学习领会习近平总书记重要指示精神，立足新时代，奋进新征程，全面促进养老服务高质量发展。

一、深刻认识养老服务高质量发展的重要意义

党的二十大报告提出，"实施积极应对人口老龄化国家战略，发展养老事业和养老产业，优化孤寡老人服务，推动实现全

体老年人享有基本养老服务"，为我们新时代新征程推动养老服务高质量发展指明了方向，意义重大而深远。

（一）**促进养老服务高质量发展是满足人民群众对美好生活向往的重要举措**。习近平总书记指出，"人民对美好生活的向往，就是我们的奋斗目标"。随着经济社会发展，我国老年人需求正从生存型向发展型转变，养老服务正处于从传统兜底保障向面向全体老年人提供服务转型的时期，人民群众对养老服务的需求更加多元化，对高质量养老服务更加期盼。促进养老服务高质量发展，不断满足人民群众日益增长的多层次、高品质健康养老需求，让广大老年人安享幸福晚年，让年轻人有更加可期的未来，就是满足人民群众对美好晚年生活的向往。

（二）**促进养老服务高质量发展是实施积极应对人口老龄化国家战略的重要任务**。据统计，截至 2022 年底，我国老年人口达到 2.8 亿，占比达到 19.8%，人口老龄化形势严峻。随着经济社会发展，传统家庭养老功能弱化，我国养老服务模式发生深刻变化。养老服务体系成为积极应对人口老龄化国家战略的三大体系之一。提供高质量的养老服务，不仅能提高老年人生活和生命质量、维护老年人尊严和权利，而且能促进养老消费和经济发展、增进社会和谐，有利于积极应对人口老龄化国家战略的实施。

（三）**促进养老服务高质量发展是健全中国特色养老服务体系的内在要求**。党的十九届四中全会提出"加快建设居家社区机构相协调、医养康养相结合的养老服务体系"。健全中国特色养老服务体系，推动养老服务供给和需求精准对接，必然要求促进养老服务高质量发展，优化居家社区机构养老服务供给结构，提升养老服务的规范化、专业化、标准化水平，不断满足人民群众对高品质养老服务的需求。

二、养老服务高质量发展面临的形势挑战

随着我国经济社会发展，养老服务体系日益健全完善，养老服务机构安全管理和服务质量水平稳步提升，同时我们也要清醒认识到新时代新征程促进养老服务高质量发展面临的问题挑战。

（一）**养老服务高质量发展取得长足进步**。党的十八大以来，民政部坚持以习近平新时代中国特色社会主义思想为指导，认真贯彻落实习近平总书记关于养老服务的重要指示批示精神和党中央、国务院决策部署，加快推进居家社区机构相协调、医养康养相结合的养老服务体系建设，更好满足失能照护、日间照料、助餐助行养老服务需求，为养老服务高质量发展提供了有效供给。国务院办公厅印发《关于建立健全养老服务综合监管制度　促进养老服务高质量发展的意见》，民政部修订出台《养老机构管理办法》，联合有关部门制定《关于推进养老机构"双随机、一公开"监管的指导意见》，制定《养老机构行政检查办法》等规范性文件，推动形成以"双随机、一公开"为基本手段，以重点监管为补充，以信用监管为基础的新型监管机制，为养老服务高质量发展提供制度保障。2017—2020 年，民政部会同有关部门实施了为期四年的全国养老院服务质量建设专项行

动，共整治养老机构服务隐患 42.2 万处，推动发布《养老机构服务安全基本规范》《养老机构服务质量基本规范》《养老机构等级划分与评定》等国家标准，明确了养老机构服务质量的"红线""基准线"和"等级线"，养老机构服务质量标准与评价体系基本形成，养老服务高质量发展取得显著成效。

（二）**养老服务高质量发展面临的问题挑战**。新时代新征程，促进养老服务高质量发展还面临一些问题挑战。一是养老服务顶层设计还需进一步加强。目前养老服务领域尚没有一部专门法律，根本性、长远性的制度设计仍需加强，社区养老服务质量监管制度还需进一步完善，老年人监护制度落实落地还要进一步探索。二是养老服务发展不平衡不充分的问题依然比较突出。养老机构服务质量区域差别、城乡差距客观存在。部分民办养老机构支持政策有限，经营压力较大，安全投入和质量提升内生动力不足。三是养老服务质量监管和评价机制还需进一步完善。基层民政部门养老服务监管执法效能亟待提升；全国统一的养老机构等级评定制度还需要全面推开。四是养老服务高质量发展的要素保障还需加强。养老服务规划、用地、财政、金融、人才队伍建设等方面的扶持政策还需要进一步聚焦高质量发展需求，持续加大精准扶持力度。

三、新时代新征程促进养老服务高质量发展

新时代新征程，促进养老服务高质量发展必须以习近平新时代中国特色社会主义思想为指导，深入贯彻落实党的二十大关于

养老服务发展的重要决策部署，坚持以人民为中心的发展思想，不断满足人民群众对幸福晚年生活的美好向往。

（一）**加强养老服务高质量发展顶层设计**。积极推进养老服务立法研究工作，推动尽快出台养老服务法，明确养老服务高质量发展的方向定位，厘清各方责任，完善保障措施，为养老服务质量监管提供更加充分的法律依据。坚持问题导向，针对养老服务高质量发展面临的难点、堵点、痛点问题，不断完善养老服务行政法规、部门规章、规范性文件和相关规划，为养老服务高质量发展提供政策保障。进一步健全完善养老服务质量标准体系，制定一批与国际接轨、体现本土特色、适应管理服务要求的养老服务行业标准，推动地方标准、团体标准上升为国家标准、行业标准，鼓励养老机构制定高于国家标准的企业标准，推动养老机构和行业组织实施标准化管理。

（二）**不断优化养老服务供给**。首先，要增加服务便利度和可及性。支持乡镇（街道）层面区域养老服务中心和社区养老服务机构建设，进一步健全县、乡、村三级农村养老服务网络，推进农村互助养老服务发展，更好满足大多数老年人在家门口养老的需求。其次，优化养老服务供给结构。完善居家、社区、机构相衔接的专业化长期照护服务体系，根据服务需求合理布局和动态调整，发挥机构专业照护能力优势，探索城乡结对帮扶、区域连锁经营、机构延伸服务等方式，促进居家、社区、机构养老服务质量均衡发展。再次，提高养老服务供给质量。加快构建公平可及、人人享有的基本养老服务体系，发展公办养老机构和普惠型养老服务，强化对特困、低保、高龄、失能老年人的兜底保障。按照质量优先、价格合理、多元供给的思路继续大力发展养老事业和产业，提供多样化、多层次优质养老服务。

（三）**健全完善养老服务高质量发展监管和评价体系**。全面落实落细养老服务综合监管制度机制，不断提升基层民政部门监管效能，牢牢守住养老服务机构安全底线，监督指导其符合强制性国家标准和服务质量基本规范，为养老服务高质量发展提供外部监督保障。全面推开养老机构等级评定，加强养老服务质量监测，健全与服务质量挂钩的激励帮扶机制，根据服务定位和基础条件分类分级推动养老服务机构提升服务质量，不断提高养老机构规范化、标准化管理水平，增强养老机构自我完善、自我革新，提高服务质量的内生动力。

（四）**加强养老服务高质量发展要素保障**。根据人口结构现状和老龄化发展趋势，因地制宜做好养老服务设施用地规划。在符合规划的前提下，支持利用存量场所改建养老服务设施，进一步简化和优化存量土地用途的变更程序。完善财政投入政策和多渠道筹资机制，落实落细支持养老服务发展的税费优惠政策，拓宽金融支持养老服务渠道。支持引导各类院校增设养老护理相关专业，推动建立养老服务人才特别是养老护理员的培养、评价、使用、激励制度机制，加快推动养老服务人才素质规模与养老服务发展水平相适应，为养老服务高质量发展提供人才队伍保障。

完善质量保障体系，提升建筑工程品质

住房和城乡建设部

党中央、国务院高度重视建筑工程质量工作，习近平总书记指出，建筑质量事关人民生命财产安全，事关城市未来和传承，要加强建筑质量管理制度建设，对导致建筑质量事故的不法行为，必须坚决依法打击和追究。党的二十大报告指出，高质量发展是全面建设社会主义现代化国家的首要任务，要加快建设质量强国，打造宜居、韧性、智慧城市。2022 年中央经济工作会议指出，要坚持以质取胜，通过高质量供给创造有效需求。

近年来，中共中央、国务院印发《关于开展质量提升行动的指导意见》，国务院办公厅印发《关于促进建筑业持续健康发展的意见》，国务院办公厅转发《关于完善质量保障体系提升建筑工程品质指导意见的通知》等一系列文件，对强化工程质量保障体系、提升建筑工程品质提出具体要求。特别是党中央、国务院印发的《质量强国建设纲要》，把"提升建设工程品质"作为八项重点任务之一，设立"建设工程质量管理升级工程"专栏，对新时代工程质量工作提出具体要求。工程质量已经成为实施质量强国战略的重要支点。

一、深刻认识完善质量保障体系提升建筑工程品质的重要意义

在实施质量强国建设战略过程中，对质量保障体系进行系统谋划、不断完善，将有力提升我国建筑工程品质，为住房和城乡建设事业高质量发展提供重要支撑。

（一）**有利于促进建筑业转型升级和高质量发展**。当前，我国经济发展已由高速增长阶段转向高质量发展阶段。推动高质量发展，是当前和今后一个时期确定发展思路、制定发展政策的根本要求，必须坚持质量第一、效益优先，提高经济发展质量和效益，不断增强经济创新力和竞争力。建筑业是我国国民经济的重要支柱产业，也是推动高质量发展的主战场。2022年我国建筑业总产值达到311980亿元，增加值达到83383亿元，占GDP的6.89%。完善质量保障体系，提升建筑工程品质，将有效引导资源要素向高质量供给端集聚，塑造中国建造品牌，推动建筑业发展质量变革、效率变革、动力变革。

（二）**有利于满足人民群众对高品质建筑的需求**。当前，我国社会主要矛盾已经转化为人民日益增长的美好生活需要和不平衡不充分的发展之间的矛盾。建筑工程质量事关老百姓最关心最直接最根本的利益，事关老百姓对美好生活的向往。随着经济社会的进步，老百姓对住房的需求日益提高，不再满足于有房住，

更是要求住好房。紧紧围绕"让人民群众住上更好的房子"这一主线，建立健全机制体系，不断完善管理制度，全面加强工程质量管理，将大幅提升工程质量水平，不断改善住宅功能品质和使用环境，持续提升人民居住品质。

（三）**有利于推动城乡建设绿色发展**。习近平总书记指出，推动形成绿色发展方式和生活方式是贯彻新发展理念的必然要求，是发展观的一场深刻革命。要让良好生态环境成为人民生活的增长点，成为经济社会持续健康发展的支撑点，成为展现我国良好形象的发力点。当前，我国仍在持续着世界上规模最大的城镇化进程，城乡建设成为形成绿色发展方式和绿色生活方式的主要载体和重要战场。大力推进工程建设生产组织方式变革，推行绿色建造方式，大力发展装配式建筑，推广适用于绿色发展的新技术、新材料、新标准，建立与之相适应的建设和监管机制，构建新发展格局，将在提高效率、提升品质的同时，最大限度节约资源、保护环境，实现城乡建设绿色发展。

二、准确把握完善质量保障体系提升建筑工程品质的总体要求

完善质量保障体系，提升建筑工程品质，要以习近平新时代中国特色社会主义思想为指导，深入贯彻落实党中央、国务院决策部署，全面贯彻落实党的二十大精神，坚持稳中求进工作总基调，完整、准确、全面贯彻新发展理念，牢牢抓住人民群众安居这个基点，以努力让人民群众住上更好的房子为目标，推动建筑

业工业化、数字化、绿色化转型升级，着力在服务新发展格局、推动高质量发展上取得新突破，着力在增进民生福祉、创造高品质生活上展现新作为，着力在推动绿色发展、促进人与自然和谐共生上实现新进展，着力在保障质量安全、为社会提供高品质建筑产品上作出新贡献。

三、抓好落实完善质量保障体系提升建筑工程品质的重点任务

完善质量保障体系，提升建筑工程品质，归纳起来，可以分为 3 个方面，即强化工程质量保障、发展新型建造方式、打造中国建造升级版。

（一）**强化工程质量保障**。与一般工业生产不同，工程建设从招投标到竣工验收，整个过程时间长，参与主体多，各环节之间紧密关联，关系比较复杂。质量责任体系、工程建设标准体系、工程质量监督体系、建筑市场体系是保障工程质量的前提。

1. 压实工程建设各方主体质量责任。工程建设参与主体有建设单位、勘察单位、设计单位、施工单位、监理单位，相互之间权责关系比较复杂。明确工程建设各方主体权利和义务，健全权责一致、科学合理的质量责任体系，是各方主体依法履责、政府依法监管的前提。

一是要落实建设单位的首要责任。建设单位作为工程建设活动的总牵头单位，承担着重要的工程质量管理职责，对保障工程质量具有主导作用，必须加强对工程建设全过程的管理，严格履

行法定程序和质量责任，执行项目法人责任制，选择满足要求的设计、施工、监理单位，对工程质量统筹管理，督促其他参建单位依法履行质量责任。合理工期和造价是保证工程质量的基础，建设单位要科学合理确定工程建设工期和造价，严禁盲目赶工期、抢进度，不得迫使工程其他参建单位简化工序、降低质量标准。调整合同约定的勘察、设计周期和施工工期的，应相应调整相关费用。因极端恶劣天气等不可抗力以及重污染天气、重大活动保障等原因停工的，应给予合理的工期补偿。建设单位要建立质量回访和质量投诉处理机制，及时组织处理保修范围和保修期限内出现的质量问题，并对造成的损失先行赔偿。

二是要落实勘察、设计、施工、监理单位的主体责任。勘察设计单位应依法依规开展勘察设计工作，保证勘察设计深度，加快推进设计标准化、专业化、规范化，推动建筑信息模型等数字化设计应用，提高工程勘察设计质量水平，对勘察设计质量负责。施工单位应建立健全质量管理体系，依法依规对现场项目管理机构进行全过程管控，保障人员、设备、材料、资金、技术和管理等全要素投入，严格落实工程质量安全手册制度，加强全方位、全过程质量管理，提高施工质量，对工程施工质量全面负责。监理单位应依法依规履行监理职责，严格按合同要求开展平行抽检和旁站监理，鼓励采用视频监控、信息化监理等智能技术，加强对关键工序、关键部位、隐蔽工程的监理，对工程质量负监理责任。

三是要落实参建主体项目负责人质量终身责任。按照《建筑工程五方责任主体项目负责人质量终身责任追究暂行办法》规定，建设、勘察、设计、施工、监理单位项目负责人应当签署工程质量终身责任承诺书，在工程设计使用年限内，承担相应的质量终身责任。工程竣工验收合格后，建设单位应当在建筑物明显部位设置永久性标牌，载明建设、勘察、设计、施工、监理单位名称和项目负责人姓名。工程质量终身责任信息档案在工程竣工验收合格后应当移交城建档案管理部门。

四是要落实工程质量责任追溯制度。建立健全质量管理岗位责任制度，明确各分部、分项工程及关键部位、关键环节的质量责任人。建立施工过程质量责任标识制度，严格施工过程质量控制，加强施工记录和验收资料管理，推行工程建设数字化成果交付、审查、存档。加强检测机构和材料生产供应单位的管理，确保检验资料及合格证书完整准确，并建立相应的台账，保证工程质量的可追溯性。加大质量责任追究力度，对参建主体及项目负责人履责不到位的，严格按相关规定给予处理，及时向社会公布不良行为和处罚信息。推行质量信息公开制度，向社会公开工程施工许可、主要材料检测情况、分部工程验收记录、工程竣工验收报告等信息，督促各参建单位规范建设行为、履行质量承诺，严格施工过程控制，提高人民群众对工程质量的满意度。

2. 完善工程建设标准体系。完善质量保障体系提升建筑工程品质，要充分发挥工程建设标准的支撑和引领作用。一是建立以全文强制性工程建设规范为核心，推荐性标准和团体标准为配套的新型工程建设标准体系。通过制定全文强制性工程建设规范，替代现行分散的强制性条文，并将其逐步过渡为技术性法规，实现与现行法律法规体系的深度融合，使保底线的标准要求更明确、更权威。同时充分发挥市场主体的创造性和积极性，提高标准供给水平。二是推动中国工程建设标准走出去。中国建造走出去，要带动中国工程建设标准走出去。只有走出去，我们才能知道差距，才能扬长避短、兼收并蓄，形成我国工程建设标准不断发展进步的长效机制，筑牢建筑工程品质提升的基础。

3. 强化工程建设质量监督。工程质量监督是政府监管的重要职责，直接关系人民生命财产安全。当前，工程质量监管工作面临较大压力和挑战，必须主动适应新形势新要求，抓紧明确改革目标、厘清改革思路、加快改革步伐，着力建立健全严格、公正、权威、高效的监管体系。一是要加强工程质量监督队伍建设。工程质量直接关系到公共利益和公共安全，质量监督是政府职责，监督机构履行监督职能所需的经费应该由同级财政预算全额保障，要充分发挥质量监督机构作用，进一步完善省、市、县三级监管体系。二是要改进质量监管模式。全面推行"双随机、一公开"检查方式和"互联网+监管"模式。建立建筑工程质量评价制度，推动利用第三方力量作为政府质量监管的有益补充。鼓励采用政府购买服务的方式，委托具备条件的社会力量辅助工程质量监督检查和抽测，探索工程监理企业参与监管模式。三是要加大质量责任查处力度。强化工程质量终身责任落实，建立建筑市场主体黑名单制度，对违反有关规定、造成工程质量事故和严重质量问题的单位和个人依法严肃查处曝光，实施联合惩戒，加大资质资格、从业限制等方面处罚力度。

4.完善建筑市场体系。落实工程建设各方主体质量责任，除依靠政府监管，更根本的是要形成以质量为核心的市场竞争机制，充分发挥市场在资源配置中的决定性作用。当前，我国建筑市场体系还存在不少问题。如工程建设组织模式较为粗放，工程建设规模大、周期长、环节多，不利于质量管控；招标投标制度不完善，招标人责任不落实，围标串标问题突出，违法分包、转包、挂靠等违法违规行为仍然存在，严重影响工程质量。一是完善招标投标制度。进一步落实招标人自主权，严厉打击围标、串标和虚假招标等违法行为。完善全国建筑市场监管公共服务平台，及时公示相关市场主体的行政许可、行政处罚、抽查检查结果等信息，将工程质量违法违规等记录作为企业信用评价的重要内容，鼓励将企业质量情况纳入招标投标评审因素，扩大信用信息在招标投标环节的规范应用。二是推行工程担保与保险。工程担保与保险是市场经济条件下防范和化解工程质量风险的基本手段，也是发挥市场对工程质量约束作用的重要途径。推行工程担保和保险，有助于规范工程承发包行为，为工程建设各方履行质量责任创造有利环境；有助于有效处置工程质量缺陷和质量投诉，维护群众利益；有助于运用保险等市场力量加强质量风险管控，确保工程质量。

（二）**发展新型建造方式**。工程建设生产方式是行业发展的基础，从某种意义上说，工程质量发展水平根本上取决于工程建设生产方式。但我国建筑业劳动密集、管理粗放的特征依然存在，建造方式粗放，资源消耗大，污染排放高，不利于质量安全控制，直接影响工程质量。解决这些问题，必须着力完善工程建设实施体系，推动生产方式的革新与进步。

一是推行绿色建造方式。绿色发展是新时代高质量发展的重要内涵。要将绿色发展理念融入工程策划、设计、施工、交付的建造全过程，统筹考虑建筑工程质量、安全、效率、环保、生态等要素，充分体现绿色化、工业化、信息化、集约化和产业化的总体特征，通过科学管理和技术创新，积极推广有利于节约资源、保护环境、减少排放、提高效率、保障品质的绿色建造方式，实现人与自然和谐共生。

二是大力发展装配式建筑。发展装配式建筑是建造方式的重大变革。近年来，装配式建筑项目规模持续增长，呈现良好的发展态势。装配式建筑作为一种新型的工业化建造方式，在实施过程中对工程设计、构件生产、现场施工和质量监管提出新的要求。对此，鼓励企业建立装配式建筑部品部件生产和施工安装全过程质量控制体系，实行部品部件驻厂监造制度，确保装配式建筑质量。这里驻厂监造是指建设单位委托监理单位驻厂，要采取措施落实建设和监理单位的责任，防止这项制度流于形式。

（三）**打造中国建造升级版**。习近平总书记指出，世界正在进入以信息产业为主导的经济发展时期。我们要把握数字化、网络化、智能化融合发展的契机，以信息化、智能化为杠杆培育新动能。我国已建立起具有中国特色的标准体系，组织制定了涵盖30余个行业和领域的7000余项工程建设标准，在保障工程质量安全、推进建筑业持续发展、推动中国建造走出去等方面发挥了重要支撑作用。打造中国建造升级版，要充分发挥工程建设标准、信息技术的支撑和引领作用。

一是推动中国工程建设标准走出去。随着经济社会发展，我国工程建设标准也出现与国际接轨不够、标准提升机制不足等问题，直接影响中国建造品牌。因此，只有走出去，我们才能知道差距，才能扬长避短、兼收并蓄，形成我国工程建设标准不断发展进步的长效机制，筑牢建筑工程品质提升的基础。

二是用信息化赋能质量管控。推动 BIM 技术、大数据、互联网、人工智能等新一代信息技术在工程建造过程的应用，积极打造智慧工地，加强工程建设全过程信息化管理，实现信息共享、智慧管理，及时发现处理施工过程中的质量问题，提升治理水平和能力。

三是用创新驱动建造方式变革。加强建筑行业科技创新能力建设，加大建筑业 10 项新技术推广应用力度，加快推进建筑产业工业化、数字化、绿色化转型升级，大力发展智能建造、绿色建造、装配式建筑等新型建造方式。

以农业生产和农产品"三品一标"为抓手，在新时代新征程质量强国建设中彰显"三农"新作为

农业农村部

2023 年 2 月，党中央、国务院印发《质量强国建设纲要》，全面擘画了质量强国的宏伟蓝图。在"三农"领域，建设质量强国就是要推进农业高质量发展，不断增加绿色优质农产品供给，提升农业质量效益和竞争力。习近平总书记在 2020 年中央农村工作会议上强调，今后农产品保供，既要保数量，也要保多样、保质量。要深入推进农业供给侧结构性改革，推动品种培优、品质提升、品牌打造和标准化生产。这为新时代新征程推进农业高质量发展指明了方向。农业农村部党组深入贯彻落实习近平总书记重要指示精神，将统筹推进农业生产"三品一标"（品种培优、品质提升、品牌打造和标准化生产）和农产品"三品一标"（绿色、有机、地理标志和达标合格农产品）作为工作抓手，结合世情国情农情，坚定不移地走中国特色的质量强农之路。

一、深刻认识农业高质量发展对质量强国的重大意义

习近平总书记指出，强国必先强农，农强方能国强。农业农村仍然是我国现代化建设的短板，只有加快推进农业高质量发展，不断提高农业质量效益和竞争力，才能为质量强国建设筑牢根基。

（一）**推进农业高质量发展是增加优质供给、满足人民对美好生活新期待的客观需要**。2022 年，我国经济总量稳居世界第二位，人均国内生产总值达到 8.57 万元，比上年增长 3.0%。我国粮食产量连续 8 年站稳 1.3 万亿斤台阶，果菜茶肉蛋鱼等产量稳居世界第一，农产品质量安全监测合格率保持在 97.5%以上，有效保障了 14 亿多人粮食和重要农产品供给。当前，城乡居民食品消费结构在不断升级，农产品需求从"吃得饱"向"吃得好""吃得营养健康""吃得有文化"转变。推进农业高质量发展，有利于优化农业生产结构和产品结构，全方位夯实粮食安全根基，增加绿色优质农产品供给，更好满足人民群众丰富多样的食物消费需求。

（二）**推进农业高质量发展是转变生产方式、促进农业绿色发展的必然要求**。绿色是农业的底色，生态是农业的底盘。习近平总书记指出，推进农业绿色发展是农业发展观的一场深刻革命。党的二十大报告要求加快发展方式绿色转型。近年来，各地积极发展绿色有机农业，形成了一套行之有效的绿色生产模

式，有力助推农业生产清洁化、投入品减量化、废弃物资源化和产业模式生态化。推进农业高质量发展，就是要坚定不移地贯彻"绿水青山就是金山银山"理念，推动形成资源节约、环境友好、低碳循环的农业可持续发展模式，努力实现人与自然和谐共生的现代化。

（三）**推进农业高质量发展是加快提档升级、提高农业质量效益和竞争力的战略任务**。习近平总书记强调，延伸农业产业链，着力发展高附加值、高品质农产品，提高农业综合素质、效益、竞争力。党的二十大报告要求发展乡村特色产业，拓宽农民增收致富渠道。近年来，各地积极推进一二三产业融合发展，培育壮大新型农业经营主体，推进农产品加工和冷链物流体系建设，打造了一批市场竞争力强、附加值高、带动作用显著的产品产业，有力推动农业提档升级和增值增效。推进农业高质量发展，就是要健全现代农业产业体系、生产体系和经营体系，全产业链拓展农业增值增效空间，全面提升农业质量效益和竞争力，让农业成为有奔头的现代产业。

二、准确把握质量强国对农业高质量发展的内在要求

建设质量强国是推动高质量发展、促进我国经济由大向强转变的重要举措。新时代新征程中农业要围绕质量强国建设总体要求，将发展目标和重点转到提升质量和效益上来。

（一）**总体思路**。以习近平新时代中国特色社会主义思想为

指导，深入贯彻落实党的二十大精神，全面落实"四个最严""产出来""管出来"重大要求，以推动高质量发展为主题，以提高供给质量为主攻方向，以统筹推进农业生产和农产品两个"三品一标"为路径，坚持"守底线""拉高线"一起抓，保安全和提品质同步推，着力增加绿色优质农产品供给，全产业链拓展增值增效空间，全面提升农业发展质量效益和竞争力，不断满足人民日益增长的美好生活需要。

（二）**目标定位**。要锚定质量强国目标任务，设立发展目标。供给水平高，粮食安全基础更加巩固，确保口粮绝对安全，重要农产品供给结构不断优化，将中国人的饭碗牢牢端在自己手中。产品质量高，到"十四五"末，农产品质量安全监测合格率达到98%以上，绿色优质农产品生产规模占食用农产品比重不断提升。生产效率高，现代农业全产业链标准化深入推进，农业标准化生产普及率稳步提升，农业劳动生产率、土地产出率、资源利用率有效提高。产业效益高，现代农业产业体系、生产体系和经营体系不断健全，农业绿色转型深入推进，质量效益和竞争力全面提升。利益联结机制不断健全，让农民群众充分分享发展成果。国际竞争力高，对标国际先进水平，推动农业技术、产品"走出去"取得明显成效。

（三）**发展要求**。一是统筹提质和增量，优化供给体系。既要扶强扶优扩大规模，也要从严从紧管好质量，让质的有效跃升为量的合理增长提供持续动力。二是统筹增绿和增效，走可持续发展之路。大力发展生态循环农业，推行绿色生产模式，引领绿色消费，打通"绿水青山"向"金山银山"的转换通道。三是统筹自律他律国律，提升治理能力。以农产品"三品一标"为切入点，推动主体承诺的"自律"、质量认证的"他律"和严格监管的"国律"有效衔接，构建农安治理新模式，推动治理能力现代化。四是统筹共建共享，推动富民增收。充分发挥有效市场和有为政府的作用，推动资源要素聚集，壮大乡村产业，既要丰富市民的"菜篮子"，又要鼓起农民的"钱袋子"，形成共享共富的新格局。

三、以两个"三品一标"为抓手，推进农业高质量发展的重点任务

农业生产和农产品"三品一标"各有侧重、相互衔接，共同支撑打造高水平监管、高质量发展的新格局。在生产方式上，强化标准引领，推动品种培优、品质提升和品牌打造，加快农业绿色转型和产业提档升级。在产品上，一方面大力发展绿色、有机、地理标志和名特优新等优质农产品，另一方面全面推行承诺达标合格证制度，强化全链条监管和质量追溯，确保人民群众"舌尖上的安全"。重点抓好以下6个方面。

（一）**加快推进优质农产品基地建设**。建立优质农产品生产基地目录制度，布局建设一批产地清洁、生产绿色、全程贯标、品质优良的优质农产品生产基地。突出精品定位，打造绿色食品生产和原料基地；突出生态环保，打造有机农产品基地；突出特征品质，打造地理标志农产品核心基地；突出全程贯标，打造名

特优新农产品生产基地。依托国家农业现代化示范区、国家现代农业产业园、国家农产品质量安全县等示范平台，建设一批两个"三品一标"重点市、县，做大优质农产品生产供给体系。

（二）**加快推进现代农业全产业链标准化**。试点构建以产品为主线、质量控制为核心的现代农业全产业链标准体系。实施农业高质量发展标准化示范项目，建设国家现代农业全产业链标准化示范基地，建立健全标准协同实施机制，强化农技推广、生产托管、代耕代种等社会化服务，打造一批集技术、标准、品牌、服务于一体的标准综合体，助推产业提档升级。利用国际食品法典委员会等平台，积极参与国际标准制定，推动标准互联互通，助力中国标准和产品"走出去"。

（三）**加快推进农业生产绿色循环**。加强绿色高效品种创新，集成应用绿色高效技术装备，大力推广粮经饲统筹、农牧渔结合生态种养模式。持续推进化肥农药减量增效，集成推广科学施肥技术，应用绿色防控技术。加快构建农业废弃物循环利用体系，促进就地利用、全量利用、高值利用。扎实推进国家农业绿色发展先行区建设，探索不同区域不同生态类型农业绿色发展模式。依托国家农业绿色发展先行区，整建制全要素全链条推进农业面源污染综合防治。推行绿色低碳生产生活方式，全产业链拓展农业绿色发展空间，促进绿色优质农产品生产。

（四）**加快构建全过程质量控制体系**。贯彻落实新修订的农产品质量安全法，遵循源头治理、风险管理、全程控制原则，加快完善农产品质量安全长效监管制度机制。以严打禁用药物违法使用、严控常规药物残留超标为重点，强化部省风险监测工作统筹，上下联动，数据共享，全面提升风险管控能力。推动乡镇落实监管责任，网格化管理全面落实到村。依法加强对各类农产品经营主体监管，着力补齐农户监管短板。与市场部门密切协作，推进承诺达标合格证制度和农产品质量安全追溯管理落地。

（五）**加快推进农产品品质评价及分等分级**。组织开展绿色、有机、地理标志农产品特征品质评价，建立特色农产品品质数据库，构建与国际接轨、符合高质量发展要求的农产品品质指标体系。研制优质农产品标准，推进分等分级和质量标识管理。围绕优良品种、生产技术、操作规程、品质评价等关键环节，集成一批可复制、可推广的技术模式，让品质提升可量化、可评估、可感知。

（六）**加快实施优质农产品消费促进行动**。建强专业销售渠道，遴选推介一批绿色、有机和地理标志农产品的电商专馆、市场专区、营销专柜，培养一批推广专员。实施农业品牌精品培育计划，发展区域公用品牌。持续打造中国绿色食品博览会、有机食品博览会、地标农品中国行等公益宣传推介平台，组织农产品"三品一标"进社区、进学校、进超市活动。健全利益联结机制，让农民更多分享产品增值收益。

系统提升旅游服务质量，更好满足人民旅游需求

文化和旅游部

　　旅游业是服务业的重要组成部分，与广大人民群众的美好生活需要紧密相关。旅游服务质量是旅游业的内在属性，是企业的核心竞争力，是衡量行业发展水平的重要指标。提升旅游服务质量，是促进旅游消费升级、满足人民群众多层次旅游需求的有效举措。当前，人民群众的质量意识不断增强，高品质、多样化成为旅游服务供给的主要方向。《质量强国建设纲要》提出"提升旅游管理和服务水平，规范旅游市场秩序，改善旅游消费体验"，并要求在旅游领域开展质量满意度提升行动，推动标准化、专业化、品牌化发展，培育一批专业度高、覆盖面广、影响力大、放心安全的服务精品，明确了服务质量提升的方向、路径和重点。这既是对人民群众旅游需求变化的积极回应，也是对旅游行业推进质量强国建设作出的重要部署，对今后一个时期旅游业深化供给侧结构性改革、增加优质服务供给、提升治理能力、推动实现高质量发展具有重要意义。要全面把握旅游服务质量提

升的阶段性成果，坚持质量提升的基本原则，推动重点任务落地见效，系统提升旅游服务质量。

一、旅游服务质量提升工作取得阶段性成果

近年来，旅游行业坚持以习近平新时代中国特色社会主义思想为指导，深入贯彻落实党中央、国务院关于高质量发展决策部署，坚定发展信心，积极应对多重挑战，着力提升服务质量，取得了良好成效。

（一）**服务质量提升政策体系进一步健全**。文化和旅游部印发了《关于加强旅游服务质量监管 提升旅游服务质量的指导意见》，明确了服务质量提升的理念、思路、方法，提出了落实旅游服务质量主体责任、培育优质旅游服务品牌、夯实旅游服务质量基础、加强旅游人才队伍建设、加快推进旅游信用体系建设和加强行业旅游服务质量监管等六项重点任务，并按年度发布工作要点，对落实效果实施第三方评估，扎实推进各项任务落实，进一步增强了质量提升政策的系统集成和引领带动作用。

（二）**旅游服务标准体系进一步完善**。旅游服务领域标准制修订水平显著提升，启动旅游休闲城市、国家级生态旅游区、旅游景区导向系统等多项标准编制工作。旅游标准宣传贯彻取得实效，国家级旅游度假区、国家级旅游休闲街区、文明旅游示范单位、等级旅游民宿的标准评定工作有序推进。标准国际化取得突破，开展《旅游及其相关服务 线上线下旅游咨询服务与要求》等3项旅游国际标准研制工作。全行业的标准意识和认识水平普

遍提升，以标准为主的质量基础设施对旅游服务质量提升的引导和支撑作用更加明显。

（三）**旅游市场秩序进一步规范**。"不合理低价游"、未经许可经营旅行社业务等专项整治行动有序推进。出台《文化和旅游市场信用管理规定》，系统构建文化和旅游市场信用监管体系，开展文化和旅游市场信用经济发展试点工作，进一步提升信用监管效能。依托全国旅游监管服务平台实现旅游团队数据动态记录、监测、分析和预警，提升"互联网+监管"水平。旅游服务质量评价有序开展，游客权益保障不断加强，市场秩序更加规范，消费环境更加优化。

（四）**质量提升内生动力进一步增强**。质量主体责任进一步压实，"首席质量官""标杆服务员"制度进一步推行。支持企业服务创新，旅游企业个性化、多样化、定制化服务能力得到提升。以品牌建设促进服务质量提升取得新成效，《文化和旅游市场信用和质量工作典型案例汇编》《星级饭店管理与服务典型案例汇编》为行业提供先进经验，品牌创建氛围愈加浓厚。引导和支持行业组织发挥促进质量提升的积极作用，建立健全旅游行业协会参与旅游服务质量工作机制，行业组织纽带作用有效发挥。

（五）**质量人才教育培训体系进一步完善**。服务质量成为旅游教育、行业培训的重要内容，产教融合、校企合作等人才培养方式不断优化。编印《文化和旅游市场服务质量工作读本》《旅游服务质量监管和提升政策解读》等培训材料，进一步提升文化和旅游行政管理人员职业素养。加强从业人员培训，从业人员的质量意识、质量管理水平稳步提升。各地广泛开展职业培训、技能竞赛、评优评先等活动，有效激发了广大一线从业人员的工作积极性、主动性和创造性。

经过不懈努力，旅游服务质量政策体系进一步健全，质量基础支撑作用逐步彰显，质量监管效能明显提升，行业质量意识显著提高，市场主体活力持续增强，旅游服务标准化、品牌化、网络化、智能化取得新进展，旅游服务质量总体水平稳步提升，人民群众的服务质量获得感不断增强，有力地推动了旅游业持续恢复和高质量发展。但也要看到，旅游服务质量工作与党中央、国务院对高质量发展的要求、与人民群众的期望相比还有差距，旅游服务质量提升还存在一些弱项和短板，旅游服务质量问题仍是制约旅游高质量发展的重要因素，服务质量提升工作需要常抓不懈。

二、准确把握旅游服务质量提升的基本原则

我国进入新发展阶段后，旅游服务质量提升面临的条件、机遇和挑战，目标、理念、任务都发生了新的变化，原有的体制机制、思想观念、路径方式在不同程度上难以适应新发展阶段服务质量提升的现实要求，需要遵循旅游业作为服务业的本质属性，进一步加大创新力度，从监管主体、市场主体和消费主体等多方面来综合统筹。具体要坚持以下基本原则。

（一）**坚持以人民为中心**。牢固树立以人民为中心的发展理

念，把人民群众满意作为实施旅游服务质量监管和提升工作的出发点和落脚点，加强调查研究，提升游客满意度、旅游服务质量等监测评价水平，不断适应人民群众对旅游服务的新需要。围绕影响人民群众旅游体验的主要矛盾和重点问题开展工作，加强对游客合法权益的保护，持续净化旅游消费环境，让游客游得放心、游得舒心、游得开心，不断实现人民对美好生活的向往。

（二）**坚持系统观念**。旅游服务质量提升涉及的因素多、链条长，旅游服务质量地区发展不均衡，行业内质量意识和质量工作水平不匹配，旅游企业质量管理水平与市场质量需求不适应，仍是制约旅游高质量发展的重要因素。这就要求进一步加强旅游服务质量监管和提升的系统性思考、整体性推进、协同性发展，统筹旅游服务质量需求和供给，统筹旅游服务质量主体和监管主体需要，统筹新发展阶段多层次、多元化旅游服务质量提升需要，实现旅游服务质量持续提升。

（三）**坚持创新发展**。加快完善旅游服务质量基础设施，筑牢旅游服务质量提升的重要基础和技术支撑，强化标准、评价等能力建设。准确把握我国数字经济发展趋势及战略，推动数字经济成为支撑旅游业发展的重要动力，鼓励和支持旅游企业数字化转型，以数字化驱动旅游服务质量监管和提升变革。坚持创新驱动和融合发展，推动市场主体创新理念、技术、产品、服务、模式和业态，提高旅游服务专业化水平和数字化水平，提升便利性，改善服务体验。

（四）**坚持深化改革**。顺应构建高水平社会主义市场经济体制的本质要求，加快破除制约旅游服务质量提升的体制机制障碍，健全旅游服务质量监管体制机制，助推高标准旅游市场体系建设，推进全国统一大市场建设。推动有为政府和有效市场更好结合，充分发挥市场在资源配置中的决定性作用，进一步落实旅游服务质量主体责任；更好发挥政府职能作用，为质量提升营造良好的市场环境。

（五）**坚持协同推进**。对标对表党的二十大精神和党中央、国务院关于"十四五"规划、高质量发展、高标准市场体系建设、全国统一大市场建设等决策部署，结合旅游业发展有关政策规划，加强顶层设计，增强旅游服务质量提升工作规划的科学性；加强政策衔接，有机融合各领域质量提升工作任务，提升综合效应；加强部门协同，推动行业监管和综合监管形成合力，不断增强质量提升监管效能。

三、全面推进落实旅游服务质量提升的重点任务

当前，旅游业发展面临诸多机遇和挑战，数字化时代催生旅游新业态新模式不断涌现，旅游服务需求呈现高品质、多样化趋势，对旅游服务质量提升工作提出了新的更高要求。要聚焦关键重点、丰富提升手段、科学统筹规划，以高品质、多样化为努力方向，持续推动旅游服务质量提升取得新成效，更好满足人民旅游生活需求。

（一）**提升旅游管理和服务水平**。完善政府主导、企业主责、部门联合、社会参与、多元共治的旅游服务质量工作格局。

完善部门协同机制，坚持"分类指导、因地施策"，不断提升各级文化和旅游行政部门质量工作水平。在旅游领域实施"信用+"工程，推进信用分级分类监管，开展信用经济发展试点工作，发挥信用在助企纾困、促进消费、激发市场活力方面的基础性作用。丰富"互联网+监管"模式，加强旅游电子合同推广应用，提高旅游市场数字化、智能化监管水平。引导支持企业落实质量主体责任，加强全面质量管理，创新质量管理理念、方法和工具。大力弘扬企业家精神和工匠精神。鼓励支持有关单位组织建立旅游服务质量提升协会、分会。大力培养旅游服务质量人才。加强质量文化宣传引导。

（二）**规范旅游市场秩序**。加大旅游市场执法监管力度，深化对未经许可经营旅行社业务、"不合理低价游"等侵害游客合法权益问题的专项整治，规范在线旅游经营服务。统筹部署各地加强假日旅游市场执法检查、常态化暗访评估、网络监测等工作，维护旅游市场秩序。完善旅游投诉处理和服务质量监督机制，加强大数据分析应用，发挥旅游投诉数据的预警监督作用，以解决投诉问题为导向助推旅游服务质量提升。净化旅游消费环境，健全旅游领域公平竞争审查机制，强化知识产权保护，坚决反对垄断和不正当竞争行为。

（三）**改善旅游消费体验**。加强服务质量监管，开展质量满意度提升行动。深入推进旅游服务质量评价指标、模型和方法研究，开展旅游服务质量评价，建立完善以游客为中心的旅游服务质量评价体系，推进评价结果应用，督促引导社会各方提升旅游服务质量水平。开展质量提升政策实施效果评估，强化结果反馈和跟踪改进。建立健全质量分级制度，促进品牌消费、品质消费。加强旅游质量基础设施建设，完善旅游标准体系，以促进服务品质升级为导向，加大标准制修订力度。加强游客权益保护，支持和鼓励地方建立赔偿先付、无理由退货等制度。

（四）**培育旅游服务质量品牌**。在旅游领域推动标准化、专业化、品牌化发展，大力实施以服务质量为基础的品牌发展战略，建立一套促进服务品牌发展的长效赋能机制，构建一个以服务质量为核心的服务品牌评价标准体系，培育一批专业度高、覆盖面广、影响力大、放心安全的服务精品。充分发挥服务品牌对旅游服务质量提升的引领带动作用，促进旅游企业综合竞争力进一步提升，行业品牌意识、质量意识进一步增强，推动形成优质优价的旅游消费意识，提升中国旅游服务品牌的知名度、美誉度和影响力。

守正创新，持续推动医疗服务质量提升

国家卫生健康委

健康是促进人的全面发展的必然要求，是经济社会发展的基础条件。党中央、国务院历来高度重视健康相关工作，明确提出要把人民健康放在优先发展的战略位置，实施"健康中国战略"，并在 2035 年远景目标和"十四五"规划中强调"全面推进健康中国建设"。党的二十大报告指出"人民健康是民族昌盛和国家强盛的重要标志"，要求促进优质医疗资源扩容和区域均衡布局。党中央、国务院印发的《质量强国建设纲要》，要求把推动发展的立足点转到提高质量和效益上来，以提高供给质量为主攻方向，以满足人民日益增长的美好生活需要为根本目的，开展质量提升工作。在医疗卫生工作中，提高供给质量就需要扩充优质医疗资源，其基础在于推动医疗机构把发展的立足点转到提高质量和效益上来，根本目的是为人民群众提供高质量医疗服务，满足人民日益增长的美好生活需要。

一、深刻理解提升医疗服务质量的内涵

（一）**推动医疗机构实现高质量发展是提升医疗服务质量的核心任务**。医疗机构是提供医疗服务的主体。提升医疗服务质量的根本在于实现医疗机构的高质量发展，其核心任务是推动医院实现"发展方式从规模扩张转向提质增效，运行模式从粗放管理转向精细化管理，资源配置从注重物质要素转向更加注重人才技术要素"。

（二）**加强顶层设计和法律保障是提升医疗服务质量的基本保障**。依法治国是党领导人民治理国家的基本方略，在提升医疗服务质量工作中，必须更好发挥法治固根本、稳预期、利长远的保障作用。《基本医疗卫生与健康促进法》明确要求医疗机构"持续改进医疗卫生服务质量"，并将"努力提高专业水平和服务质量"作为医务人员的重要职责。同时，国家卫生健康委以部门规章形式颁布施行《医疗质量管理办法》，对医疗质量管理相关制度进行完善，明确了医疗质量管理各项要求以及卫生健康行政部门、医疗机构、社会组织在医疗质量管理中的责任、权利和义务。这既是我们开展提升医疗服务质量工作的基本遵循，也是提升医疗服务质量的基本保障。

（三）**科学开展工作是提升医疗服务质量的必由之径**。提升医疗服务质量是医疗卫生领域一个系统性、科学性问题。党的二十大报告指出"我们要以科学的态度对待科学"。这就要求我们要科学地分析工作涉及的需求、机构、人员、技术、经济等要素，科学地设定监测的维度和指标，科学地收集相关数据并进行分析，采用科学的管理工具，以问题为导向，不断解决工作中遇到的问题和困难，实现医疗服务质量的提升。

二、提升医疗服务质量已经具备了坚实基础

国家卫生健康委在党中央、国务院的坚强领导下，持续推进医疗服务质量管理体系建设，为医疗服务质量提升奠定了基础。

（一）**医疗质量管理规范化体系持续健全。**一是出台医疗技术管理规范。在国家层面出台了 15 个限制临床应用的医疗技术以及器官移植、微创等其他医疗技术的技术管理规范。二是发布医疗质量控制指标。陆续制定了医疗机构、专科、病种及重大医疗技术的质量控制指标，供行政部门和医疗机构在医疗质量管理工作中使用。三是实施临床路径管理。制定印发了 30 余个专业、1212 个病种的临床路径，在近 7000 家公立医院实行了临床路径管理，为标准化的医疗服务提供基本遵循。四是加强抗菌药物管理。建立了部际合作机制，出台了国家行动计划，完善了抗菌药物临床应用监测网，加强了处方点评，标本兼治解决抗菌药物临床应用中的突出问题。

（二）**医疗质量管理科学化水平不断提升。**一是逐步完善质量管理组织体系。目前，已成立各专业国家级质控中心 40 余个，省级质控中心 1600 余个，地市级质控中心 1.2 万个，县（区）级质控组织正在全面铺开。各级质控中心的纵向、横向联系日渐紧密，形成工作网络和合力，成为医疗质量进步的主要动力之

一。二是医疗质量管理工具得到广泛应用。全面质量管理
（TQM）、质量环（PDCA 循环）、品管圈（QCC）、疾病诊断相
关组（DRGs）绩效评价等医疗质量管理工具已在医疗管理实践
中广泛应用，医疗机构运用其开展医疗质量管理与自我评价，实
现医疗质量的持续改进，取得良好效果。

　　（三）**医疗质量安全监管信息化成效凸显。**逐步建设完善国
家、省两级医疗质量安全管理信息报告、监测、预警工作机制，
提升医疗质量安全管理精细化水平。自 2015 年开始，以具有良
好代表性的全国监测和调查数据为基础，采用多中心数据来源系
统评估的方法，形成年度《国家医疗服务与质量安全报告》，并
在行业内发布，为实现医疗服务和质量安全持续改进，以及卫生
健康行政部门政策制定和管理工作提供循证依据。

三、守正创新，以问题为导向持续推动医疗服务质量提升

　　在全行业的努力下，我国医疗质量水平取得了明显进步，形
成了政府监管、机构自治、行业自律、社会监督的多元共治格
局，实现了优质医疗资源总量持续增加、医疗资源分布更加均
衡、医疗技术水平和医疗服务质量提升等目的。但是，随着经济
社会进步，人民群众对医疗服务质量的要求越来越高，并且新冠
肺炎等新发重大传染病给医疗卫生服务体系带来新的挑战。下一
步，我们要围绕以推动公立医院高质量发展为抓手，围绕严重危
害人民群众健康的重大疾病，结合防范化解新发传染病等重大公

共卫生风险的需要，重点从以下 5 个方面推动工作：

一是要深刻认识发展环境面临的变化，牢牢把握实现高质量发展的战略机遇期，主动迎接新一轮科技革命和产业革命带来的机遇和挑战，推动再生医学、精准医学、人工智能辅助医疗快速发展，争取在手术机器人、3D 打印、新医学材料应用、计算机智能辅助诊疗、远程医疗等方面取得积极进展。在优势学科领域，注重医学交叉领域、再生医学、中西医结合等复合型创新团队建设，在均衡发展基础上有重点地发展特色亚专科；在病理、儿科、精神等薄弱专业重点加强临床应用型人才培养，打造高质量的临床服务团队，满足人民群众医疗服务需求，为相关专业的持续健康发展进一步奠定基础。

二是积极推动医疗技术创新、管理革新。围绕群众医疗服务需求和严重危害人民群众健康的重大、疑难疾病，不断拓展诊疗方法，提升医疗技术能力和诊疗效果，形成技术优势。在保障患者安全的基础上，鼓励开展具备专科特色和核心竞争力的前沿技术项目，大力扶持包括传统内镜治疗、宫腹腔镜治疗、介入治疗、穿刺治疗、局部微创治疗和改良外科手术方式在内的微创技术发展，逐步实现内镜和介入诊疗技术县域全覆盖。同时，坚持技术创新的发展思路，加强临床诊疗技术创新、应用研究和成果转化，特别是再生医学、精准医学、生物医学新技术等前沿热点领域的研究，争取在关键领域实现重大突破。

三是优化医疗服务模式。积极吸纳先进的诊疗理念，针对肿瘤、心脑血管疾病等重大疾病建立专病联合诊治的有效模式，研究推广 MDT、快速康复、中西医结合等新诊疗模式，全力推动专科医疗服务能力的高质量发展，保障人民群众的健康权益。积极推动智慧医疗体系建设，加强人工智能、传感技术在医疗行业的探索实践，推广"互联网+"医疗服务新模式，满足人民群众多层次、多样化的医疗服务需求。

四是破除制约高质量发展的体制障碍。坚持公益性导向，健全以经济管理为重点的科学化、规范化、精细化运营管理体系，引导医院回归功能定位，推动医疗价格、人事薪酬、人才评价等关键环节深化改革，建立主要体现岗位职责和知识价值的薪酬体系。同时，加强公立医院党的建设，把党的领导融入医院治理全过程、各方面、各环节，塑造特色鲜明的医院文化，激发医院高质量发展的内生动力。

五是加强医疗质量安全管理。进一步完善医疗质量和医疗技术管理制度与体系，加强医疗质量管理组织体系、质量控制指标体系建设，推广科学医疗质量管理工具。用信息化手段贯穿医疗质量管理全过程，提高医疗机构医疗质量管理的精细化和科学化水平。

践行质量强国战略，
加快建设世界一流企业

国务院国资委

以习近平同志为核心的党中央高度重视质量工作，习近平总书记多次强调，推动中国制造向中国创造转变、中国速度向中国质量转变、中国产品向中国品牌转变，为国资央企深入落实质量强国战略指明了前进方向、提供了根本遵循。国资央企要坚持以习近平新时代中国特色社会主义思想为指导，全面贯彻习近平总书记关于质量工作的重要指示批示精神，落实党中央、国务院决策部署，抓好《质量强国建设纲要》落实落地，努力实现高质量发展，加快建设世界一流企业。

一、深刻认识践行质量强国战略的重大意义

党的二十大报告对"加快构建新发展格局，着力推动高质量发展"作了专章阐述，指出"高质量发展是全面建设社会主义现代化国家的首要任务"，要求"加快建设制造强国、质量强国、航天强国、交通强国、网络强国、数字中国"。国资央企要

深刻认识质量强国建设的重大意义，积极主动践行质量强国战略，在建设质量强国、助力经济社会高质量发展中发挥中坚骨干作用。

（一）**积极主动践行质量强国战略，是中央企业切实发挥国民经济战略支撑作用的重要保证**。中央企业是国民经济的重要支柱，在关系国民经济命脉和国家安全的重要行业和关键领域占据支配地位，发挥好国民经济战略支撑作用，是新时代中央企业的核心价值。中央企业要进一步增强使命感和责任感，以提高质量和效益为立足点，打造质量新优势，增强发展新动能，更好发挥在战略安全、产业引领、国计民生、公共服务等方面的核心功能，更好服务国家重大战略和经济社会发展。

（二）**积极主动践行质量强国战略，是中央企业自觉践行以人民为中心的发展思想的必然要求**。以人民为中心的发展思想是新时代中央企业的根本价值取向。中央企业产业布局涉及能源、建筑、交通、通信等众多领域，产品、工程和服务与人民群众生产生活息息相关，备受社会各界关注和期待，要全力打造品质过硬的央企精品，为满足人民日益增长的美好生活需要、不断提升人民群众质量获得感作出国资央企贡献。

（三）**积极主动践行质量强国战略，是中央企业加快建设世界一流企业的客观需要**。加快建设世界一流企业是新时代中央企业坚定不移的发展目标，质量卓越、品牌卓著是世界一流企业的重要内容和评判标准。企业强则国家强，大国竞争很大程度上是大企业之间的竞争，中央企业要对标世界一流，聚焦打造"卓越产品"，全力铸就"卓著品牌"，以卓越品质塑造企业独特价值，不断提高核心竞争力、增强核心功能，打造国际竞争合作新优势，加快建设世界一流企业。

二、国资央企在质量强国建设中取得积极成效

近年来，国务院国资委和中央企业深入学习贯彻习近平总书记重要指示批示精神，落实党中央、国务院决策部署，在有关部门的大力指导和支持下，深入落实质量强国战略，推动质量提升工作取得了积极进展和显著成效。

（一）**质量工作体系逐步建立健全**。国务院国资委强化顶层设计、政策引领，印发实施《关于加强中央企业质量品牌工作的指导意见》《关于中央企业开展质量提升行动的实施意见》，会同市场监管总局印发实施《关于进一步加强中央企业质量和标准化工作的指导意见》，全面部署推进中央企业质量效益型发展。中央企业积极探索具有企业特色的质量管理能力升级路径，集团层面普遍提出了"顾客导向、质量第一"的经营理念，明确了质量发展战略，建立了质量工作机构，质量管理责任逐级压实，质量工作合力进一步凝聚。

（二）**产品服务质量和品牌影响力明显提升**。中央企业持续加强全面质量管理，深化卓越绩效模式、精益管理等先进质量管理方法运用，质量领域创新成果不断涌现，产品和服务质量持续提升。五年来，中央企业获得全国质量奖卓越项目奖占全国总数60%。全面加强品牌建设，品牌引领意识不断增强，品牌体系不

断完善，品牌资产不断增值，打造了一批国家名片，带动了更多品牌产品、品牌服务走向世界、享誉世界，赢得了全球消费者对中国制造、中国建造、中国服务的品牌认同。

（三）**专业人才队伍不断壮大**。强化质量人才队伍建设，持续加强质量教育培训，优化完善更具针对性的激励机制，加大质量领域专业人才培养、引进和使用力度，企业经营管理者、一线员工的质量意识和工作水平明显提升，质量管理人才体系不断健全，质量技术人员结构不断优化，质量人才队伍不断壮大，为推动企业高质量发展提供了强有力的人才保障。五年来，中央企业获"杰出质量人"和"质量工匠"奖的人数分别占全国的21%和50%。

（四）**质量提升基础进一步夯实**。国务院国资委积极搭建中央企业全面质量管理知识竞赛、QC小组成果发表赛等学习交流平台，中央企业广泛组织开展多样化、多层次的群众性质量活动，"人人重视质量，人人关注质量，人人提升质量"的良好氛围愈加浓厚，生产和服务一线质量改进创新能力大幅提升。五年来，中央企业全面质量管理知识竞赛参赛人数累计达2200余万人次，国际质量管理小组金奖中国区获奖总数的75%由中央企业获得，中央企业质量管理小组占全国优秀质量管理小组的60%以上。

三、国资央企要在质量强国建设中作出更大贡献

面向未来，开启全面建设社会主义现代化国家新征程，做好

质量工作更为重要。国务院国资委将进一步加强与有关部门协同合作，指导中央企业牢固树立质量第一意识，切实加大工作力度，推动质量提升工作不断走深走实，努力当好践行质量强国战略的主力军。

（一）**以更高质量满足人民群众需求**。把更好满足人民群众美好生活需要作为出发点和落脚点，弘扬"质量就是生命"的经营理念，建立全周期全流程质量安全追溯体系，大力推行新型精益制造模式，积极运用新技术新工艺新材料，多出优品、打造精品、以质取胜，推动产品供给加快向"产品+服务"转变，更好满足个性化、差异化、品质化消费需求。

（二）**以更高质量提高企业市场竞争力**。深入推进全面质量管理，加强全员、全过程、全方位、全生命周期质量管理，深化运用先进管理方法和工具，强化质量安全风险全面管控，推进质量管理数字化转型。着力依靠创新推进质量攻关，加快打造原创技术策源地和现代产业链链长，积极开展产业链质量共性技术攻关，加强国际质量合作，树立中国质量新标杆。

（三）**以更高质量培育全球知名品牌**。全面推进品牌引领行动，把高品质作为品牌的基石，制定完善企业品牌发展战略，科学构建品牌架构体系，提升品牌管理运营能力，推进产品设计、文化创意、技术创新与品牌建设融合发展，诚实经营、信守承诺，高标准践行社会责任，增强品牌核心价值和品牌竞争力，切实树立质量可靠、品牌可信的优秀央企形象。

（四）**以更高质量打造世界一流企业**。围绕更高质量效益和更强国际竞争力，持续深化改革、强化创新、扩大开放，深入实施质量提升行动和价值创造行动，充分发挥企业家引领作用，以质量、标准、技术、品牌、服务为核心，塑造竞争合作新优势，增强高质量发展新动能，加快建设一批产品卓越、品牌卓著、创新领先、治理现代的世界一流企业。

强化知识产权保护和运用，激发高质量发展创新动能

国家知识产权局

习近平总书记指出，创新是引领发展的第一动力，保护知识产权就是保护创新。中国特色社会主义进入新时代，深入实施创新驱动发展战略成为时代主题。知识产权制度作为创新发展的基本保障和重要支撑的使命更加重要，知识产权作为国家发展战略性资源和国际竞争力核心要素的作用更加凸显。党中央、国务院印发的《质量强国建设纲要》作出一系列重大部署，在推动经济质量效益型发展、增强产业质量竞争力、加快产品质量提档升级、增加优质服务供给、增强企业质量和品牌发展能力、推进质量治理现代化等六个方面对知识产权保护和运用工作提出了具体要求。我们要深入学习贯彻习近平新时代中国特色社会主义思想和党的二十大精神，全面落实《质量强国建设纲要》，持续加强知识产权保护工作，不断提升知识产权运用效益，充分实现知识产权价值和创新效益，激发高质量发展创新动能，促进建设现代化经济体系，推动构建新发展格局。

一、深刻认识新时代新征程知识产权保护和运用的重大意义

党的二十大报告指出,"高质量发展是全面建设社会主义现代化国家的首要任务。发展是党执政兴国的第一要务。没有坚实的物质技术基础,就不可能全面建成社会主义现代化强国"。党的二十大报告明确了新时代新征程党的使命任务,为我国高质量发展明确了新的历史方位,也为加快推进知识产权强国建设提供了强大的思想武器。我们要以高度的政治自觉、思想自觉、行动自觉,将知识产权工作融入党和国家事业发展大局,更好发挥知识产权对内激励创新、对外促进开放的重要作用,为建设现代化经济体系提供有力支撑。

(一)**强化知识产权保护和运用,是完善国家治理体系和治理能力现代化的重要方面**。习近平总书记指出,加强知识产权保护是完善知识产权保护制度最重要的内容,也是提高中国经济竞争力最大的激励。只有严格保护知识产权,才能构建更加完整的现代产权制度、推动深化要素市场化改革,保障市场在创新资源的配置中起决定性作用,更好发挥政府作用。加强知识产权运用,构建更加完善的要素市场化配置体制机制,完善以企业为主体、市场为导向的高质量创造机制,健全运行高效顺畅、价值充分实现的运用机制,建立规范有序、充满活力的市场化运营机制等三大支撑机制,对全面提升我国知识产权综合实力、大力激发社会创新活力、建设中国特色世界水平的知识产权强国具有重要

意义。

（二）**强化知识产权保护和运用，是推动高质量发展的重要支撑**。知识产权工作一头连着创新，一头接着市场，是科技与经济结合的纽带与桥梁。推动经济向以创新驱动转型发展、创造高质量供给引领发展，就要强化高质量发展政策导向，推动知识产权与产业政策深度融合，加快推动知识产权向现实生产力转化。实行以增加知识价值为导向的分配政策，建立从基础研究、应用研究、关键技术开发、科技成果产业化等各个环节衔接联动的体制机制，才能充分激发市场主体运用知识产权的内生动力，促进创新要素有序流动和合理配置。

（三）**强化知识产权保护和运用，是优化营商环境和增强人民幸福感的重要保障**。习近平总书记强调，产权保护特别是知识产权保护是塑造良好营商环境的重要方面。呵护创新热情、保护创新成果，增强创新发展这个第一动力，知识产权保护制度不可替代。提供公平友好的营商环境，建设更高水平开放型经济新体制，增加优质产品和服务进口，促进智力资源聚集和先进技术落地，才能更好服务国家对外开放大局，护航我国企业"走出去"。同时，以品牌建设带动产品质量稳定提升，打击假冒伪劣，才能有效净化消费市场，丰富文化供给，不断增强人民群众的获得感、幸福感和安全感。

二、知识产权保护和运用工作取得的主要成效

改革开放 40 多年来特别是党的十八大以来，在以习近平同

志为核心的党中央坚强领导下，知识产权事业不断发展，走出了一条中国特色知识产权发展之路，取得了历史性成就，有力支撑了创新国家建设和全面建成小康社会目标的实现。

（一）**知识产权保护工作能力和水平显著提升**。一是知识产权保护工作顶层设计全方位加强。2021年9月，党中央、国务院印发《知识产权强国建设纲要（2021—2035年)》，对知识产权强国建设作出全面部署。《关于新形势下加快知识产权强国建设的若干意见》《关于强化知识产权保护的意见》《"十四五"国家知识产权保护和运用规划》等一系列重要文件的出台，为知识产权保护工作确定了任务书、绘制了路线图、列出了时间表。二是知识产权保护法治化水平迈上新台阶。《中华人民共和国民法典》颁布，为保护知识产权提供了基础性的法律保障。新修改的专利法、商标法、著作权法加大了保护力度。落实新增知识产权保护中央事权，制定实施《重大专利侵权纠纷行政裁决办法》《药品专利纠纷早期解决机制行政裁决办法》。三是知识产权全链条保护实现新突破。聚焦重点领域、关键环节和侵权多发区域部署行政保护工作。出台一系列标准、规范、指南，常态化打击非正常专利申请和商标恶意抢注行为，严格规范专利商标管理秩序。加强与最高法、最高检、司法部、公安部、市场监管总局、版权局等协作配合，知识产权保护"严、大、快、同"工作格局初步形成。四是保护工作体制机制建设取得新进展。稳步推进集快速审查、快速确权、快速维权于一体的知识产权快速协同保护体系建设，深入推进以信用为基础的分级分类监管试点，推动建立和完善技术调查官制度和知识产权侵权纠纷鉴定工作体系，为司法和行政保护提供智力和技术支撑。五是知识产权保护国际合作得到新加强。《区域全面经济伙伴关系协定（RCEP）》生效实施，亚太区域知识产权保护国际合作进一步加强。中欧地理标志保护与合作协定正式生效，244 个中欧地理标志实现互认互保。与世界知识产权组织合作建设技术与创新支持中心，引进其仲裁与调解服务。初步建成涉外知识产权风险预警和应急机制，为企业海外维权提供指引。

（二）**知识产权运用促进工作蓬勃开展**。一是畅通流转方面。不断深化知识产权权益分配改革，推动创设专利开放许可制度，联合教育部建设国家知识产权试点示范高校，联合财政部推动构建知识产权运营服务体系，激发知识产权转化内生动力。着力构建知识产权运营体系。会同人民银行、银保监会研究制定《专利评估指引》国家标准，促进形成知识产权交易价格发现机制。2012 年至 2022 年，高校院所专利转让许可次数平均增速达 20.5%，高价值专利转化的"源头活水"有效激活，促进创新发展动力活力加速释放。二是金融赋能方面。与银保监会、发展改革委、国家版权局等部门密切配合，联合出台加强知识产权质押融资工作政策文件，深入开展"入园惠企"专项行动，建设知识产权质押信息平台，优化质押登记服务，稳步推动知识产权质押融资提质扩面，2022 年，专利商标质押融资金额达 4868.8 亿元，连续三年保持 40%以上增长。深化与中国银行、建设银行、人保财险等国有大型金融机构战略合作，与证监会指导沪深两地交易所成功发行知识产权证券化产品。知识产权金融服务实体经济的广度深度显著拓展。三是转化见效方面。完善知识产权支撑关键核心技术攻关机制，开展知识产权强链护链行动，深度服务科技自立自强。专利导航全面融入重点产业创新发展机制，有效助力关键核心技术攻关。联合国家统计局建立专利密集型产业统计核算和发布机制。支持建设国家专利密集型产品备案认定试点平台，积极探索促进专利密集型产业发展有效路径。大力培育知识产权优势示范企业，运用标准化手段提升创新主体知识产权转化能力和运用效益。深入实施商标品牌战略，接续开展地理标志助力乡村振兴行动，有力促进品牌经济和特色经济发展，驱动高质量发展的动能势能强劲有力。四是强化监管方面。坚持放管结合，出台《专利代理条例》《商标代理监督管理规定》《外国专利代理机构在华设立常驻代表机构管理办法》，全面推行告知承诺执业许可审批制度。与市场监管总局联合开展商标代理行业专项整治。联合 16 个部门制定加快推动知识产权服务业高质量发展的意见，会同商务部开展知识产权服务出口基地建设，组织各地开展"知识产权服务万里行"活动。

三、扎实推进新时代知识产权保护和运用重点任务

坚持以习近平新时代中国特色社会主义思想为指导，深入贯彻落实党的二十大精神，全面提升知识产权运用效益和保护效果，扎实推动知识产权事业稳中求进高质量发展，以中国式现代

化为指引加快建设中国特色、世界水平的知识产权强国，为全面建成社会主义现代化强国提供有力支撑。

（一）**提高知识产权保护效能**。一是加强保护工作体系建设。制定实施知识产权保护体系建设工程实施方案。高标准建设国家知识产权保护示范区，做好第二批示范区遴选工作。高水平建设知识产权快速协同保护体系，持续完善知识产权维权援助"全国一张网"，深入开展纠纷快速处理试点，优化重大专利侵权纠纷行政裁决工作流程，加强知识产权信用体系建设，实施商品交易市场知识产权保护规范国家标准。二是深化知识产权全链条保护。深入实施《关于强化知识产权保护的意见》推进计划，加强与最高人民法院、最高人民检察院、司法部、公安部、市场监管总局等部门的工作协同，促进行政、司法、仲裁、调解工作衔接；持续加强执法指导，出台相关标准、规范和工作指南，加强知识产权行政保护专业技术支撑。加强地理标志、官方标志、特殊标志、奥林匹克标志保护，稳步推进地理标志统一认定，组织实施地理标志保护工程，持续开展国家地理标志产品保护示范区建设。三是强化知识产权安全保障能力。加强海外知识产权纠纷应对指导机制建设，优化海外知识产权信息服务，推动制定技术出口知识产权对外转让政策文件，切实维护知识产权领域国家安全。

（二）**促进知识产权转化运用**。一是提升创新主体知识产权综合运用能力。落实知识产权助力"专精特新"中小企业发展专项政策，深入推进知识产权优势示范企业培育。启动实施财政资助科研项目形成专利的声明制度试点，开展新一轮国家知识产权试点示范高校建设。开展《创新管理知识产权管理指南》国际标准实施试点，发布实施《企业知识产权合规管理体系要求》国家标准。完善中小微企业知识产权托管，打好知识产权质押融资等金融服务组合拳。二是完善知识产权市场化运营机制。推动专利开放许可制度全面落地，推广《专利评估指引》国家标准，做好专利许可费率统计发布。深入实施专利转化专项计划，升级知识产权运营平台体系，建设新一批重点产业知识产权运营中心。三是促进产业高质量发展。大力培育和发展专利密集型产业，持续推进专利产品普遍备案和专利密集型产品标准化认定，系统开展专利导航工作载体和综合服务平台建设，强化服务支持产业创新发展效能。启动实施"千企百城"商标品牌价值提升行动，编制发布中国商标品牌发展指数报告。深入开展地理标志助力乡村振兴行动，推动实施"地理标志品牌+"专项计划，助推特色产业发展。以效益为导向做好中国专利奖评选工作。

加强质量管理体系建设，助力民航服务水平提升

民 航 局

党中央、国务院印发的《质量强国建设纲要》，对增加优质服务供给进行部署，促进生活服务品质升级，并明确将"推动航空公司和机场全面建立旅客服务质量管理体系，提高航空服务能力和品质"作为一项重要任务，体现了党中央、国务院对民航服务工作的高度重视。

一、以党的二十大精神为指引，着力提升民航服务质量

党的二十大是在我国迈上全面建设社会主义现代化国家新征程、向第二个百年奋斗目标进军的关键时刻召开的重要会议，为新时代新征程党和国家事业发展指明了前进方向，确立了行动指南。民航要以实际行动贯彻落实党的二十大精神，不断提升服务质量，为民航高质量发展和质量强国建设作出贡献。

（一）提升服务质量是"人民航空为人民"的重要体现。"人

民"作为党的二十大报告的关键词、高频词，充分彰显了我们党的人民立场和人民情怀。党的二十大报告明确提出，要实现好、维护好、发展好最广大人民根本利益，着力解决好人民群众急难愁盼问题。民航是与人民群众生活息息相关的重要民生行业，民航服务质量代表行业精神，关系到人民群众的切身利益。民航业必须牢固树立以人民为中心的发展思想，把人民群众出行的最大便利作为民航工作的根本出发点，不断提升民航服务质量，进一步增强人民群众在民航发展中的获得感、幸福感和安全感。

（二）**提升服务质量是民航业供给侧结构性改革的客观需要**。按照党的二十大谋划的发展目标，到 2035 年我国人均 GDP 将达到中等发达国家水平。随着中高收入群体规模不断扩大，消费结构升级趋势明显，人民群众对全流程、个性化和高品质的航空运输服务有更高期待。在新形势下，民航必须解决服务产品单一化、同质化的问题，通过完善管理制度、优化管理流程、创新管理模式，在供给结构、供给质量上发力，扩大航空服务覆盖范围，做到服务产品多样、服务价格合理、服务流程便利，满足广大人民群众日益增长的航空运输服务需求。

（三）**提升服务质量是民航业高质量发展的必然要求**。党的二十大报告强调，高质量发展是全面建设社会主义现代化国家的首要任务。"十四五"时期是民航高质量发展的关键阶段，也是从单一的航空运输强国跨入多领域民航强国建设的新阶段。提升服务质量是民航高质量发展的助推器。民航必须坚持新发展理念，不断完善服务标准，提升服务效率，增强服务动能，系统解决民航服务发展不平衡不充分的问题，进一步提升民航服务治理能力，为民航业在新发展阶段开拓新局面提供更强动力。

二、以质量管理体系为抓手，切实转变民航服务管理模式

航空公司和机场是民航服务工作的主体，是提升民航服务质量的中坚力量。提升民航服务质量必须重视质量管理模式研究，督促航空公司和机场构建服务质量管理体系，实现民航服务管理工作的规范化、协同化、主动化和智慧化。

（一）**民航服务工作要实现规范化管理**。近年来，民航各单位坚持"真情服务"底线要求，重点解决人民群众反映的痛点、难点问题，积累了很多有益经验，民航服务水平稳步提升。这种工作方式虽然能够突出重点，但工作的持续性不强，服务质量的控制能力缺少稳定性。航空公司和机场应当及时总结有益工作经验，提炼出普遍适用的管理理念和管理方法，不断完善企业手册、标准、制度，形成常态化的企业服务规范和准则，使航空公司和机场的服务管理工作实现决策程序化、权责明晰化、业务流程化、措施具体化、行为标准化，从而全面提升服务质量管理水平。

（二）**民航服务工作要实现协同化管理**。民航服务链条长、环节多、涉及面广，很多服务项目和服务问题依靠单个部门无法实现和解决。协同管理能够促进各种要素和资源的快速集成、有

机融合和互联互通，有利于达成共同的任务目标，是企业管理的重要方式和途径。航空公司和机场必须强化协同管理，以构建服务质量管理体系为抓手，打破部门、资源之间的壁垒和边界，建立分工与协作长效机制，形成优质高效、衔接顺畅的服务供应链，为旅客提供全流程的民航服务产品。

（三）**民航服务工作要实现主动化管理**。投诉是旅客反映服务问题的重要渠道，也是航空公司和机场查找服务短板、提升服务质量的主要途径。但这种出现问题才处理、出现舆情才反思的事后处理方式，不仅影响了旅客体验，还增加了企业的管理成本。风险管理是质量管理常用的工具之一，通过提前考虑潜在风险，采取预防措施尽可能减少不利影响的发生。航空公司和机场应当将服务风险防控意识融入服务质量管理体系，在现有工作基础上逐步推动服务质量风险关口前移，进一步提升服务管理工作的主动性。

（四）**民航服务工作要实现智慧化管理**。当今是信息时代、大数据时代。信息和数据的获取、分析、整合、应用在民航服务管理中将发挥越来越重要的作用。《智慧民航建设路线图》明确要求各单位应深化民航大数据场景应用，加强跨部门、跨区域、跨层级数据共享交换和衔接汇聚。航空公司和机场要利用信息技术，及时获取外部信息，精准捕捉旅客需求，深度挖掘企业潜在价值，持续创新服务产品，通过大数据准确研判形势，为服务决策提供数据支撑，实现服务管理的数字化转型，切实提升服务管理的效率和智慧化水平。

三、以质量强国建设为目标，统筹推进服务质量管理体系建设

2021 年，民航局在参考国际上广泛接受的《质量管理体系要求》（ISO 9001：2015），同时借鉴民航安全管理体系（SMS）的有益经验，出台了《公共航空运输旅客服务质量管理体系建设指南》（以下简称《指南》），为航空公司、机场建立服务质量管理体系指明了方向。

（一）**明确服务文化建设的引领作用。**服务文化是企业在长期为旅客服务过程中所形成的服务理念、职业观念等服务价值取向的总和。良好的服务文化有助于企业员工感受到自己的价值，形成共同的目标和理想，主动践行"真情服务"理念。航空公司和机场应根据自身发展宗旨、所属环境和发展战略，构建包含企业使命、愿景、价值观在内的服务文化，通过内化于心、外化于形的精神感召，增强企业的内部凝聚力，营造浓厚的服务氛围，使服务文化成为广大干部职工自觉追求的价值取向和提升服务品质的动力源。

（二）**强调服务组织架构的基础保障。**民航服务是系统工程，需要系统化的组织架构来支撑。服务质量管理组织架构是企业服务工作目标设定、流程运转、业务规划的基础保障。《指南》不仅明确了服务质量组织架构，还对各层级的相关职责提出了具体要求。其中，航空公司和机场应当设立一名公司层级领导作为服务质量工作的最高管理者，体现对服务工作的重视。大

型航空公司和机场还要设立单独的服务质量管理部门，并明确与相关部门的区别和联系，形成系统化的服务质量管理架构，为提升服务奠定坚实基础。

（三）**突出服务管理制度的主线地位**。没有规矩，不成方圆。服务管理制度是服务工作有效开展的重要基石，也是服务目标能够实现的有力保证。服务管理制度的相关要求篇幅最大、内容最多，贯穿于《指南》的全文，是服务管理体系建设的主线。服务管理制度既包括关于目标管理、信息通报、监测与评价、绩效考核、培训等方面的总体规定，也包括各类服务规范、业务手册、作业指导书等细节要求。航空公司和机场应建立完善的服务管理制度，确保服务质量管理体系有效运转，从而实现运行效率和服务品质的持续提升。

（四）**树立服务风险管控的核心理念**。风险管控是企业应对各种不确定因素、减少风险事件发生的有效手段，广泛运用于安全和质量管理等相关领域。航空公司和机场应牢固树立风险管控理念，对服务质量风险源进行科学识别，通过服务投诉、满意度信息、服务监测、风险事件、培训等途径，梳理民航服务工作的各类风险源，并制定有效的风险控制、缓解措施，降低服务风险可能造成的不良影响，实现服务工作由"事后管理"向"事前管理"转变。

（五）**坚持服务持续改进的根本原则**。服务持续改进与提升是满足旅客需求的补救环节，也是超越旅客预期的创新环节。航空公司和机场的服务质量只有持续改进和完善，才能适应民航快速发展的形势要求，才能满足旅客不断增长的服务需求。《指南》要求航空公司和机场综合运用多种调查和测评方法，全方位分析研究旅客需求，为服务的持续改进提供依据。同时，航空公司和机场还应当实时监测服务过程和服务指标，针对产生服务问题的根本原因制定切实可行的服务改进方案，实现服务质量工作的闭环管理。

（六）**把握服务品牌建设的战略意义**。品牌是企业乃至国家竞争力的综合体现，是参与全球竞争的重要资源。习近平总书记明确提出要"推动中国产品向中国品牌转变"。《质量强国建设纲要》也将"品牌建设取得更大进展"作为主要目标。航空公司和机场要通过完善服务质量管理体系，建立符合自身实际情况的服务品牌战略，将品牌意识真正融入企业重要决策和生产经营，加强技术创新、产品创新、营销创新，以服务创品牌，以品牌促服务，实现品牌化转型，提升中国民航服务品牌的国际影响力。

加强药品质量安全监管，促进人民群众生命健康

国家药监局

建设质量强国是推动高质量发展、促进我国经济由大向强转变的重要举措，是满足人民美好生活需要的重要途径。药品是治病救人的特殊商品，药品质量安全事关人民群众身体健康和生命安全。党中央、国务院印发的《质量强国建设纲要》对提高药品质量安全水平提出了明确要求。我们要深入贯彻落实《质量强国建设纲要》，立足新发展阶段、贯彻新发展理念、构建新发展格局，认真落实"四个最严"要求，推动药品监管工作迈上新台阶，加快推动我国从制药大国向制药强国跨越，更好满足人民群众的健康需求。

一、药品监管事业改革发展取得显著成效

（一）防风险、保安全，有效维护药品安全形势总体稳定。认真落实习近平总书记关于加强药品安全工作的重要指示精神，推动建立覆盖国家、省、市、县四级的集中打击整治危害药品安

全违法犯罪工作机制，以严查大案要案、严防风险隐患为目标，在全系统深入开展药品安全专项整治行动。中共中央办公厅、国务院办公厅出台《关于改革和完善疫苗管理体制的意见》，建立疫苗管理部际联席会议制度，实行疫苗生产企业全覆盖巡查和派驻检查。完善生产工艺变更报告、医疗器械唯一标识，健全常态化的药品安全风险排查化解机制，深入开展中药饮片、医疗器械"清网"、化妆品"线上净网、线下清源"等整治行动，有效净化医药市场环境。全力服务国家药械集中采购工作大局，对中选药械实行境内生产企业检查和中选品种抽检两个 100% 全覆盖。国家药品抽检总体合格率达 99.4%，保障了药品安全形势总体稳定。

（二）抓改革、促创新，服务支持医药产业高质量发展。持续深化审评审批制度改革，建立完善优先审评审批、附条件批准上市等制度，推广实施提前介入、研审联动、平行检验等应急审评经验。近五年累计批准创新药品 106 个、创新医疗器械 195 个，发布药品审评技术指导原则 247 个、医疗器械注册审查指导原则 529 个，为药械研发创新和技术审评提供了有力支撑。扎实推进仿制药质量和疗效一致性评价工作，累计有 551 个品种通过一致性评价。支持中药传承创新发展，出台《关于促进中药传承创新发展的实施意见》，简化古代经典名方中药复方制剂的注册审批程序，推动建立符合中药特点的技术审评体系，累计批准中药创新药 22 个，规范中药配方颗粒监管。完善化妆品新原料分类管理制度，化妆品审评由外审转内审，特殊化妆品延续审评审批时限大幅压缩。完成国家药监局权责清单编制，取消和调整120项证明事项。"互联网+政务服务"平台实现应上尽上、应接尽接，101项政务服务事项100%实现在线办理。

（三）**强体系、提能力，加快推进药品监管现代化**。顺利完成药品监管体制改革，建立完善从中央到基层覆盖药品全生命周期的闭环药品监管体系。国务院办公厅出台《关于全面加强药品监管能力建设的实施意见》，明确科学化、法治化、国际化、现代化的发展道路。编制实施《"十四五"国家药品安全及促进高质量发展规划》。全面完成《药品管理法》《疫苗管理法》和《医疗器械监督管理条例》《化妆品监督管理条例》的制修订，发布规章13部，新的药品监管法规体系基本搭建完成。颁布实施2020年版《中国药典》。调整设立国家药监局特殊药品检查中心（一四六仓库），在长三角、大湾区设立4个审评检查分中心。国务院办公厅出台《关于建立职业化专业化药品检查员队伍的意见》，省级药品检查员数量已达2万余人。全面整合监管业务系统，构建药品智慧监管平台，升级"互联网+政务服务"网上办事大厅，打造"一网通办"对外服务窗口，搭建"药监云"平台夯实药监数字底座，药品（疫苗）信息化追溯体系、医疗器械唯一标识数据库、网络交易监测等系统相继投入使用。实施中国药品监管科学行动计划，建立14个监管科学研究基地，建设国家药监局重点实验室117个，研究制定审评技术指南、检查测评标准、检验检测方法187项。成功当选并连任国际人用药品注册技术协调会（ICH）管理委员会成员，中国稳步走向世界药品监管舞台的中央。

（四）**听指挥、勇担当，全力服务保障疫情防控工作大局。**在疫情防控大考中，坚决听从党中央、国务院号令，持续做好新冠病毒检测试剂、医用防护服、医用口罩、新冠病毒疫苗、新冠病毒治疗药物等的审批上市和质量监管。依法依规附条件批准5个新冠病毒疫苗上市，其中3个疫苗被列入世界卫生组织紧急使用清单，8个新冠病毒疫苗经论证紧急使用。累计批签发61.9亿剂。批准14个新冠病毒治疗药物上市或增加适应症，批准143个新冠病毒检测试剂上市。以疫情期间新批准生产企业为重点，加强对防疫药械的质量监管，切实保障质量安全。部署强化疫情防控相关药品质量监管，依职责做好保质保供有关工作，全力服务疫情防控工作大局。

二、以党的二十大精神为引领，走中国式药品监管现代化道路

党的二十大报告对保障人民健康、强化药品安全监管、"三医"协同发展和治理、促进中医药传承创新发展等作出了一系列重要论述和部署，进一步完善了我国新时代药品监管方略，指明了药品监管事业发展方向。我们要把学习贯彻党的二十大精神与践行党中央药品监管工作方针有机结合起来，自觉把药品监管工作放到以中国式现代化推进中华民族伟大复兴的宏大场景中去谋划，按照"讲政治、强监管、保安全、促发展、惠民生"的工作思路，走好中国式药品监管现代化道路。

（一）**全方位筑牢药品安全底线。** 坚持居安思危，牢固树立底线思维、强化忧患意识，时刻绷紧安全这根弦，坚决守住药品安全底线。一是持续深化药品安全专项整治。发挥集中打击整治危害药品安全违法犯罪工作牵头抓总作用，加强统筹协调和督促检查。以协调机制为抓手，推动地方党委、政府履行好药品安全党政同责，定期听取药品监管工作汇报，分析研判药品安全形势，及时研究解决重大问题，完善药品安全治理体系。提升专项整治的针对性，更加精准地围绕普遍性、苗头性、趋势性的问题开展工作，集中解决突出问题和重大隐患。认真落实《关于进一步加强药品案件查办工作的意见》《药品行政执法与刑事司法衔接工作办法》，保持严打违法犯罪的震慑力。对重大违法线索加强督办，对屡教不改、屡罚屡犯的要从严从重处罚。持续推进行刑衔接、行纪衔接，形成合力，保障专项整治高效规范开展。二是加强药品安全风险排查化解。加强临床试验管理，严厉打击临床试验数据造假，从源头上保障药品安全。进一步强化"两品一械"全生命周期各环节动态监管，围绕新开办、新迁建、既往发现问题较多、被行政处罚的重点企业，疫苗、血液制品、无菌和植入类医疗器械、集采中选产品等重点产品，农村、城乡接合部等重点区域，落实风险清单制、风险核查制、风险销号制，切实把风险摸排清楚，做到心中有数。坚持抓早抓小，对可能产生质量安全风险的，及时采取停产、停售、停用等有效管控手段，以最快速度、最大限度控制风险。三是压实企业主体责任。认真贯彻企业落实质量安全主体责任监督管理规定，通过普法培训、公开承诺、警示约谈等方式，督促引导企业牢固树立质量就是生命的理念，严格落实企业负责人、生产负责人、质量管理负责人和质量受权人等关键岗位人员工作责任，推动形成崇尚科学、遵守规范、遵纪守法的行业氛围，切实整顿行业秩序、净化行业风气。四是加强药品网络销售监管。按照"线上线下一体化监管"的原则，坚持严格监管、以网管网、便民惠民，建设统一完善的药品网络销售违法违规行为监测平台，加强跨区域跨层级的信息沟通和监管合作，及时排查化解风险隐患，规范药品网络销售。

（二）**服务支持医药产业高质量发展**。坚持把医药企业既当监管对象，又当服务对象，全面深化药品监管改革，优化提升政务服务，推动营造医药创新生态。一是加大对企业研发创新支持力度。持续推进审评审批制度改革，完善药品附条件批准上市申请工作程序，保障药品审评审批科学严谨、规范高效。进一步提升审评审批效能，优化审评、核查和检验衔接机制。继续优化完善临床急需药械、罕见病药品、儿童药品、国产替代产品、"卡脖子"产品等的审批，推动一批技术高、疗效好、影响大的标志性创新药械上市。推进审评工作重心前移，完善研审联动工作机制，加大技术指导原则发布力度，强化对产品研发的技术指导和服务。二是优化提升政务服务。持续深化"放管服"改革，完善"互联网+政务服务"平台，加快电子证照推广应用，优化电子证照系统与业务系统对接模式，加快推进药品注册申请电子申报、受理、审评审批一体化工作，提升政务服务效率。三是鼓

励支持区域医药创新发展。发挥好长三角、大湾区4个审评检查
分中心作用，加快构建科学高效的区域性药品审评检查工作体
系。鼓励各地深化跨区域监管合作，推动监管互认互信、联查联
审、共建共享，协同促进药品科研攻关、成果转化和产业协作，
共同打造医药创新增长极。

（三）**促进中药传承创新发展**。在继承和发扬中医药特色和
优势的基础上，建立健全符合中药特点的现代监管体系，促进中
药高质量发展。一是完善中药监管制度体系。积极推进《中药
品种保护条例》修订工作，编制《中药监管法规与技术指引》，
研究制定中药材、中药饮片实施审批管理目录及规定，为中药监
管提供系统的法规制度保障。加强中药监管重大政策、工具、标
准、方法研究，着力解决中药监管基础性、关键性、前沿性和战
略性技术问题，建立完善中药监管科学体系。二是改革完善中药
审评审批机制。发布《中药注册管理专门规定》，让中医药理论
特色在中药注册管理制度中得到更好体现。积极推进古代经典名
方中药复方制剂的研发和注册，加强"三结合"体系有关技术
支撑研究，完善符合中药特点的评价标准体系。拓展国际传统药
物监管合作，加快推进中药监管相关政策规定和技术指导原则的
翻译工作，推动中药监管经验"走出去"和国际传统药物监管
经验"走进来"。三是切实保障中药质量安全。引导和促进中药
材规范化发展，加强中药材质量监测，从源头上强化风险管控。
研究制定《中药标准管理专门规定》，强化对省级药材标准、中
药饮片炮制规范的监督管理，开展好中药饮片和中药配方颗粒年

度专项检查、有因检查，加大中成药生产监管力度，督促中药企业生产、经营全过程持续合法合规。

（四）**提升监管支撑保障能力**。不断完善制度体系，充实监管力量，创新方式方法，加快药品监管现代化步伐。一是提升监管法治化水平。扎实推进《药品管理法实施条例》修订工作，制修订《药品经营和使用质量监督管理办法》等规章。结合药品安全专项整治暴露出来的普遍性、规律性问题，因地制宜加强地方药品监管法规制度建设。推动制定新的行政处罚裁量适用规则，加强对基层监管执法的指导，强化检查稽查协同和执法联动，提高监管执法效能。二是提升监管信息化水平。强化药品全生命周期数字化管理，健全药品信息化追溯体系，完善药品品种档案，推动建立安全信用档案，推进监管信息系统互联互通，让信息化成为引领药品监管现代化的关键动力。三是提升监管科学化水平。扎实推进国家药监局重点实验室和监管科学研究基地建设，加快开发应用新的监管技术手段和工具。加强技术审评、检验检测、核查检查、药物警戒等支撑能力建设，持续推进市县监管能力标准化建设，为保障基层药品安全提供有力支撑。四是提升监管国际化水平。坚持大国格局、全球视野，继续积极参与国际监管规则制定，推动国际标准和技术指导原则的转化实施，不断增强中国药品监管在国际舞台上的话语权和影响力。

夯实质量工作基础，提升为农服务水平

中华全国供销合作总社

《质量强国建设纲要》提出，"建设质量强国是推动高质量发展、促进我国经济由大向强转变的重要举措，是满足人民美好生活需要的重要途径"。供销合作社是党领导下为农服务的综合性合作经济组织，是党和政府做好"三农"工作的重要载体。长期以来，供销合作社扎根农村、贴近农民，经营网络比较健全，服务功能比较完备，有着深厚的群众基础和丰富的为农服务经验。面对新形势，供销合作社必须紧紧围绕"立足新发展阶段、贯彻新发展理念、构建新发展格局、推动高质量发展"的要求，增加优质服务供给，加快产品质量提档升级，增强社有企业质量和品牌发展能力，实现为农服务质的有效提升和量的合理增长。

一、深刻认识提升为农服务水平的重大意义

（一）提升为农服务水平是满足农民生产生活需要的重要举措，是推动供销合作社高质量发展的重要途径。《中共中央、国

务院关于深化供销合作社综合改革的决定》指出："面向农业现代化、面向农民生产生活，推动供销合作社由流通服务向全程农业社会化服务延伸、向全方位城乡社区服务拓展，加快形成综合性、规模化、可持续的为农服务体系，在农资供应、农产品流通、农村服务等重点领域和环节为农民提供便利实惠、安全优质的服务。"夯实供销合作社质量工作基础，持续推进为农服务水平提升，是供销合作社更好履行为农服务职责的重要支撑和工作抓手。

在我国人多地少、农民众多、经营分散的基本国情农情下，加快农业农村现代化，迫切需要在坚持和完善农村基本经营制度的基础上，积极发展多种形式的适度规模经营，提高农民组织化程度；迫切需要发展覆盖全程、综合配套、便捷高效的农业社会化服务，帮助小农户解决一家一户干不了、干不好、干起来不划算的事，促进小农户和现代农业有机衔接。农民生活需求加快升级，迫切要求提供多层次、多样化、便利实惠的流通服务，让农民享受到现代化生活条件；加强农业、服务农民，迫切需要打造中国特色为农服务的综合性组织，打造一个为农民提供生产生活服务的综合平台。推动供销合作社高质量发展，必须牢牢把握为农服务这个根本，深刻认识为农服务是供销合作社的独特价值所在，把为农服务成效作为衡量工作的首要标准，贯穿到改革发展的各领域、各环节、全过程。

（二）开展农业社会化服务，是满足农民和各类新型农业经营主体多元化、多层次需求的重要方面。近年来，各地供销合作社发挥自身优势，因地制宜，创新服务机制，将农业生产服务向大田托管、代耕代种、配方施肥、农机作业、统防统治、收储加工等产前、产中、产后全产业链延伸，满足不同主体多样化服务需求。依托单环节、多环节、全程生产托管服务，实现农业生产服务的规模化，将生产资料、农业科技、机械装备等现代要素导入农业生产全产业链中，实现小规模农户和现代农业发展有机衔接。

（三）**提供农村流通服务，是供销合作社的传统主业和优势所在**。构建"以国内大循环为主体、国内国际双循环相互促进"新发展格局，加快建设现代流通体系是重要战略任务，供销合作社必须着力做强做优流通服务。农资供应、农产品流通、农村服务是为农服务的重点领域和关键环节，提供便利实惠、安全优质的服务是为农服务的根本要求。农资供应关乎农业稳产增产、国家粮食安全，亟须加强农资质量管理、提高流通效率；农产品流通有效联结城乡，既保障城市居民"米袋子""菜篮子"，又促进农民实现增产增收；农村服务涉及农村消费环境改善、县域商业体系建设等方面，事关全面推进乡村振兴战略实施。

二、供销合作社为农服务质量提升取得显著成效

近年来，全国供销合作社系统贯彻新发展理念，围绕深化供销合作社综合改革，健全标准引领、质量提升、品牌建设工作链条，推动为农服务标准化、优质化、品牌化，打造新时代供销合作社为农服务的新载体、新品质、新形象，为促进供销合作社高

质量发展、助力乡村振兴和农业农村现代化发挥了重要作用。

（一）**为农服务发展提速**。近年来，各地供销合作社在农民自愿、能够增加农民收入的前提下，通过加强技物结合、建立服务联盟、延长服务链条等方式，因地制宜为农民和各类新型农业经营主体提供生产托管服务和配方施肥、统防统治、农机作业等农业社会化服务。2022年，全国供销合作社系统生产性全程托管服务面积8657万亩，同比增长25.6%，配方施肥、统防统治、农机作业等农业社会化服务规模6.42亿亩次，同比增长35%。《全国供销合作社"十四五"公共型农产品冷链物流发展专项规划》出台实施，全系统充分利用在农产品集散地、产地和销地拥有的4200多个各类农产品市场，包括1600多家农产品批发市场，建设冷链物流设施，2022年新增冷库库容244万吨，累计达790万吨。推进县域流通服务网络改造升级，加快重点业务数字化转型，搭建日用品采购、农产品销售、农资销售3个平台，健全完善县乡村三级流通服务网络。2022年，全系统实现农产品销售额2.8万亿元、消费品零售额2.6万亿元，同比分别增长2.2%和11.4%。

（二）**产品和服务质量管理持续加强**。全系统把提高供给质量、供给效率作为主攻方向，优化质量政策环境，推广质量管理先进方法，健全质量管理体系。广泛开展"质量月"活动，系统为农服务主体质量意识不断增强。积极采用市场监测、质量监督、自律检查等方法，保障系统产品和服务质量总体向好。"绿色农资""质量兴棉"行动深入开展，可持续棉花标准及认证体系逐步完善，农资、棉花产销对接和调运配送效率效益不断提升。积极应用商品验收、合格供应商评价方法改进电商服务，县域电商运营中心、线上网店、线下网点规范发展，自律性质量检测、认证、质量管控有效运行。果业质量服务覆盖种植、采收、加工、流通全产业链。系统标准化与质量检测认证机构建设提速，质量技术研发与成果转化成效明显，专业服务能力切实增强，促进为农服务网络更加健全、业态更加丰富、功能更加完善。

（三）**为农服务标准化体系不断完善**。各级供销合作社积极将标准化纳入农业社会化服务、城乡流通服务工作全局，集聚网络、人才、技术优势，研制出台200多项国际、国家、行业、团体等各类标准，实现数量规模、技术水平、服务功能扩展。适应农业社会化服务规模化专业化发展要求，研制完成《农业社会化服务　土地托管服务规范》《农资农技社会化服务元数据描述规范》等系列标准。在城乡流通服务领域，围绕农业生产资料连锁经营、农产品购销、日用品流通和再生资源回收利用网络建设，加强标准研制，更好地实现城乡流通服务"标准统一、管理有序、运营规范"。发布实施《农村综合服务社星级划分与评定》《庄稼医院建设与管理规范》等系列标准，促进供销合作社为农服务更加完备，管理更加规范。建成农产品品牌评价、果品贮藏加工等4个国家农业标准化区域服务与推广平台，把先进适用标准和技术推广到为农服务具体环节。组织建设40个国家级、145个总社级农业标准化示范区，形成以市场为导向、以社有企业为主体、以农产品认证标准为基础支撑、以产销对接为主线的为农服务"供销标准"。

（四）为农服务品牌建设深入推进。社有企业、基层供销合作社、社团、科研所落实品牌建设主体责任，大力培育为农服务品牌，建设名企、名社、名店，培育品牌协会、品牌展会，擦亮供销合作社金字招牌。为农服务要素资源配置不断优化，数字化等新技术得到推广应用，新业态新模式加速发展，百强企业、农业产业化重点龙头企业、百强基层供销合作社数量进一步增长，在区域农业经济中发挥牵引作用。社有企业拥有的中华老字号、驰名商标焕发活力与生命力，消费者口碑更加稳固。"中国棉花""中华名果"等行业协会授权品牌创响，促进产业发展的成效更加显著。农资、茶叶、果品、食用菌等行业品牌会展活动持续举办，行业高度关注。品牌管理更加规范，品牌价值评价有序开展，品牌策划与宣传推广力度增强。

三、深入贯彻《质量强国建设纲要》，着力提升为农服务水平

以习近平新时代中国特色社会主义思想为指导，深入贯彻《质量强国建设纲要》，践行为农服务宗旨，持续深化供销合作社综合改革，牢固树立质量第一意识，在更高起点、更高层次、更高目标上推动质量工作，着力提升为农服务水平，加强服务链全面质量管理，推动现代服务业与现代农业融合发展，促进供销合作社高质量发展，为全面推进乡村振兴、加快农业农村现代

化、加快建设农业强国作出新的更大的贡献。

（一）**提升农业社会化服务质量**。紧紧围绕实施新一轮千亿斤粮食产能提升行动，大力发展农业社会化服务。推进现代农业全产业链标准化，发挥标准化对农业适度规模经营的促进作用，加快探索适应不同地区、不同作物的农业生产服务模式，因地制宜探索开展农产品收储、烘干、加工、销售等服务。积极参与农业面源污染防治、高标准农田建设，提高耕地质量，推进绿色有机农业发展。宣贯推广农业社会化服务系列标准，规范服务流程，健全过程管理，提升农技推广、生产托管、代耕代种等服务专业化水平。加强生产性为农服务中心的标准化、规范化建设，培育各类专业化、市场化服务组织，强化服务资源整合，健全服务体系。推动农资销售与技术服务有机结合，加快农资企业从单一经销商向现代农业综合服务商升级，从以产品为中心向以作物为中心转变，不断提升农业综合服务质量。发挥全系统科研所、职业院校和行业协会作用，提高研发设计、检测认证、技术服务、信息服务等高端服务在农业生产性服务中的比重。

（二）**提升现代流通服务水平**。聚焦更好服务农村流通，推动"新网工程"系列标准的实施应用，强化市场流通设施建设质量，发展标准化、智能化市场、仓库、配送中心、超市、便利店，打造全国性现代流通服务网络。加快培育壮大流通企业，推进集采集配中心建设，助力畅通城乡双向流通。通过网上交易、仓储物流、终端配送一体化经营，实现农资服务线上线下融合发展，做到农资供应量足、质优、服务到位，强化供销合作社系统农资主渠道地位。协调推进产地、集散地、销地等各类供销合作社农产品市场建设，加快构建布局合理、高效顺畅的农产品市场网络。深入实施供销合作社系统农产品冷链物流体系建设工程，提升冷链物流设施建设和服务质量，增强农产品采后预冷、仓储保鲜、冷链配送等综合服务。推动传统流通网络数字化转型，提高现代物流、信息数据等服务能力，增强县域电商服务和物流配送体系集成优势。

（三）**提升城乡社区服务功能**。加强农村综合服务社标准化建设、规范化管理，打造一批建设标准高、服务功能全、群众评价好的农村综合服务社星级社，为城乡居民提供文体娱乐、养老幼教、就业培训等多样化服务，促进基本公共服务均等化。着力建设乡镇经营服务综合体，升级改造农村生活服务网点，积极培育体育赛事活动、乡村旅游休闲、社区健身等新业态新模式，以质量创新促进服务场景再造、业务再造、管理再造，推动城乡社区服务向高品质和多样化升级。积极参与农村人居环境整治，参照美丽乡村建设系列标准，推进供销合作社再生资源回收利用网络与农村环卫清运网络"两网融合"，推广绿色生活方式，改善城乡生态环境。着力提升城乡社区服务从业人员素质。

（四）**加快产品质量提档升级**。发挥农产品销售、日用品采购、农资销售"三个平台"作用，加强供应商质量管理能力考核评价，推动产品质量从生产端符合型向消费端适配型转变，促进增品种、提品质、创品牌。抓好国家、总社标准化示范区项目建设，加强优质农产品基地建设，强化绿色食品、有机农产品、良好农业规范认证，深入实施地理标志农产品保护工程。完善供销合作社归口领域标准体系，强化农产品营养品质评价和分等分级。完善重点类别产品质量追溯体系，实现全过程可追溯。推动内外贸产品同线同标同质，扩大优质新型消费品供给。优化再生资源回收利用技术标准，促进资源绿色、高效再利用。开展"绿色农资"升级行动试点，推进农资物联网应用与示范，扩大中国农资质量追溯平台使用范围和规模。

（五）**增强社有企业质量和品牌发展能力**。完善以高质量发展为导向的社有企业考核指标体系，建立健全质量技术、管理、制度体系。强化社有企业在质量品牌建设中的主体地位，加强全员、全要素、全过程、全数据的质量管理。广泛开展质量风险分析与控制、质量成本管理、质量管理体系升级等活动，总结推广为农服务先进模式、服务质量标准，培育一批为农服务标杆试点单位。推动全系统标准、认证认可、检验检测等要素集成融合，大力开展标准化、合格评定等技术服务。完善社有企业品牌培育发展机制，探索建立优质服务承诺制度，建立品牌培育管理体系，深化品牌设计、市场推广、品牌维护等能力建设，打造一批具有供销合作社特色的社有企业自主品牌。推动为农服务标准化、专业化、品牌化发展，培育一批专业度高、覆盖面广、影响力大、放心安全的服务精品。充分发挥为农服务品牌赋能作用，促进农产品生产、加工、流通产业链衔接配套，拓宽农村流通渠道，加速乡村产业发展。弘扬"扁担精神""背篓精神"，加强品牌宣传推广和传播，讲好供销合作社品牌故事。

《质量强国建设纲要》学习问答

一、导论

1. 为什么要制定实施《纲要》?

质量是人类生产生活的重要保障。20 世纪 90 年代以来，国务院先后出台了《质量振兴纲要（1996—2010 年）》《质量发展纲要（2011—2020 年）》两个质量中长期规划纲要，持续推动质量提升与经济社会的协调发展，探索出了一条中国特色的质量发展之路。特别是党的十八大以来，以习近平同志为核心的党中央把质量上升到战略高度，明确提出把推动发展的立足点转到提高质量和效益上来，推动我国质量工作发生历史性变革、实现跨越式发展。全民质量意识不断提升，崇尚质量成为全社会的价值导向，质量发展的社会环境更加优化，质量基础设施日趋完善，质量治理体系不断健全，产品、工程和服务质量总体水平稳步提升，企业和产业质量竞争力持续增强，重点领域质量攻关、质量创新实现重大突破，载人航天、能源装备、高速铁路等重大工程、重大项目质量水平达到国际一流，质量对提高全要素生产率和促进经济发展的贡献更加突出，人民群众质量获得感显著增强。

当今世界正经历百年未有之大变局，新一轮科技革命和产业变革深入发展，引发质量理念、机制、实践的深刻变革。质量作为繁荣国际贸易、促进产业发展、增进民生福祉的关键要素，越来越成为经济、贸易、科技、文化等领域的焦点。当前，我国质量整体水平仍滞后于经济社会发展，部分产业链供应链关键环节存在质量瓶颈，产品、工程和服务质量仍不能满足人民日益增长的美好生活需要，中小企业质量提升动力和活力不足，假冒伪劣问题尚未根治，领军企业、品牌和产业集群还不多。面对新形势新要求，迫切需要接续制定实施《质量强国建设纲要》（以下简称《纲要》），加强质量工作顶层设计，系统谋划质量领域重大战略举措，全方位推进质量强国建设，为全面建成社会主义现代化强国提供有力支撑。

第一，制定实施《纲要》是深入贯彻落实党中央决策部署的重大举措。习近平总书记在党的十九大报告中指出，必须坚持质量第一、效益优先，推动经济发展质量变革、效率变革、动力变革，建设质量强国。近年来，党中央、国务院连续出台《关于推动高质量发展的意见》《关于开展质量提升行动的指导意见》等重要文件，明确要求"推进实施质量强国战略""研究编制质量强国战略纲要"。党的十九届五中全会审议通过《中共中央关于制定国民经济和社会发展第十四个五年规划和二〇三五年远景目标的建议》，明确提出坚定不移建设质量强国、深入开展质量提升行动、完善国家质量基础设施。党的二十大再次强调，加快建设质量强国，推动经济实现质的有效提升和量的合理增长。这些重大决策部署，充分反映了时代特征、发展规律、人民期盼，对质量工作提出了更新更高的要求。制定实施《纲要》，就是要贯彻落实党中央、国务院对质量工作的部署，对质量强国建设的目标任务进行科学谋划，明确具体路径和工作安排，优化资源配置，集中力量推动质量发展。

第二，制定实施《纲要》是增进人民群众质量福祉的迫切需要。我国社会主要矛盾已经转化为人民日益增长的美好生活需要和不平衡不充分的发展之间的矛盾，突出表现之一就是质量发展不平衡、不充分。习近平总书记深刻指出，我国不是需求不足，或没有需求，而是需求变了，供给的产品却没有变，质量、服务跟不上。一方面，中低端产品供给过剩，中高端产品供给不足，质量供给与需求错配明显，导致大量消费需求外溢。另一方面，质量安全形势依然严峻，质量违法事件时有发生，严重影响人们消费信心和产业经济发展。质量上一旦出现问题，损害的是群众利益，影响的是社会稳定，破坏的是国家形象。制定实施《纲要》就是要统筹推进企业、产业等全面提升质量，守牢质量安全底线，改善人民生活品质，增进人民群众的质量福祉。

第三，制定实施《纲要》是增强我国经济质量优势的有效手段。世界发达国家的经验表明，推动经济发展，质量极为关键。20世纪50年代德国实施"以质量推动品牌建设，以品牌助推产品出口"的质量政策，60年代日本实施"质量救国"战略，80年代美国出台"质量促进法案"，90年代韩国实施"21世纪质量赶超计划"，这些国家都实现了以质量政策促进经济腾飞。习近平总书记深刻指出："上世纪六十年代以来，全球一百多个中等收入经济体中只有十几个成功进入高收入经济体。那些取得成功的国家，就是在经历高速增长阶段后实现了经济发展从量的扩张转向质的提高。那些徘徊不前甚至倒退的国家，就是没有实现这种根本性转变。"国家强，质量必须强。制定实施《纲要》，是遵循提升质量促进经济发展的客观规律、顺应全球质量变革潮流的体现，是推动质量强国建设、提高经济发展质量效益的必然要求。

2.《纲要》名称是如何确定的？

新时代的质量中长期规划名称定为《质量强国建设纲要》，主要有两方面考虑。

一方面，建设质量强国是党中央、国务院的重大决策部署，是建设社会主义现代化强国的重要支撑。党的十九大报告指出，推动经济发展质量变革、效率变革、动力变革，建设质量强国首次写入党的全国代表大会报告。党的十九届五中全会审议通过的《中共中央关于制定国民经济和社会发展第十四个五年规划和二〇三五年远景目标的建议》明确提出坚定不移建设质量强国。党的二十大报告再次强调，加快建设质量强国。《纲要》以"质量强国建设"为名称，体现了对党中央、国务院决策部署不折不扣的贯彻落实。

另一方面，20世纪90年代以来，国务院出台《质量振兴纲要（1996—2010 年）》《质量发展纲要（2011—2020 年）》两个质量中长期规划纲要。当前，我国已转向高质量发展阶段，开启全面建设社会主义现代化国家新征程，《质量强国建设纲要》体现了对质量振兴、质量发展的承接和深化，更加凸显了质量在经济社会发展全局中的基础性、战略性地位和作用，也更加凸显了质量强国建设在全面建成社会主义现代化强国、实现中华民族伟大复兴中的使命和责任。从质量振兴到质量发展再到质量强国，标志着我国质量工作进入新时代、开启新篇章，体现了新时代质量工作新的历史方位和奋斗目标。

3.《纲要》规划范围涉及哪些方面？

《纲要》在继承《质量振兴纲要（1996—2010 年）》《质量发展纲要（2011—2020 年）》《中共中央　国务院关于开展质量提升行动的指导意见》等重要文件实施取得成果的基础上，将规划领域从产品、工程、服务等微观质量，向经济、产业、区域方面进一步拓展，对宏观经济质量效益型发展、产业和区域质量提升进行部署。

在微观层面，着力加快产品、工程、服务质量提档升级，紧盯产品安全、消费升级、服务品效、企业质量管理和品牌打造，使人民群众质量获得感、满意度明显增强。

在中观层面，着力提升产业质量竞争力，强化产业基础质量支撑，分行业实施产业基础质量提升工程，加强产业链全面质量管理，增强产业链韧性和安全水平，培育形成具有引领力的质量卓越产业集群。结合东中西部经济发展实际，打造区域质量发展新优势，深化质量强省（市）建设，建设质量创新先导区、质量强国标杆城市和质量品牌提升示范区。

在宏观层面，着力增强质量发展创新动能、树立质量发展绿色导向、强化质量发展利民惠民，促进经济循环畅通，推动经济质量效益型发展。

4.《纲要》规划期限有何考虑？

党的十九大提出，到 2035 年基本实现社会主义现代化，到本世纪中叶把我国建成富强民主文明和谐美丽的社会主义现代化强国。《纲要》根据党中央对实现第二个百年奋斗目标作出的分两个阶段推进的战略安排，综合考虑未来一个时期经济社会发展走向、国内外质量趋势和资源要素约束条件等，分到 2025 年和到 2035 年两个阶段对质量强国建设作出科学研判、系统谋划和战略部署。《纲要》根据《中华人民共和国国民经济和社会发展第十四个五年规划和 2035 年远景目标纲要》等国家战略规划部署要求，将规划期限与"到 2035 年基本实现社会主义现代化"这一党中央的重大战略安排时间保持一致，既部署"十四五"时期质量强国建设重点工作，也对 2035 年远景目标进行展望，体现了质量强国建设是社会主义现代化的重要内容和有力支撑。

5.《纲要》框架结构和主要内容是什么？

《纲要》全文共十一部分三十二条，分为形势背景、总体要求、主要任务和组织保障四个板块。

在形势背景部分，《纲要》指出，质量是人类生产生活的重要保障。当今世界正经历百年未有之大变局，新一轮科技革命和产业变革深入发展，引发质量理念、机制、实践的深刻变革。强调必须把推动发展的立足点转到提高质量和效益上来，培育以技术、标准、品牌、质量、服务等为核心的经济发展新优势，坚定不移推进质量强国建设。

在总体要求部分，《纲要》明确了指导思想，提出了到 2025 年和到 2035 年两个阶段发展目标。到 2025 年，以定性与定量相结合的方式，从 6 个方面对实现质量整体水平进一步全面提高，中国品牌影响力稳步提升，人民群众质量获得感、满意度明显增强，质量推动经济社会发展的作用更加突出，质量强国建设取得阶段性成效等目标进行了细化。展望 2035 年，《纲要》设定的目标是，质量强国建设基础更加牢固，先进质量文化蔚然成风，质量和品牌综合实力达到更高水平。

在主要任务部分，《纲要》提出了 8 个方面重点任务。一是推动经济质量效益型发展。要增强质量发展创新动能，树立质量发展绿色导向，强化质量发展利民惠民。二是增强产业质量竞争力。要强化产业基础质量支撑，提高产业质量竞争水平，提升产业集群质量引领力，打造区域质量发展新优势。三是加快产品质量提档升级。要提高农产品食品药品质量安全水平，优化消费品供给品类，推动工业品质量迈向中高端。四是提升建设工程品质。要强化工程质量保障，提高建筑材料质量水平，打造中国建造升级版。五是增加优质服务供给。要提高生产服务专业化水平，促进生活服务品质升级，提升公共服务质量效率。六是增强企业质量和品牌发展能力。要加快质量技术创新应用，提升全面质量管理水平，争创国内国际知名品牌。七是构建高水平质量基础设施。要优化质量基础设施管理，加强质量基础设施能力建设，提升质量基础设施服务效能。八是推进质量治理现代化。要加强质量法治建设，健全质量政策制度，优化质量监管效能，推动质量社会共治，加强质量国际合作。

在组织保障部分，主要从加强党的领导、狠抓工作落实、开展督察评估3个方面提出《纲要》实施的机制和措施，明确提出建立质量强国统筹协调工作机制、加强中央质量督察工作、建立纲要实施评估机制等重要举措，推动《纲要》提出的目标任务贯彻落实。

6.《纲要》有哪些创新特点？

《纲要》创新特点体现在以下5个方面：

一是注重全方位系统性。《纲要》在发展理念上，强调要把推动发展的立足点转到提高质量和效益上来，牢固树立质量第一意识，视质量为生命，加强全面质量管理，促进质量变革创新，引导全社会各方面树立起鲜明的质量导向，以高质量为追求，把量的增长和质量提升有机结合，坚持走质量效益型发展之路。《纲要》在涉及领域上，从微观的产品、工程、服务质量，向中观产业质量、区域质量到宏观经济质量效益等方面拓展，首次对推动经济质量效益型发展、增强产业质量竞争力、打造区域质量发展新优势、加强质量国际合作等作了专门部署，这是"大质量"和质量国际合作的全方位布局。《纲要》在制度措施上，从系统观念出发，立足统筹发展和安全，既注重提升产品、产业和区域现代化水平，创新激励促进措施，抬升质量高线，又聚焦重点领域风险隐患，深化质量监管，守牢安全底线，实现高质量发展和高水平安全的良性互动；立足产业质量提升，强调产业链供应链全链条的质量管理，构建质量管理协同、质量资源共享、企业分工协作的质量发展良好生态；立足企业生产经营，强调企业全员、全要素、全过程、全数据的新型质量管理。

二是强调变革创新驱动。围绕全方位建设质量强国，《纲要》鲜明提出健全质量政策，对质量政策体系进行了系统设计，部署了一系列具有前瞻性、战略性的重要举措，以质量政策的制度变革固根本、利长远。在质量激励方面，提出了要建立绿色产品消费促进制度，加大对企业质量创新金融扶持，健全国家质量奖励制度，完善质量多元救济机制，实施产品和服务质量分级等一系列激励性措施。在质量约束方面，提出了改革产品质量监督抽查制度，构建产品质量安全追溯体系，健全质量安全风险监控机制，强化缺陷产品召回管理，完善重大工程设备监理，加强产品防伪监督管理和网络平台销售商品质量监管等一系列约束性措施。在政策协同方面，要求促进产业、财政、金融、科技、贸易、环境、人才等方面政策与质量政策协同，综合运用多种政策工具支持质量改进和质量提升。

　　三是突出企业主体作用。质量是企业的生命，企业是质量的主要生产者、提供者，质量优劣根本在于企业。《纲要》十分重视发挥企业主体作用，专章对企业质量和品牌建设作出部署，引导企业坚持走优质发展、以质取胜道路。提出企业要加大质量技术创新投入，支持企业牵头组建质量技术创新联合体，协同开展产业链供应链共性技术攻关。鼓励企业创新理念、方法、工具，推动全员、全要素、全过程、全数据的新型质量管理体系应用，健全企业首席质量官制度。鼓励企业实施质量品牌战略，专门设置了中国品牌建设工程专栏，提出了培育中国精品、提高品牌全生命周期管理运营能力等一系列制度措施，为优质品牌企业发展创造良好环境。

　　四是加强质量基础建设与应用。《纲要》重视质量基础设施，提出构建高水平质量基础设施的目标任务。《纲要》重视法治先行，提出修订完善产品质量法，推动产品安全、产品责任、质量基础设施等领域法律法规建设。《纲要》重视人才培养，从义务教育、高等教育、职业教育等全面进行部署，着力培养质量专业技能型人才、科研人才、经营管理人才。《纲要》重视质量文化，倡导开展质量改进、质量创新、劳动技能竞赛等群众性质量活动，引导社会力量参与质量文化建设，以全国"质量月"等活动为载体，深入开展全民质量行动，传播先进质量理念和最佳实践，让先进质量文化蔚然成风。

　　五是强化重大工程牵引带动。《纲要》围绕质量强国建设的重点领域、关键环节，专门设立7个专栏，部署7大工程，涉及区域质量发展、产品质量攀登、工程质量升级、服务品质提升、中国品牌建设、质量基础设施增效、质量安全筑堤等内容。这些工程统筹考虑了各方需要，覆盖面广、影响力大、带动性强，都立足解决突出问题，既是《纲要》部署的具体任务，也是贯彻《纲要》的重要抓手，必将引领质量实践变革。各方要主动对标、积极推进，以重大工程为牵引，汇聚优质资源，加快启动实施，按照"开工一批、储备一批、谋划一批"的滚动机制统筹推进，争取早日取得实质性进展，以点的突破，带动面的提升，推动《纲要》各项任务的协同并进、一体落实。

二、形势背景

7. 我国质量发展取得了哪些主要成效？

党的十八大以来，以习近平同志为核心的党中央把质量工作放在更加突出的位置，先后将"质量强国建设"写入党的十九大、二十大报告，制定了一系列重大政策决策，实施了一系列有针对性的质量提升措施，推动经济发展质量变革、效率变革、动力变革，努力促进我国经济由大向强转变，走出了中国特色质量发展之路，推动我国质量事业实现跨越式发展，质量工作取得历史性成效。

一是质量政策法规日臻完善。逐步建立了系统完备、开放透明、协同高效的制度体系、法规体系和责任体系。强化质量激励政策，设立中国质量奖和地方政府质量奖，将质量工作纳入国务院真抓实干督查激励范畴，落实享受研发费用加计扣除、购置设备器具所得税税前扣除等优惠政策。健全质量约束机制，实施政府质量工作考核，将制造业产品质量合格率纳入《国民经济和社会发展统计公报》，质量统计指标体系纳入国家各项中长期规划。建立以《产品质量法》为主干，涵盖 27 部法律法规、138 部行政规章的质量法规体系。成立国家质量强国建设协调推进领导小组，逐步构建起地方政府负总责、监管部门各负其责、企业是第一责任人的质量工作责任体系。

二是全社会质量意识显著提高。各地各行业大力实施质量强省、质量强业战略。开展质量强市（县）活动的市县达到 2877 个。开展"百城千业万企对标达标提升专项行动"，广大企业广泛推行全员、全过程、全方位质量管理，凝练出中国航天"质量问题双归零"、青岛海尔"人单合一"、华为公司"以客户为中心、授权与管控相结合"等一大批中国特色先进质量管理模式方法。每年 9 月由中宣部、国家发展改革委、市场监管总局等部门联合开展全国"质量月"活动，明确一个主题开展群众性质量活动，参与人数接近 1 亿人次，全民质量意识显著提高。

三是质量总体水平稳步提升。质量管理和品牌发展能力明显增强，产品、工程、服务质量总体水平稳步提升。制造业产品质量合格率连续 7 年达到 93% 以上，制造业质量竞争力指数达到 84.91。航空航天、轨道交通等一批重大技术装备、重大工程、重要消费品、新兴领域高技术产品的质量达到国际先进水平，产业和区域质量竞争力持续提升。大力发展研发设计、检验检测、知识产权等生产性服务，商贸、旅游、金融、物流等服务质量明显改善，公共服务和生活性服务业质量满意度均明显提高。

四是质量安全更有保障。打通生产与流通、线上与线下质量安全监管链条，一体化、全领域监管格局加快形成。加快构建以安全评估为基础、以分类监管为抓手、以信用监管为依托、以智慧监管为支撑的产品质量安全监管新机制。聚焦重要工业产品，特别是民生领域群众反映强烈、社会舆论关注的重要消费品安全，加大产品质量安全监管力度，有针对性地采取监督抽查、风险监测、质量安全追溯、产品召回、强制性认证及专项整治等措施，强化企业主体责任落实。

五是质量基础设施效能逐步彰显。持续推进标准化改革，已发布4万多项国家标准，覆盖一二三产业和社会事业各领域，重点装备制造等领域国际标准转化率超过90%，主要消费品标准与国际标准一致性程度达到95%以上。建立起比较完备的计量体系，建有185项国家计量基准、6.4万多项社会公用计量标准，2万余项国家标准物质，获得国际承认的校准与测量能力达到1857项，位居世界前列。形成认证、认可、检验检测等较为完善的合格评定体系，我国现有认证机构1185家，累计颁发有效认证证书343.1万张，获证企业97.4万家，认证证书及获证组织数量连续多年位居世界第一。融合计量、标准、认证认可、检验检测等资源，开展质量基础设施"一站式"服务，推动产业集聚区、产业链供应链质量升级。推动质量基础设施互联互通，有力支撑了外贸迈向"优进优出"。

8. 质量强国建设面临哪些机遇与挑战？

当今世界正经历百年未有之大变局，新一轮科技革命和产业变革深入发展，引发质量理念、机制、实践的深刻变革。质量作为繁荣国际贸易、促进产业发展、增进民生福祉的关键要素，越来越成为经济、贸易、科技、文化等领域的焦点。世界主要发达国家、新兴经济体纷纷将质量发展上升为国家战略，制定实施强有力的质量政策，抢占制高点。数字化转型向纵深发展，质量发展日新月异，并向创新性、可持续性、包容性加速演进，引发质量理念、机制和实践的深刻变革。与此同时，经济全球化面临单边主义、贸易保护主义的严峻挑战，不确定性明显增加，全球产业链、供应链稳定性受到严重冲击，迫切需要推进质量基础设施互联互通，统筹推动质量自立自强和质量合作。中国质量是全球质量的重要组成部分，中国的质量提升也将造福全世界。放眼全球，中国推进质量强国建设是实现中华民族伟大复兴的战略选择，是贡献中国智慧和中国力量、促进世界经济繁荣发展的必然要求。

经过长期不懈的努力，伴随着我国生产力与人民生活水平的稳步提升，我国质量工作取得了历史性成就，质量水平迈上新台阶，人民群众质量获得感不断增强，但质量发展不平衡不充分的问题依然存在。质量创新能力不强，优质产品、工程和服务供给不足，企业质量内生动力不够强劲，产业和区域质量发展有待加强协同，具有知名度的产业集群和企业品牌较少，高精尖产品对外依存度较高，质量治理体系亟待完善。面对新形势新要求，必须把推动发展的立足点转到提高质量和效益上来，培育以技术、标准、品牌、质量、服务等为核心的经济发展新优势，推动中国制造向中国创造转变、中国速度向中国质量转变、中国产品向中国品牌转变，坚定不移推进质量强国建设，为社会主义现代化强国建设提供坚强质量支撑。

9. 如何认识《纲要》对加强质量强国建设的重要作用？

《纲要》对加强质量强国建设、推动我国质量事业发展具有重要里程碑意义，可以从 3 个维度来把握其作用：

一是《纲要》确立了全面建设质量强国的全新方位。20 世纪 90 年代以来，我国先后制定实施了两个质量中长期规划纲要，一个是从 1996 年到 2010 年的质量振兴纲要，还有一个是 2011 年至 2020 年的质量发展纲要。质量振兴纲要解决的是质量符合性问题，质量发展纲要是在符合性基础上，解决质量适用性问题。这两个纲要的实施，持续推动了我国产品、工程和服务质量提升，探索走出了一条中国特色质量发展之路。进入新时代，习近平总书记强调，必须更好统筹质的有效提升和量的合理增长，始终坚持质量第一、效益优先，大力增强质量意识，视质量为生命，以高质量为追求；必须坚定不移深化改革开放、深入转变发展方式，以效率变革、动力变革促进质量变革；必须以满足人民日益增长的美好生活需要为出发点和落脚点，把发展成果不断转化为生活品质，不断增强人民群众的获得感、幸福感、安全感。党中央、国务院印发的《质量强国建设纲要》开宗明义就提出，"建设质量强国是推动高质量发展、促进我国经济由大向强转变的重要举措，是满足人民美好生活需要的重要途径"。《纲要》的接续出台，更加凸显了质量在经济社会发展全局中的基础性、战略性地位和作用，也更加凸显了质量强国建设在全面建成社会主义现代化强国中的使命和责任。从质量振兴到质量发展，再到质量强国，解决的是质量符合性、适用性和竞争引领性问题，标志着我国质量工作进入新时代、开启新篇章。

二是《纲要》提供了新时代建设质量强国的科学指南。党的十九大首次提出"建设质量强国"，十九届五中全会进一步强调"坚定不移建设质量强国"，党的二十大再次要求"加快建设质量强国"，这一系列的决策部署体现了党中央对于质量强国建设的高瞻远瞩和殷切期望。如何建设质量强国，建设什么样的质量强国，亟待破题。按照党中央、国务院决策部署，市场监管总局、国家发展改革委、工业和信息化部等 24 个部门成立专班，前后历时 2 年，深入研究、反复论证，协同推进《纲要》编制，综合分析发展趋势，系统谋划顶层设计。在总体思路上，《纲要》坚持以习近平新时代中国特色社会主义思想为指导，深入贯彻习近平总书记系列重要论述和重要指示批示精神，深刻阐明了质量强国建设的政治立场、主攻方向、发展动力、根本目的等一系列全局性系统性战略性重大问题。在发展目标上，《纲要》坚持定性与定量相结合、近期和远期相结合，科学提出了到2025 年和到 2035 年两个阶段发展目标，这些目标既考虑了我国现实基础和发展需求，同时也兼顾了国际质量环境和发展趋势，为质量强国建设提供了明确预期和导向。在路径方法上，《纲要》统筹政府和市场、安全与发展、全局与重点，注重全领域覆盖、全主体参与、全手段应用、全过程管理，从质量供给、质量需求、质量安全、质量基础、质量管理等多个维度，为怎样建设质量强国提供了系统的方法指引。

三是《纲要》注入了加快建设质量强国的强大力量。美国、日本、韩国等发达国家都在经济社会发展关键时期，将质量上升为国家战略，推动经济转型，走上富强之路。《纲要》立足国内、放眼全球，以更高站位、更宽视野、更大格局推动质量发展迈出新步伐。归纳起来，可以用"五个强"来概括。其一，强领导。这次《纲要》首次以党中央和国务院名义印发，强调以习近平新时代中国特色社会主义思想为指导，强调党对质量工作的全面领导，加强中央质量督察，深化政府质量工作考核，建立质量强国建设统筹协调机制等，体现了党总揽全局、协调各方的领导核心作用。其二，强结构。《纲要》以高质量发展为主题，围绕深化供给侧结构性改革，将提高供给质量作为主攻方向，加快产品、工程、服务质量提档升级，增强产业质量竞争力，打造区域质量发展新优势，推动经济质量效益型发展。其三，强动力。《纲要》结合转变发展方式，以效率变革、动力变革促进质量变革。一方面，既注重发挥质量创新的驱动力，建立政产学研用深度融合的质量创新体系，协同开展质量领域技术、管理、制度创新，增强高质量发展的创新动能；又强调开展质量管理数字化赋能，推动质量策划、质量控制、质量保证、质量改进等全流程信息化、网络化、智能化转型。另一方面，既强调树立质量发展绿色导向，开展重点行业和重点产品资源效率对标提升行动，全面推行绿色设计、绿色制造、绿色建造、绿色消费和绿色生活方式；又注重发挥质量需求的拉动力，开展质量惠民行动，适应消费趋势、产业升级、社会发展等多方要求，推动质量供给更好适配各方需求。其四，强基础。《纲要》从多个角度就质量自身"软硬件"建设作出部署，既专章明确了构建高水平质量基础设施的任务，也从质量法治、质量教育、人才培养、品牌建设、质量文化等各方面提出了质量发展新举措，进一步夯实建设质量强国基础支撑。其五，强制度。《纲要》紧扣保底线与拉高线相协同、市场与政府共同作用、国际与国内相互促进等要求，对质量工作制度性创新作出部署。这些制度聚焦提升监管效能、优化运行机制、强化促进措施，特别注重从"大质量"观以及全球质量关联中进行谋划，为建设发展均衡、人民满意、世界前列的质量强国提供重要保障。

三、总体要求

10.《纲要》指导思想是什么？

《纲要》指导思想是建设质量强国的行动指南，明确了 4 个方面的基本问题。

一是明确了质量强国建设的根本遵循。即以习近平新时代中国特色社会主义思想为指导，深入贯彻落实习近平总书记关于质量强国建设的重要指示精神。

二是明确了质量强国建设的时代要求。即在立足新发展阶段，完整、准确、全面贯彻新发展理念，构建新发展格局的背景下，坚定不移建设质量强国。

三是明确了质量强国建设的主线。即以推动高质量发展为主题，以提高供给质量为主攻方向，以改革创新为根本动力，以满足人民日益增长的美好生活需要为根本目的，深入实施质量强国战略，促进质量变革创新。

四是明确了质量强国建设的着力点。即着力提升产品、工程、服务质量，着力推动品牌建设，着力增强产业质量竞争力，着力提高经济发展质量效益，着力提高全民质量素养，通过全方位建设质量强国，为全面建设社会主义现代化国家、实现中华民族伟大复兴的中国梦提供质量支撑。

11.《纲要》主要目标是什么？

《纲要》明确了到 2025 年和到 2035 年两个阶段主要目标，既确定了"十四五"时期质量强国建设的具体目标，也对 2035 年远景目标进行了展望。其中，到 2025 年的阶段性目标，以定量与定性相结合的方式，从经济发展质量效益，产业质量竞争力，产品、工程、服务质量水平，品牌建设，质量基础设施，质量治理体系等 6 个方面提出了质量强国建设的目标要求，包括 4 个量化指标：制造业质量竞争力指数、农产品质量安全例行监测合格率、食品抽检合格率、制造业产品质量合格率。到 2035 年的中长期建设目标，以定性方式表述，描绘了质量强国建设的愿景。具体来看：

到 2025 年，质量整体水平进一步全面提高，中国品牌影响力稳步提升，人民群众质量获得感、满意度明显增强，质量推动经济社会发展的作用更加突出，质量强国建设取得阶段性成效。

一是经济发展质量效益明显提升。经济结构更加优化，创新能力显著提升，现代化经济体系建设取得重大进展，单位 GDP 资源能源消耗不断下降，经济发展新动能和质量新优势显著增强。

二是产业质量竞争力持续增强。制约产业发展的质量瓶颈不断突破，产业链供应链整体现代化水平显著提高，一二三产业质量效益稳步提高，农业标准化生产普及率稳步提升，制造业质量竞争力指数达到 86，服务业供给有效满足产业转型升级和居民消费升级需要，质量竞争型产业规模显著扩大，建成一批具有引领力的质量卓越产业集群。

三是产品、工程、服务质量水平显著提升。质量供给和需求更加适配，农产品质量安全例行监测合格率和食品抽检合格率均达到98%以上，制造业产品质量合格率达到94%，工程质量抽查符合率不断提高，消费品质量合格率有效支撑高品质生活需要，服务质量满意度全面提升。

四是品牌建设取得更大进展。品牌培育、发展、壮大的促进机制和支持制度更加健全，品牌建设水平显著提高，企业争创品牌、大众信赖品牌的社会氛围更加浓厚，品质卓越、特色鲜明的品牌领军企业持续涌现，形成一大批质量过硬、优势明显的中国品牌。

五是质量基础设施更加现代高效。质量基础设施管理体制机制更加健全、布局更加合理，计量、标准、认证认可、检验检测等实现更高水平协同发展，建成若干国家级质量标准实验室，打造一批高效实用的质量基础设施集成服务基地。

六是质量治理体系更加完善。质量政策法规更加健全，质量监管体系更趋完备，重大质量安全风险防控机制更加有效，质量管理水平普遍提高，质量人才队伍持续壮大，质量专业技术人员结构和数量更好适配现代质量管理需要，全民质量素养不断增强，质量发展环境更加优化。

到 2035 年，质量强国建设基础更加牢固，先进质量文化蔚然成风，质量和品牌综合实力达到更高水平。

12.《纲要》量化指标是如何设定的？

《纲要》提出了 4 个量化指标：制造业质量竞争力指数、农产品质量安全例行监测合格率、食品抽检合格率、制造业产品质量合格率。具体来看：

制造业质量竞争力指数是反映我国制造业整体、各行业以及各地区制造业质量水平和发展能力的综合经济性指标，包括"质量水平"和"发展能力" 2 个二级指标、6 个三级指标、12 个统计指标。其中，"质量水平"反映的是质量发展的当前状况，是对"现状"的测量。"发展能力"反映的是质量发展的持续能力，是对"潜力"的测量。全国制造业质量竞争力指数已由 2005 年的 79.60 提高到 2021 年的 84.91，总体保持增长态势。随着我国持续推进供给侧结构性改革，创新驱动、转型升级步伐逐渐加快，我国制造业研究与试验发展经费比重、单位产值专利数、新产品销售收入等指标预期将出现显著增长，综合考虑，2025 年短期目标值设定为 86。

农产品质量安全例行监测合格率是我国主要农产品中农兽药残留达标合格的比率，主要衡量和反映我国农产品质量安全总体状况。近年来，我国主要农产品质量安全例行监测合格率稳定在 97% 以上，"十三五"末合格率达到 97.8%，农产品质量安全总体状况稳中向好。随着农业高质量不断发展，绿色生产方式不断推进，监管手段不断强化，质量安全突出问题逐步治理，预期农产品质量安全例行监测合格率达到 98%。

食品抽检合格率是评价性抽检合格批次数与抽检总批次数之间测算的比值，反映了市售公众日常消费量大的主要食品品种的安全状况，抽检范围覆盖米面油、肉蛋奶、果蔬豆等。所谓评价性抽检，是指依据法定程序和食品安全标准等规定开展抽样检验，对市场上食品总体安全状况进行评估的活动。近年来，食品抽检合格率一直保持在 97% 以上。综合考虑，2025 年食品抽检合格率最终预测值在 98% 以上。

制造业产品质量合格率是制造业产品总体中质量合格产品的比率，主要衡量和反映我国制造业产品质量总体水平。实践中，是以产品质量检验为手段，按照规定的方法、程序和标准实施质量抽样检测，判定为质量合格的样品数占全部抽样样品数的百分比，监测范围覆盖 GB/T 4754-2017《国民经济行业分类》中 29 个制造业大类行业。近年来，我国制造业产品质量合格率总体平稳运行，自 2016 年起连续 7 年在 93% 以上。综合考虑未来发展趋势，2025 年全国制造业产品质量合格率的预期值为 94% 以上。

四、推动经济质量效益型发展

13. 如何理解质量与创新的关系？

习近平总书记在致中国质量（杭州）大会的贺信中强调，"质量是人类生产生活的重要保障。人类社会发展历程中，每一次质量领域变革创新都促进了生产技术进步、增进了人民生活品质"，深刻阐述了质量对保障人类生产生活、促进生产技术进步、增进人民生活品质的重要作用。创新和质量是影响经济社会发展的两大关键要素，二者相辅相成、相互促进，共同推动经济社会高质量发展。从技术到产品，再到产业的成长链条看，创新和质量在不同环节发挥着不同的作用。

一方面，创新是质量提升的动力和源泉。创新能够通过发现、发明，创造出新产品、新服务，形成新供给，为质量发展提供新的技术、方法、手段，促进质量出现飞跃。在新一轮科技革命和产业变革背景下，质量管理形态正加速向数字化、智能化、体系化、系统化、精益化、零缺陷化转型，更加倚重于技术进步和不断创新。

另一方面，质量是释放创新驱动潜能的重要保障。科技的单点突破解决的是产品原创问题，往往无法解决量产质量一致性和质量持续改进问题。新产品通常价格昂贵，质量也不稳定，这就需要着力改进供应链、产业链的质量保证能力，实现批量生产质量稳定和产业化。质量水平的提升，不仅让产品的可靠性、稳定性、安全性更有保障，也让新技术、新产品、新业态快速转变为规模化生产，进而转变为生产力。

在我国开启全面建设社会主义现代化国家新征程的关键时期，在全国上下立足新发展阶段、贯彻新发展理念、构建新发展格局、推动高质量发展之际，既要依靠创新驱动引领未来发展，又要借助质量提升释放创新驱动潜能。

14. 增强质量发展创新动能的思路是什么？

《纲要》提出，"增强质量发展创新动能"。围绕此要求，需要做好以下 4 个方面工作：

一是建立健全质量创新体系。建立政产学研用深度融合的质量创新体系，协同开展质量领域技术、管理、制度创新，打造卓越的创新能力、质量能力和供应链掌控能力，提升创新链整体效能。

二是加快质量技术攻坚突破。加强质量领域基础性、原创性研究。集中实施一批产业链供应链质量攻关项目，突破一批重大标志性质量技术和装备，促进创新能力整体跃升。

三是推动质量管理数字化赋能。聚焦数字经济和绿色发展前沿，研究新兴产业质量管理发展变化趋势，开展质量管理数字化赋能行动，推动质量策划、质量控制、质量保证、质量改进等全流程信息化、网络化、智能化转型，推进质量管理与智能制造发展同步创新、深度融合。

四是强化创新成果转化服务支撑。加强专利、商标、版权等知识产权保护和运用，提升知识产权公共服务能力。建立质量专业化服务体系，协同推进技术研发、标准研制、产业应用，打通质量创新成果转化应用渠道，解决科技成果转化"最先一公里"和"最后一公里"问题。

15. 如何开展质量管理数字化赋能行动？

《纲要》提出，"开展质量管理数字化赋能行动，推动质量策划、质量控制、质量保证、质量改进等全流程信息化、网络化、智能化转型"。质量管理数字化赋能是指在智能制造与工业大数据的背景下，以现代信息技术为核心，以数据采集设备、自动化生产设备、智能检测设备等为硬件基础，以企业相关管理系统为软件基础，通过质量大数据的定义、采集、传输、存储、分析与应用，对设计、工艺、制造、试验、销售等全流程实施策划、控制和改进，从而达到企业质量管理的数字化、集成化、协同化和智能化。开展质量管理数字化赋能行动，主要包括以下4个方面：

一是实施数字化质量战略。企业在质量战略中充分融入数字化理念，详细梳理业务流程，明确数字化质量管理应用场景，分析其必要性和产出价值。把握行业数字化应用现状，对行业数字化发展进行研判，质量数字化转型规划适度超前，制定中长期发展规划，并对发展目标进行量化描述。

二是建立数字化质量管理制度。明确数字化转型主体责任，在各层级管理职责或考核指标中明确数字化内容。建立跨部门协调机制，提高部门沟通效率，加强数据流动的顺畅性和数据应用的有效性。通过培训、实操训练等方式提升人员数字化能力水平,.培养数字化复合型人才，实现企业内流程、人员、资源、技术、数据等的有效融合。

三是搭建数字化质量信息平台。通过梳理业务流程搭建整体框架，打通研发、采购、生产、销售业务链条，实现数字化质量管理全流程应用。通过制定标准或技术规范，实现数据应用目标统一、语言统一、标准统一，保证数字化质量管理的整体性和协作性。综合运用传感器技术、云计算平台、大数据分析等手段搭建数字化质量管理数据平台，与企业生产管理系统、财务管理系统等其他信息系统进行融合对接，促进数据融通共享。

四是形成数字化质量管理文化。营造数字化质量管理文化氛围，培养员工转型文化理念，建立"用数据说话、以数据为基础进行决策"的思维模式。鼓励创新、容忍失败，不断激发员工数字化创新热情，提升企业活力。

16. 如何提升知识产权公共服务能力？

《纲要》提出，"加强专利、商标、版权、地理标志、植物新品种、集成电路布图设计等知识产权保护，提升知识产权公共服务能力"。大力实施知识产权公共服务能力提升工程，是贯彻落实习近平总书记关于形成便民利民的知识产权公共服务体系的重要指示精神，进一步激发全社会创新活力的重要部署，是增强质量发展创新动能的重要举措。提升知识产权公共服务能力，应该从以下5个方面入手：

一是突出能力建设，夯实公共服务事业发展基础。进一步加大培训力度，激发干部队伍开展知识产权公共服务工作的使命感和责任感，切实提升干部队伍专业化水平。引导技术与创新支持中心、高校国家知识产权信息服务中心以及高校、科研院所等机构参与知识产权公共服务，指导支持专利代办处提升公共服务能力。

二是加强统一规划，推动知识产权公共服务高质量发展。明确知识产权公共服务阶段性发展目标和具体举措，完善公共服务网络。健全完善信息公共服务骨干机构，强化知识产权保护中心、快速维权中心、维权援助中心、专利代办处、专利文献服务网点的公共服务职能。鼓励和支持在知识产权市场活跃、需求旺盛的区域中心城市设立专业化信息公共服务机构，新建一批高校国家知识产权信息服务中心。

三是建设统一平台，提升知识产权公共服务信息化水平。加强知识产权信息化、智能化基础设施建设，充分挖掘利用知识产权基础数据资源。加大对公共服务网、智能化专利检索及分析系统、中国商标网、专利业务办理系统等知识产权信息公共服务产品宣传推广力度。加强知识产权数据资源主动供给，扩大知识产权数据资源共享范围。

四是推动统一标准，提升知识产权公共服务标准化、规范化水平。推动知识产权领域"放管服"改革向纵深发展，编制知识产权领域公共服务事项清单。持续优化中国营商环境评价体系知识产权指标，充分运用中国营商环境评价体系知识产权评价结果。指导各类知识产权公共服务网点优化工作流程，促进知识产权基础数据和服务标准化、规范化。

五是推动统一窗口，提升知识产权公共服务便利化程度。持续推动知识产权业务"一窗通办"，支持商标、专利审查协作中心积极开展包括信息服务在内的各类公共服务。通过多种形式设立地市级综合性知识产权公共服务机构，支持有条件的综合业务受理窗口和商标业务受理窗口开展知识产权信息服务、政策宣传、基础知识普及等各类知识产权公共服务。

17. 如何理解和树立质量发展绿色导向？

《纲要》提出，"树立质量发展绿色导向"。质量与绿色发展联系十分紧密。一方面，高质量产品可以减少对资源环境的消耗。与具有更长使用寿命的产品相比，具有较短使用期限和使用寿命的产品给环境带来了更大的压力。提升产品和服务质量，可以用更少的资源提高更多人的生活质量，同时减少资源使用、浪费和环境污染方面的影响。另一方面，质量技术、方法和工具可以助力绿色发展目标的实现。标准、计量、检验检测、认证认可等都是实现绿色发展的重要政策工具和技术手段。树立质量发展绿色导向可以从以下 4 个方面着手：

一是将绿色要求全面融入质量政策和标准。聚焦生产生活方式全面绿色转型，推动绿色发展理念与质量法规、政策、标准融合，优化资源循环利用技术标准，健全统一的绿色产品标准、认证、标识体系，加大绿色产品供给，以质量进步促进生产、流通、消费各环节绿色化，实现资源绿色、高效再利用。

二是强化绿色发展质量技术支撑。建立健全碳达峰碳中和标准计量体系，推动建立国际互认的碳计量基标准、碳监测及效果评估机制。加强碳达峰碳中和检测评价能力建设，构建能源、工业、建筑等重点领域碳排放检测评价技术体系。

三是加快推动绿色生产方式转型。开展重点行业和重点产品资源效率对标提升行动，加快低碳零碳负碳关键核心技术攻关，推动高耗能行业低碳转型。全面推行绿色设计、绿色制造，大力发展绿色供应链。推广新型绿色建造方式，大力发展绿色建筑。

四是健全绿色低碳循环发展的消费体系。倡导绿色低碳生活方式，开展绿色生活创建活动。建立绿色产品消费促进制度，加强对企业和居民采购绿色产品的引导，促进绿色产品消费。

18. 如何开展重点行业和重点产品资源效率对标提升行动？

《纲要》提出，"开展重点行业和重点产品资源效率对标提升行动，加快低碳零碳负碳关键核心技术攻关，推动高耗能行业低碳转型"。资源效率是指单位资源所产生的经济、社会、生态和环境等有益效果的相对数量，提高资源效率就是尽可能地减少浪费、降低生产成本，管理原材料、节约能源和水。开展重点行业和重点产品资源效率对标提升行动，对于加快发展方式绿色转型，大力发展绿色经济，支撑现代化经济体系建设具有重要意义。具体应注重以下 4 点：

一是突出重点。围绕关系国计民生、资源利用效率问题突出的行业和产品，确定对标达标的重点领域和重点产品，解决资源利用效率突出问题，分步骤有效推进对标达标行动。

二是企业主体。企业是开展资源效率对标提升行动的主体，参与企业应按照国家相关标准和行业统计方法要求，严格规范能源计量、统计和管理等各项工作，围绕对标、达标、制标、评价工作，广泛开展标准的比对分析、技术验证、比较试验、协同攻关和成果创新。鼓励企业积极开展标准自我声明公开，主动对比与国际先进水平标准的差距，制定、实施和完善企业标准。

三是行业推动。各相关行业协会要加强指导，根据企业的信息需求，发挥质量基础设施作用，为企业提供标准、计算方法等方面的技术支撑，为资源效率对标提升行动的进一步开展奠定基础。要做好先进节能技术的推广应用，指导企业采取有效措施，确保资源效率对标提升行动的质量和成效。

四是加强指导。主管部门要加强业务监督、指导，组织企业做好能源审计工作，摸清企业能耗现状、查找差距和潜力，有针对性地引导企业采取有效措施，实现对标达标。组织企业做好资源效率对标数据的收集、整理、分析工作，总结推广资源效率对标提升行动先进经验和做法。

19. 如何健全统一的绿色产品标准、认证、标识体系？

《纲要》提出，"全面推行绿色设计、绿色制造、绿色建造，健全统一的绿色产品标准、认证、标识体系，大力发展绿色供应链"。建立健全统一的绿色产品标准、认证、标识体系，是推动绿色低碳循环发展、培育绿色市场的必然要求，是加强供给侧结构性改革、提升绿色产品供给质量和效率的重要举措，是引导产业转型升级、提升中国制造竞争力的紧迫任务，是引领绿色消费、保障和改善民生的有效途径，是履行国际减排承诺、提升我国参与全球治理制度性话语权的现实需要。健全统一的绿色产品标准、认证、标识体系，要着力抓好以下8个方面：

一是统一绿色产品内涵和评价方法。基于全生命周期理念，在资源获取、生产、销售、使用、处置等产品生命周期各阶段中，绿色产品内涵应兼顾资源能源消耗少、污染物排放低、低毒少害、易回收处理和再利用、健康安全和质量品质高等特征。采用定量与定性评价相结合、产品与组织评价相结合的方法，统筹考虑资源、能源、环境、品质等属性，科学确定绿色产品评价的关键阶段和关键指标，建立评价方法与指标体系。

二是加强统一的绿色产品标准、认证、标识体系顶层设计。编制绿色产品标准体系框架和标准明细表，统一构建以绿色产品评价标准子体系为牵引、以绿色产品的产业支撑标准子体系为辅助的绿色产品标准体系。参考国际实践，建立符合中国国情的绿色产品认证与标识体系，统一制定认证实施规则和认证标识，发布认证标识使用管理办法。

三是实施统一的绿色产品评价标准清单和认证目录。统一发布绿色产品标识、标准清单和认证目录，依据标准清单中的标准组织开展绿色产品认证。对有关国家标准、行业标准、团体标准等进行评估，适时纳入绿色产品评价标准清单。建立绿色产品认证目录的定期评估和动态调整机制。

四是创新绿色产品评价标准供给机制。优先选取与消费者吃、穿、住、用、行密切相关的生活资料、终端消费品、食品等产品，研究制定绿色产品评价标准。充分利用市场资源，鼓励学会、协会、商会等社会团体制定技术领先、市场成熟度高的绿色产品评价团体标准。

五是健全绿色产品认证有效性评估与监督机制。推进绿色产品信用体系建设，严格落实生产者对产品质量的主体责任、认证实施机构对检测认证结果的连带责任，对严重失信者建立联合惩戒机制，对违法违规行为的责任主体建立黑名单制度。

运用大数据技术完善绿色产品监管方式，建立绿色产品评价标准和认证实施效果的指标量化评估机制，完善认证全过程信息采集和信息公开，使认证评价结果及产品公开接受市场检验和社会监督。

六是加强技术机构能力和信息平台建设。建立健全绿色产品技术支撑体系，加强标准和合格评定能力建设，开展绿色产品认证检测机构能力评估和资质管理，培育一批绿色产品标准、认证、检测专业服务机构，提升技术能力、工作质量和服务水平。建立统一的绿色产品信息平台，公开发布绿色产品相关政策法规、标准清单、规则程序、产品目录、实施机构、认证结果及采信状况等信息。

七是推动国际合作和互认。围绕服务对外开放，推进绿色产品标准、认证认可、检验检测的国际交流与合作。开展国内外绿色产品标准比对分析，积极参与制定国际标准和合格评定规则，提高标准一致性，推动绿色产品认证与标识的国际互认。

八是积极助力绿色低碳发展。围绕构建新发展格局，加大绿色产品整合力度，拓展绿色产品认证范围，建立完善政府引导、市场主导、消费者认同的多层次采信机制。目前，绿色产品认证体系已覆盖电子电器、建材、快递包装等90种产品，颁布认证证书两万多份，获证企业两千多家，相关认证结果在政府采购中采信使用，绿色产品认证成为有关行业加强绿色治理的重要抓手和促进绿色消费的重要手段。

20. 如何建立健全碳达峰碳中和标准计量体系？

《纲要》提出，"建立健全碳达峰、碳中和标准计量体系，推动建立国际互认的碳计量基标准、碳监测及效果评估机制"。实现碳达峰碳中和，是以习近平同志为核心的党中央统筹国内国际两个大局作出的重大战略决策。计量、标准是国家质量基础设施的重要内容，是资源高效利用、能源绿色低碳发展、产业结构深度调整、生产生活方式绿色变革、经济社会发展全面绿色转型的重要支撑，对如期实现碳达峰碳中和目标发挥着重要技术支撑作用。为深入贯彻落实党中央、国务院关于碳达峰碳中和工作的决策部署，扎实推进碳达峰碳中和标准计量体系建设，市场监管总局联合国家发展改革委、工业和信息化部等8部门发布《建立健全碳达峰碳中和标准计量体系实施方案》（以下简称《实施方案》），对新形势下统筹推进碳达峰碳中和标准计量体系建设具有很强的指导意义。

一是明确碳达峰碳中和标准计量体系建设总体思路。坚持目标导向，加强体系建设，强化科技创新，科学有序开展工作，逐步建成体系完备、相互衔接、支撑有力、统一规范的碳达峰碳中和标准计量体系。突出系统性，构建完整体系。立足全局，系统谋划，围绕碳达峰碳中和主要目标和重点任务，加强顶层设计，强化协同联动，系统推进具体工作。突出科学性，设定合理目标。构建碳达峰碳中和标准计量体系是一项长期艰巨的复杂系统工程，需从近期和远期、政府和市场、国内和国际等多个维度科学设定阶段性目标，动态提升计量、标准的支撑保障能力。突出创新性，强化科技支撑。坚持科技驱动、技术引领的原则，提出要加强计量、标准技术研究，推动关键共性技术突破和应用，开展低碳前沿技术标准引领行动。

二是明确碳达峰碳中和标准体系建设重点工作任务。《实施方案》坚持夯实基础、完善体系的原则，聚焦重点领域和重点行业，建立健全碳达峰碳中和计量技术、管理和服务体系，推动计量智能化、数字化转型升级；加强基础通用标准制修订，实现标准重点突破和整体提升。围绕碳排放基础通用标准体系、重点领域碳减排标准体系、碳清除标准体系、市场化机制标准体系、计量技术体系、计量管理体系、计量服务体系等7个方向，提出24项重点任务，着力构建一套系统完备、相互支撑的碳达峰碳中和标准计量体系。

三是明确碳达峰碳中和标准计量体系建设保障措施。建立健全碳达峰碳中和标准计量体系需常抓不懈、久久为功，加强组织领导、实施评估以压实主体责任，在资金投入、队伍建设等方面给予支持。《实施方案》提出各部门、各地方要按照标准计量体系的统一要求，研究制定具体落实方案，并根据职责分工，开展标准计量体系实施情况监测，及时总结推广典型案例及先进经验做法；统筹利用现有资金渠道，引导社会资本投入，支持相关工作开展；研究建立碳达峰碳中和计量和标准智库，提高碳排放监测、统计核算等人才队伍的计量和标准专业能力。

21. 如何建立实施国土空间生态修复标准体系？

《纲要》提出，"建立实施国土空间生态修复标准体系"。为进一步贯彻落实自然资源领域生态文明体制改革，更好支撑国土空间生态修复工作高质量发展，我国将国土空间生态保护修复标准体系划分为国土空间生态保护修复基础通用、国土空间生态保护修复调查监测评价预警、区域生态保护修复、国土综合整治、矿山生态修复、海洋生态保护修复、生物多样性保护、生态系统碳汇、生态保护补偿9个门类，已发布、在研、待研制国家标准和行业标准130余项，初步构建了国土空间生态保护修复标准体系。下一步，应加强生态保护修复统一监测评估制度、标准体系和能力建设，完善生态保护修复监管机制，立足实际需要，按照科学、简明、适用原则，有序组织国土空间生态保护修复工程、矿山生态修复、海洋生态保护修复相关标准研制和实施。

一是加快《全国重要生态系统保护和修复重大工程总体规划实施效果评估技术指南》《国土空间生态保护修复工程成效评估规范》《矿山生态修复工程验收规程》《红树林生态保护修复技术规程》等标准研制。同时，针对待研制标准，加快前期研究，尽快推动标准立项和研制。

二是加强对已发布《国土空间生态保护修复工程实施方案编制规程》《国土空间生态保护修复工程验收规范》《矿山生态修复技术规范　第1部分：通则》及5个分矿种专则等标准的贯彻实施，指导和规范国土空间生态保护修复，提高山水林田湖草沙生态保护修复的整体性、系统性、科学性和可操作性。

三是鼓励各地、社会团体、产业技术联盟等在标准体系框架下，研制满足地方要求、市场和创新需要的地方标准、团体标准和企业标准。

22. 如何实施绿色产品消费促进制度？

《纲要》提出，"建立绿色产品消费促进制度，推广绿色生活方式"。绿色产品是指从全生命周期、全过程角度满足资源节约、环境友好、消费友好要求，具备资源能源消耗少、污染物排放低、易回收再利用、健康安全、品质高等特征的产品。在当前全社会致力于推进节能环保、实现"双碳"目标的形势下，促进绿色产品消费具有现实意义和紧迫性。实施绿色产品消费促进制度，可以从以下6个方面着手：

一是强化绿色产品创新技术支撑。引导企业提升绿色创新水平，积极研发和引进先进适用的绿色低碳技术，大力推行绿色设计和绿色制造，生产更多符合绿色低碳要求、生态环境友好、应用前景广阔的新产品新设备，扩大绿色低碳产品供给。推广低挥发性有机物含量产品生产、使用。加强低碳零碳负碳技术、智能技术、数字技术等研发推广和转化应用，提升商品生产领域智慧化水平和运行效率。

二是优化完善绿色产品相关标准。不断完善绿色产品标准供给，提升与先进国际标准一致程度，大力提升绿色标识产品市场认可度和质量效益。完善绿色产品设计和绿色制造标准体系，加快节能标准更新升级，提升重点产品能耗限额要求。制定重点行业和产品温室气体排放标准，探索建立重点产品全生命周期碳足迹标准。完善节水标准体系，实施水效标识制度，推广水效等"领跑者"，促进和带动绿色产品消费。

三是加大财政金融政策支持力度。完善政府绿色采购标准，加大绿色低碳产品采购力度，扩大绿色低碳产品采购范围，提升绿色低碳产品在政府采购中的比例。落实资源综合利用税收优惠政策，发挥税收对市场主体绿色低碳发展的促进作用。鼓励有条件的地区对智能家电、绿色建材、节能低碳产品等消费品予以适当补贴或贷款贴息。鼓励金融机构和非金融企业发行绿色债券，更好地为绿色低碳技术产品认证和推广等提供服务支持。

四是推广绿色产品消费市场化激励措施。探索实施全国绿色产品消费积分制度，鼓励地方结合实际建立本地绿色消费积分制度，以兑换商品、折扣优惠等方式鼓励绿色产品消费。鼓励各类销售平台制定绿色低碳产品消费激励办法，通过发放绿色消费券、绿色积分、直接补贴、降价降息等方式激励绿色消费。鼓励行业协会、平台企业、制造企业、流通企业等共同发起绿色消费行动计划，推出更丰富的绿色低碳产品和绿色消费场景。

五是强化对违法违规行为的处罚约束。强化针对绿色低碳产品的质量安全责任保障，严厉打击虚标绿色低碳产品行为，严格依法处罚生产、销售列入淘汰名录的产品、设备行为。

六是培育全民绿色产品消费意识和习惯。推进绿色产品消费宣传教育进机关、进学校、进企业、进社区、进农村、进家庭，引导职工、学生、居民开展绿色产品消费实践。综合运用报纸、电视、广播、网络、微博、微信等各类媒介，采取群众喜闻乐见的形式，加大绿色产品消费公益宣传力度，及时、准确、生动地向社会公众做好政策宣传解读，切实提高政策知晓度。

23. 如何开展质量惠民行动？

《纲要》强调要"强化质量发展利民惠民"，提出"开展质量惠民行动"。习近平总书记强调，"民生是人民幸福之基、社会和谐之本"，"增进民生福祉是发展的根本目的"。习近平总书记致第二届中国质量（上海）大会的贺信中指出，"质量体现着人类的劳动创造和智慧结晶，体现着人们对美好生活的向往"。开展质量惠民行动就是要顺应新的发展形势，围绕人民群众最关心最直接最现实的利益问题和重点领域，在解决质量安全问题的基础上，提供更多、更好满足人民消费需求升级的高质量产品和服务，让人民群众买得放心、吃得安心、用得舒心，增强人民群众质量获得感、幸福感、安全感，让质量发展的成果更多惠及人民。开展质量惠民行动是践行以人民为中心的发展理念的具体体现，是顺应人民群众对美好生活期盼的具体举措。开展质量惠民行动可以从以下3个方面入手：

一是提高产品和服务供给质量。顺应消费升级趋势，推动企业加快产品创新、服务升级、质量改进，促进定制、体验、智能、时尚等新兴消费提质扩容，满足多样化、多层次消费需求。进一步提升生产领域产品质量，严格生产者质量主体责任。进一步提升流通领域商品质量，鼓励网络交易平台、大型连锁企业等经营者作出高于法律规定的保护消费者权益的承诺。进一步提升服务领域质量，引导健康、养老、旅游等服务经营者诚信经营，有效规范服务行业市场秩序，更好满足高品质服务消费需求。

二是开展放心消费创建活动。大力开展放心消费创建工作，培育放心消费示范企业、示范区域，建立健全守信激励和失信惩戒机制，切实落实经营者消费维权主体责任，推动经营者诚信自律，营造安全消费环境，加强售后服务保障，让消费者愿消费、敢消费。建设完善消费投诉的信息公示系统，针对消费者投诉集中的行业、企业进行投诉公示，强化信用约束和社会监督，督促经营者诚信守法。

三是加强消费者权益保护。健全消费者权益保护的法律法规体系，优化消费者权益保护的政策制度。健全消费者公益诉讼制度，探索建立消费者集体诉讼制度，加强对消费者的司法保护。完善质量多元救济机制，鼓励企业投保产品、工程、服务质量相关保险，健全质量保证金制度，推行消费争议先行赔付。畅通投诉举报渠道，完善消费纠纷在线解决机制。

24. 如何完善质量多元救济机制？

《纲要》提出，"完善质量多元救济机制"。质量多元救济机制是指企业主体、行业自律、社会参与、法律保障等多元化、多角度、多方式发挥作用，更好地维护消费者权益的工作机制。质量多元救济机制具有较强的社会公益性，与人民群众的生活密切相关。完善质量多元救济机制，重在发挥政府、社会组织、市场主体、社会公众等多方面作用。

一是完善法律规定。进一步完善法律体系，修订完善产品质量法，制订《消费品修理更换退货责任规定》等法律法规，落实《网络交易监督管理办法》，加快建立第三方争议处理机制等。

二是强化社会组织引导作用。鼓励消费者组织加强质量多元救济重大问题研究，协调维护企业合法利益，督促企业履行社会责任，促进行业健康发展。支持开展集体公诉、消费调解、在线消费纠纷解决、消费警示等活动，切实保护消费者权益。

三是强化企业质量主体责任。全面落实企业及其负责人质量责任，引导企业建立健全质量责任追溯体系，加强全面质量管理。完善售后服务体系，积极投保产品质量保证险和产品责任险，发挥保险风险保障功能。

四是强化社会监督。加大质量工作宣传力度，推动全社会树立质量风险防范意识，引导消费者树立绿色、健康、安全消费理念，主动参与质量促进、社会监督等活动，通过新闻媒体等多种方式加强舆论引导和媒体曝光监督。

五、增强产业质量竞争力

25. 如何强化产业基础质量支撑？

《纲要》提出，"强化产业基础质量支撑"。产业基础是制造业核心竞争力的根本体现，是制造强国、质量强国的重要基石。统筹推进产业基础高级化，是党中央、国务院立足国际国内形势作出的重大决策部署，是推进制造强国建设的必由之路，也是加快制造业高质量发展的重要任务。强化产业基础质量支撑，要聚焦产业基础质量短板，分行业实施产业基础质量提升工程，加强重点领域产业基础质量攻关，实现工程化突破和产业化应用。

一是加强政策引导。充分发挥市场在资源配置中的决定性作用，强化企业市场主体地位。加强规划引领，强化政策支撑，集中优势资源，着力解决产业基础领域市场失灵问题。

二是强化标准引领。围绕先进技术开展标准研制，通过标准化加快新技术的产业化、市场化步伐。支持社会团体制定先进团体标准，并引导企业执行。支持企业、行业协会深度参与国际标准的制定。

三是加快质量与可靠性技术攻关。支持开展系统性科学研究，鼓励产业链供应链质量共性技术攻关。提升企业产品试验验证、检测技术能力，突破智能产品软硬件测评、可靠性加速试验、复杂环境效应评价等质量试验检测分析技术。

四是实现重点产品突破。发挥社会主义市场经济条件下新型举国体制优势，以"有产品、市场认、用户用"为导向，围绕重点产业链，组织产业链上下游协同攻关，系统化突破一批制约产业竞争力提升的产品技术。

五是推动产业基础质量提升。在基础材料领域，开展材料质量提升关键共性技术研发和应用验证，提高材料质量稳定性、一致性和适用性水平。在基础零部件及元器件领域，改进基础零部件与元器件性能指标，提升可靠性、耐久性、先进性。在基础工艺领域，推动新一代信息技术与先进制造技术加速融合，大幅提升基础制造工艺与质量管理水平。在基础软件领域，支持通用基础软件、工业软件、平台软件、应用软件工程化开发，实现工业质量分析与控制软件技术突破。在产业技术基础领域，加强产业技术基础能力建设，加快产业基础高级化进程。

26. 如何提高产业质量竞争水平？

《纲要》提出，"提高产业质量竞争水平"。提高产业质量竞争水平，一方面要推动产业内部向品种、品质、品牌扩展和跃升，提高中高端产品和服务占比，延伸产业链、价值链。另一方面要在不同行业之间，大力提升高质量、高附加值产业的比重，加快构建产业链条完整、结构优化、自主安全、质量竞争力强的现代化产业链和产业集群。此外，要加强产业链全面质量管理，着力提升关键环节、关键领域的质量管控水平，开展对标达标提升行动，以先进标准助推传统产业提质增效和新兴产业高起点发展。提高产业质量竞争水平，重点要推动以下4项工作：

一是加快农业提档升级。深入实施质量兴农战略，推进农业品种培优、品质提升、品牌打造和标准化生产，健全从农田到餐桌的全面质量管理和质量追溯体系，全面提升农业生产质量效益。

二是促进工业提质增效。加快传统制造业技术迭代和质量升级，强化战略性新兴产业技术、质量、管理协同创新，培育壮大质量竞争型产业，推动制造业高端化、智能化、绿色化发展，大力发展服务型制造。

三是推动服务业提质扩容。加快培育服务业新业态新模式，以质量创新促进服务场景再造、业务再造、管理再造，推动生产性服务业向专业化和价值链高端延伸，推动生活性服务业向高品质和多样化升级。完善服务业质量标准，加强服务业质量监测，优化服务业市场环境。

四是加快一二三产业融合发展。加快大数据、网络、人工智能等新技术的深度应用，促进现代服务业与先进制造业、现代农业融合发展。

27. 如何开展对标达标提升行动？

《纲要》提出，"开展对标达标提升行动，以先进标准助推传统产业提质增效和新兴产业高起点发展"。开展对标达标提升行动，是落实党中央、国务院关于开展质量提升行动、以先进标准引领质量提升的具体行动。开展对标达标提升行动，要注意把握以下6个方面：

一是坚持需求导向。把增进民生福祉、推动产业转型升级、促进国家治理体系和治理能力现代化作为提升行动的出发点和落脚点，以标准水平的提升引领质量提升，满足人民群众对美好生活向往的需求，推动我国优势产业从全球价值链低端向中高端迈进。

二是坚持对比提升。围绕对标、达标、提标、创标、评价工作，发挥质量基础设施作用，广泛开展标准的比对分析、技术验证、比较试验、协同攻关和成果创新，运用先进标准助力产品质量改善和产品档次、服务水平提升，促进形成具有高附加值和知识产权的创新性产品和服务。

三是坚持分层孵化。围绕产业聚集、块状经济、特色小镇等优势区域，创建标准国际化创新型城市。结合创新要素、新业态新动能聚集等优势产业，培育标准化先导业态。培育标准水平先进、示范带动明显等优势企业，推出一批具有国际先进水平的企业标准"领跑者"。

四是坚持政府引导。进一步完善对标达标工作机制，构建产品层面、组织层面（企业和园区）、区域层面相互协调配套的工作格局，出台激励政策，整合政策资源向对标达标企业倾斜，围绕当地支柱、新兴、特色的业态和企业，组织开展对标、达标、提标、创标和评价活动。

五是坚持企业主体。鼓励企业自愿参与，积极实施标准自我声明公开，主动对比与国际先进水平标准的差距，制定、实施和完善企业标准。鼓励支柱企业成为国际标准的主要参与者和实施主体，帮扶有条件的中小企业采用国际标准或参与制定国际标准，提升企业标准化水平和能力，推动国际先进标准"走进来"和我国先进标准"走出去"。

六是坚持社会参与。动员全国有条件的城市选取优势、特色业态和企业开展提升行动。支持标准化研究机构、检验检测机构、行业协会等开展对标技术方案分析研究、达标水平评价。鼓励标准化研究机构和标准化服务机构，围绕专项行动提供标准化服务。面向社会广泛开展宣传，引导消费者关注并使用具有国际水平的产品和服务。注重发挥行业部门的联动作用、城市政府的带动作用、地方标准化主管部门的推动作用、技术服务机构的互动作用，形成协同推进的良好生态。

28. 如何全面提升农业生产质量效益？

《纲要》提出，"推进农业品种培优、品质提升、品牌打造和标准化生产，全面提升农业生产质量效益"。全面提升农业生产质量效益，要以习近平新时代中国特色社会主义思想为指导，深入贯彻党的二十大精神，以农业生产和农产品"三品一标"为工作抓手，持续推进夯基础、强支撑、育主体、延链条、增绿色、树品牌，着力推动农业高质量发展。

一是加强耕地保护与质量建设。严守 18 亿亩耕地红线，实行永久基本农田特殊保护，加强耕地用途管制，推动耕地数量、质量、生态"三位一体"保护。推进高标准农田新建和改造提升，逐步把永久基本农田全部建成高标准农田。实施国家黑土地保护工程，加强酸化耕地和盐碱地治理，加强和改进耕地占补平衡管理，提升耕地质量水平。

二是强化现代农业科技和装备支撑。推进农业关键核心技术攻关，聚焦生物育种、耕地质量、智慧农业、农业机械化装备、农业绿色投入品等关键领域，加快研发与创新一批关键核心技术和产品。实施种业振兴行动，推进农作物种质资源、畜禽遗传资源、水产种质资源普查和精准鉴定评价，推进优异种质资源创制与应用，实施农业生物育种重大科技项目，推进国家级和省级育制种基地建设，强化种业市场监管。加强农机装备薄弱环节研发，推进农业机械化全程全面高质量发展。

三是健全现代农业经营体系。培育壮大新型农业经营主体，实施家庭农场培育计划，把农业规模经营户培育成有活力的家庭农场，实施农民合作社规范提升行动，支持农民合作社联合社加快发展。健全专业化社会化服务体系，发展壮大农业专业化社会化服务组织，培育服务联合体和服务联盟，加快发展农业生产托管服务。

四是推进农业全产业链发展。依托乡村特色优势资源，推进农业标准化生产、规模化发展、品牌化营销，推动农产品初加工、精深加工和综合利用，不断延伸产业链条。发挥农业多种功能、挖掘乡村多元价值，大力发展乡村休闲旅游、研学科普、农耕体验、民宿康养等产业。推动产业集聚发展，加快培育现代农业产业园、优势特色产业集群、农业产业强镇、"一村一品"示范村镇，深入推进农业现代化示范区建设，率先打造一批农业强县（市）。

五是加快农业绿色发展。推进化肥农药减量增效，推广水肥一体化、测土配方施肥等技术模式，增加有机肥使用。推广低毒低残留农药和高效大中型植保机械，集成应用病虫害绿色防控技术。加快农业废弃物循环利用，推进畜禽粪污、秸秆、农膜等回

209

收和综合利用，发展种养结合有机循环农业。强化农产品质量安全监管，健全农产品质量安全承诺达标合格证、追溯目录管理等制度，推进国家农产品质量安全县建设。加强绿色食品、有机农产品、地理标志农产品认证和管理，建立健全农业品牌监管机制。加快国家农业绿色发展先行区建设，探索不同区域不同生态类型农业绿色发展模式。

六是加快农业品牌打造。实施农业品牌精品培育计划，重点在渠道对接、媒体宣展、海外推广、金融支持等方面提供支持，塑强一批精品区域公用品牌，带动核心授权企业品牌和产品品牌协同发展。加大脱贫地区农业品牌帮扶力度，支持脱贫地区打造一批产业带动力强、市场号召力大、助农增收效益好的农产品区域公用品牌。创新品牌营销推介，利用丰收节、农交会、茶博会等农业展会节庆活动，线上线下融合，促进品牌农产品消费。

29. 如何全面推动农药产业高质量发展？

要以习近平新时代中国特色社会主义思想为指导，坚持安全、绿色、高质量发展，构建现代农药生产、经营、监管、研发体系，推进农药产业转型升级，优化产品结构，促进农药产业高质量发展。

一是强化现代农药工业。优化生产布局，发挥国家级、省级化工园区区位优势和产业链优势，在东部沿海地区，重点发展化学农药创制生产；在中西部地区，优先发展生物农药产业和化学农药制剂加工；在环境敏感区，从严控制农药生产。着力打造一批农药产业集群，提高生产集约化水平。面向重大病虫防控和农药减量化要求，发展高效低风险新型化学农药，大力发展生物农药，促进农药生产清洁化、低碳化、循环化发展，逐步淘汰落后技术和产能。

二是规范农药经营服务。按照农药风险管控和供应便民的要求，分区域分层级优化农药批发市场和零售网点布局，在农药需求量大、交通物流便捷地区布局一批农药批发市场，在重点区域打造一批农药标准化经营服务门店，促进农药规模化、专业化和社会化的技物结合服务经营。制定互联网经营农药负面清单和网络经营行为规范，推行农药网上实名购买、溯源管理。

三是强化农药监督管理。构建国家农药数字监管平台，推进行政审批、监督管理、质量追溯、诚信体系等电子化服务。完善农药风险监测评估制度，加强农药风险评价能力建设，健全农药登记后使用环境风险监测和再评价机制，推动低效、高风险农药逐步退出，防范使用安全风险。全面推进农药标准体系建设，以农药评价、产品质量、安全使用、残留限量、环境风险为重点，加强技术标准研制。加强农药监督抽查和市场主体监督检查，规范生产经营行为，净化市场秩序，确保产品质量，依法打击制售假劣农药行为。

四是推动农药研发创新。加强农药产业关键核心技术攻关，强化农药领域创新基础研究和集成应用研究。围绕农药原创分子靶标发现、分子设计、清洁化生产等，加强研发创新。加大微生物农药、植物源农药的研发力度，鼓励纳米技术在农药剂型上的创新应用。推进产学研深度融合，建设一批农药创新工程中心、部级农药应用创新重点实验室，推动校企共建协同创新实验基地，为农药产业可持续发展提供科技支撑。

30. 如何增强奶业质量竞争力？

奶业是健康中国、强壮民族不可或缺的产业，是食品安全的代表性产业，是农业现代化的标志性产业和一二三产业协调发展的战略性产业。推动奶业高质量发展、增强奶业质量竞争力，需要持续提升奶牛养殖水平，强化生鲜乳质量安全监管。

一是推进优质奶源基地建设。支持适度规模奶牛养殖场开展标准化、数字化改造升级，推进饲草种植与奶牛养殖配套衔接，提高奶牛养殖标准化、智能化水平。落实振兴奶业苜蓿发展行动，支持高产优质苜蓿基地建设，增加优质饲草料供给，提升生鲜乳质量"产出来"的水平。

二是加强生鲜乳质量安全监管。实施生鲜乳质量安全监测计划，动态调整监测指标，加大对重点风险环节抽检力度，压紧压实生鲜乳质量安全主体责任和监管责任；全面推行使用"奶业监管工作平台"，运用信息化手段对生鲜乳收购、运输环节实现全覆盖监管，增强生鲜乳质量"管出来"的能力。

31. 如何提升农业机械质量？

党的二十大提出加快建设农业强国，为推进农业机械化和农机装备产业高质量发展指明了方向。农机强则农业强，农业强则国家强。有效夯实农业农村现代化及农业机械化的物质装备，有力推动农业机械化高质量发展，对加快质量强国、农业强国建设意义重大。近年来，各级农机管理部门与广大农机企业采取有力举措，推动我国农机装备产业不断壮大，农机产品种类不断推陈出新、质量水平稳步提升，充分满足了粮食等重要农产品生产所需，更加丰富了广大农民群众购机用机的选择。但是一些农机产品可靠性不高、耐用性不强、性能不优等问题还比较明显，一些关键核心零部件自主创新能力偏弱，与国际先进水平相比还存在一定差距。进一步提升农业机械质量，需要以提升研发供给和产品制造为导向，着力强化企业主体责任，突出加强质量监管，大力提升推广和应用维修服务水平。

一是不断提升企业研发制造水平。聚焦夯实农机企业自主创新基础能力，加强关键基础材料技术工艺攻关，提高核心部件和整机可靠性关键指标。

二是严格落实企业生产主体责任。将质量主体责任意识融入企业生产经营活动当中，严抓研发制造过程关键点质量控制和监督。

三是全面强化产品质量监管。开展农机产品的适用性、安全性、可靠性和售后服务等质量调查，进一步加强农机质量投诉监管，切实维护用户合法权益。

四是切实加大推广应用扶持力度。稳定实施农机购置与应用补贴，推进补贴机具"优机优补"。

五是加快改善农机维修等配套管理服务。积极争取和推动设立农机维修行业发展的扶持政策，在农机维修用房用地以及人员培训等方面给予扶持。

32. 如何理解质量竞争型产业？

《纲要》提出，"培育壮大质量竞争型产业"。质量竞争型产业是指质量敏感性高，同类产品质量梯度大，质量竞争力重要性远超过价格竞争力，依靠提升质量可以获得高附加值，符合产业内升级和高质量发展导向的产业。质量竞争型产业具备以下特征：一是市场结构的质量竞争属性显著大于价格竞争属性，市场对质量敏感程度显著大于价格敏感程度；二是同类产品的质量梯度大、价格差异明显，即质量溢价能力高；三是产业复杂度高，依赖高质量要素投入；四是质量竞争型国际贸易占比远超过价格竞争型国际贸易占比。

质量竞争型产业迎合了产业升级的基本规律，为地区产业结构升级提供了新视角、新思路、新方法。通常来讲，产业升级是产业由低技术水平、低附加值状态向高新技术、高附加值状态演变的趋势。一个地区以技术、技能、知识等为要素的质量竞争型产业规模持续扩大，有利于从产业结构演进中获得更高的经济发展速度、质量和效益。对于一个国家来说，培育壮大质量竞争型产业是提升经济竞争力的重要手段，也是富民强国的重要载体。

目前，我国在部分省份开展质量竞争型产业统计分类试点。试点工作以推动高质量发展为主题，以持续增强产业质量竞争力为目标，鼓励地方结合产业特色，因地制宜验证质量竞争型产业划分的科学性和可行性，探索质量竞争型产业分类的应用机制、工作模式和政策制度，分析研判高质量产品的市场认可度和产业结构的质量优势，为推动产业迈向中高端、打造区域质量比较优势提供政策支持和决策依据。下一步，将在试点基础上，完善质量竞争型产业统计监测体系，引导优质资源向质量竞争型产业聚集，推进产业结构由低附加值向高附加值转换，推进生产要素由低效率主体向高效率主体转移，使其符合市场需求结构和经济发展阶段的内在要求。

33. 如何培育质量卓越产业集群？

《纲要》提出，"培育形成具有引领力的质量卓越产业集群"。培育质量卓越产业集群，可以从以下 3 个方面着力：

一要结合区域特点和产业特色，支持先导性、支柱性产业集群加强先进技术应用、质量创新、质量基础设施升级，打造技术、质量、管理创新策源地，推动规模效应明显的产业集群做大做强，推动专业化细分领域特色突出的产业集群做精做优，培育形成一批技术质量优势突出、产业链融通发展的产业集群。

二要鼓励各地因地制宜，选择有发展基础和成长空间的产业集群，依托国家级新区、国家高新技术产业开发区、自由贸易试验区等，集中资源、统筹规划，组建一批产业集群质量标准创新合作平台，加强创新技术研发，开展先进标准研制，推广卓越质量管理实践。

三要深化产业集群质量管理机制创新，构建质量管理协同、质量资源共享、企业分工协作的质量发展良好生态。建立质量专业化服务体系，协同推进技术研发、标准研制、产业应用，打通质量创新成果转化应用渠道。支持产业联盟、行业协会商会、企业等围绕产业集群质量品牌提升，在商标标识、质量标准等方面加强协调，构建产业集群品牌质量标准、认证和追溯体系，宣传推介产业集群品牌形象。

34. 如何理解国家质量创新先导区建设？

《纲要》提出，"建设国家质量创新先导区，探索构建新型质量治理体制机制和现代质量政策体系，率先探索有特色的质量效益型发展路径"。实际操作和推进过程中，要注意把握以下 3 个方面：

从建设范围来看，国家质量创新先导区面向区域，并且要求区域具备"质量治理理念先进、质量变革创新活跃、产业质量优势显著、城乡质量发展均衡"等条件。国家质量创新先导区建设重点依托中心城市和城市群，发挥中心城市和城市群引领带动作用，提升区域整体发展质量。

从建设目标来看，国家质量创新先导区旨在加强质量政策引导，培育区域质量发展新优势，推动区域质量发展与生产力布局、区位优势、环境承载能力及社会发展需求对接融合，打造产业链供应链高效协同、质量发展生态共建共享、质量基础设施互联互通的区域质量发展高地。

从建设任务来看，国家质量创新先导区的建设要求区域开展质量协同发展试点，探索构建新型质量治理体制机制和现代质量政策体系。要重点聚焦区域质量协同发展，在质量提升、质量监管、质量基础设施建设等方面开展改革试验和制度创新，推动构建更高效的质量政策体系、更高水平的质量基础设施体系、与区域经济社会发展需求更适配的质量供给体系。

35. 质量强国标杆城市建设有什么新举措？

自《质量发展纲要（2011—2020 年）》实施以来，全国各地广泛开展质量强省、质量强市（县）建设，树立了一批质量强市标杆，引导城市党委政府更加重视质量工作，推动城市质量发展水平不断提升，促进人民群众质量满意程度持续提高，为建设质量强国夯实了基础。《纲要》在此基础上提出，"打造质量强国标杆城市"，为推动城市进一步贯彻新发展理念，走高质量发展之路指明了方向，有助于促进城市精细化、品质化、智能化发展。打造质量强国标杆城市，应从以下 3 个方面推出新举措：

一要强化质量在城市发展中的战略定位。推动不同类型城市立足自身定位和资源要素优势，制定实施城市质量发展战略。坚持质量第一价值导向，将质量作为推进城市实现战略定位的重要抓手，作为把握新发展阶段、贯彻新发展理念、构建新发展格局的有力支撑，作为满足人民美好生活需要的推动力量，在更高起点、更高层次、更高目标上推动质量工作。

二要树立城市全面质量发展的理念。支持城市锚定高质量发展、高品质生活、高效能治理，树立全方位质量管理与质量提升理念，使各领域发展目标向更高质量看齐、各方面资源向更高质量聚集。导入全面质量管理方法，强化各领域、各层次的全员质量管理，凝聚全社会的力量，推动质量强国、质量强市建设。

三要创新城市管理方法与模式。运用数字技术和标准手段，助推城市治理模式创新，推进新型智慧城市建设。完善城市运行管理服务平台，全面提高城市管理运行效率和宜居度。利用数字技术辅助城市管理和决策，提高基于大数据的精准动态监测预测预警水平，强化数字技术在公共卫生、自然灾害、事故灾难、社会安全等突发公共事件应对中的运用，全面提升城市预警和应急处置能力。探索建立以数据共享与安全为核心的城市治理质量基础设施体系，健全城市治理领域标准体系，系统推进城市规划与建设、公用基础设施运行管理、公共安全与应急管理、节能减排和生态环保、营商环境、公共服务、基层社会治理、社会信用体系、虚拟空间等领域标准化建设，提高城市治理标准化水平。

36. 如何创建质量品牌提升示范区？

《纲要》提出，"创建质量品牌提升示范区"。全国质量品牌提升示范区建设工作，旨在树立产业集群质量品牌标杆，总结推广质量提升和品牌建设最佳实践，通过发挥标杆示范引领作用，引导广大产业园区提升质量水平，打造产业集群和区域品牌，促进产业升级和区域经济高质量发展。创建质量品牌提升示范区，要从以下4个方面着手：

一要推动产业园区、产业集聚区创新质量政策措施，加强质量人才培养，强化质量基础设施服务建设等。园区要结合实际制定和实施促进质量品牌发展的政策措施，加强计量、标准、认证认可、检验检测等质量基础要素统筹建设，加强质量人才建设和培养，实施质量激励，强化质量安全监管，营造质量品牌发展的良好环境。

二要推动产业园区、产业集聚区创造性开展质量提升行动，制定和实施先进质量标准。园区企业要加强全面质量管理，开展质量状况比对分析，持续迭代提升产品和服务质量水平，实现主导产品或服务关键质量指标达到国内或国际先进水平。园区要将创建过程中形成的先进质量指标和质量品牌提升良好管理实践，转化形成具有先进水平的系列标准。

三要推动产业园区、产业集聚区培育一批产业集群商标和区域品牌。园区要培育形成定位准确、内涵清晰、特色鲜明的区域品牌，建立统一的区域品牌公共标识，通过申请著作权登记、注册商标等方式，构建区域品牌整体形象。加强区域品牌标识保护和品牌宣传推介，不断提升区域品牌影响力。

四要推动产业园区、产业集聚区提升产业质量效益。园区要强化产业基础质量支撑，促进先进技术应用和质量创新，实现关键核心技术发展。深化产业集群全面质量管理，产业质量协同水平不断提升。完善技术、管理、质量创新成果转化机制，实现政产学研用融合发展，推动主导产业向价值链高端攀升。

六、加快产品质量提档升级

37. 如何强化农产品质量安全保障？

《纲要》提出，"强化农产品质量安全保障，制定农产品质量监测追溯互联互通标准，加大监测力度，依法依规严厉打击违法违规使用禁限用药物行为，严格管控直接上市农产品农兽药残留超标问题，加强优质农产品基地建设，推行承诺达标合格证制度"。围绕严格落实食品安全"四个最严"要求，强化农产品质量安全保障，主要包括以下 5 个方面：

一是加强源头管理。净化产地环境，建立农产品产地环境监测制度，实施耕地土壤环境质量分类管理。严格投入品管理，开展农资打假专项治理，严防假劣农资流入农业生产领域。持续推进化肥、农药和兽用抗菌药减量化行动，集成应用病虫害绿色防控技术，开展畜禽粪污资源化利用，减少农业投入品过量使用对产地环境的污染。

二是强化过程监管。全面推行乡镇农产品质量安全网格化管理，落实乡镇监管机构巡查工作规范，推进日常检查监管规范化、常态化。建立健全生产主体名录，依据风险等级实施动态管理、精准管控。加强科学用药指导服务，针对用药高峰期、农产品集中上市期等关键节点加大巡查检查频次。对上市农产品，同步开展禁用药物和常规药物速测。

三是推进承诺达标合格上市。全面推行承诺达标合格证,夯实生产经营者主体责任,生产经营者自觉开具、市场主动查验、社会共同监督。强化带证产品监督管理,督促生产者落实自控自检要求,将质量安全贯通种植养殖全过程。加强开证主体监管,对承诺合格而抽检不合格的依法处置,纳入重点监管名录。建立健全开证主体信用记录,推动承诺达标合格证制度与市场的入场查验有效衔接。

四是深化突出问题治理。针对豇豆、韭菜等抽检合格率不够高的品种,聚焦严打禁限用药物违法使用,严控常规药物残留超标,持续开展监督抽查,常态化公布问题产品信息,强化明查暗访、行刑衔接,畅通部省联动、部门协作,提高发现查处违法问题的效能,加强安全用药宣传培训,加快推广常规农药残留速测技术发展和应用。

五是强化风险监测。为有效掌握全国农产品质量安全状况,农业农村部持续推进农产品质量安全风险监测工作,并通过法律的形式确立农产品质量安全风险监测制度,以对生产或流通中的农产品质量安全进行有计划、有重点的持续监测,全面、及时、准确地掌握农产品质量安全状况,为农产品质量安全风险评估提供数据支持,为政府有效实施风险管理提供科学依据,为公众及时了解农产品质量安全现状提供权威信息,督促农产品生产经营者不断提高质量安全管理水平,防止农产品重大安全事故的发生,保证农产品消费安全。

38. 如何强化农产品营养品质评价和分等分级？

随着我国农业高质量发展和城乡居民生活水平提高，人们对农产品的需求，由"吃得饱""吃得放心"，向"吃得好""吃得营养健康"转变。农业产业的高质量发展和人们生活水平的高品质需求对农产品营养品质评价和分等分级提出了更高要求。《纲要》提出，"强化农产品营养品质评价和分等分级"，应从以下5个方面着手：

一是强化品质评价技术体系配套。加强农产品品质监测摸底工作。针对我国品种资源丰富、生产条件不同的农产品品质状况进行摸底评价，构建我国农产品品质特征数据库。加快农产品品质评价与控制技术研发。针对我国农产品特征品质不明确、综合评价体系不完善、配套方法体系不标准、品质机理不清晰与控制技术缺乏等问题，加快挖掘并鉴定优质、特色农产品品质特征指标，构建品质综合评价体系，研制品质检测方法标准及配套标准样品，探明品质变化机理并研发品质保持技术。

二是加快品质评价分级条件平台建设。加强品质检测实验室条件平台建设。我国原有农产品质量安全检测平台以农兽药、重金属等安全污染检测为主，品质检测配套设备条件缺乏，亟须加强农产品品质检测评价专用设备条件配套。加快农产品现场分级仪器研制和配备。农产品品质现场快速分级是实现农业现代化、自动化和标准化生产的基础，而目前我国在农业自动化分级技术与装备方面比较落后，要加大农产品品质现场自动分级装备研发和配备，加快实现农业生产的现代化和标准化。

三是加强品质评价相关专业队伍建设。一方面，依托国家现代农业产业技术体系质量安全与营养评价岗位等现有科技研发队伍，开展品质评价关键技术攻关、技术支撑和技术培训工作。另一方面，在原农业质检体系队伍基础上，引进或培养农产品品质检测评价人员，开展农产品品质评价实验室检测工作。此外，还可以依托一线农业质检站技术力量，培训一批在田间地头、养殖场、屠宰场等农产品现场评价分级员，组建专门的农产品分级员队伍。

四是加快品质评价分级激励措施完善。以绿色、有机、地理标志等优质特色农产品为试点，制定权威统一的品质分级标准并推进质量分级实施，通过地方配套政策激励，调动种植业、养殖业农户和生产企业参加实施品质评价分级的积极性，促进优质优价市场机制的形成。

五是加强品质评价分级相关标准宣贯及科普宣传。建立并完善农产品营养品质分等分级标准化科普专家库和资源库，构建科普知识发布和传播机制，组织实施科普行动，鼓励相关领域专家参与共同制作具有科学性和通俗性的科普内容。由科普专家库成员组成专家审核工作组，制定科普内容的审核标准。加强科普基础设施设备、科普展教品、数字科技类等方面的标准宣贯与科普相关工作。

39. 如何推进现代农业全产业链标准化？

《纲要》提出，"推进现代农业全产业链标准化试点"。推进现代农业全产业链标准化，主要把握以下 5 个方面：

一是构建现代农业全产业链标准体系。以产品为主线，以强化全程质量控制、提升全要素生产率、促进融合发展为目标，聚焦产业链关键环节，开展标准梳理、比对分析和跟踪评价。按照"有标贯标、缺标补标、低标提标"的原则，加快产地环境、品种种质、投入品管控、产品加工、储运保鲜、包装标识、分等分级、品牌营销等方面标准的制修订，着力构建布局合理、指标科学、协调配套的现代农业全产业链标准体系。

二是建立按标生产和生产档案制度。制定与生产模式相配套的标准综合体和生产操作规程，编制简明易懂的生产模式图、操作明白纸和风险管控手册，推动生产操作规程"进企入户"。鼓励生产基地设立标牌，标明基地的种养品种、范围规模、技术措施、责任主体等内容。指导基地建立农事操作和生产资料档案，严格落实生产记录、种植养殖用药记录等制度，加强生产过程统一管理。

三是打造绿色优质农产品精品。健全优化绿色优质农产品标准体系，扩大绿色、有机、地理标志、良好农业规范等认证产品规模，产出一批绿色优质农产品精品。建立健全农产品营养品质指标体系和评价技术规范，推动农产品分等分级和包装标识，建立健全优质优价机制。打造绿色优质农产品区域公用品牌、企业品牌和产品品牌，加强品牌营销和专业化市场培育，让好产品既要产得出也要卖得好。

四是建立管控有效的质量监管体系。建立基地内检员队伍，落实自控自检要求，规范开具承诺达标合格证，强化生产者主体责任。加强质量追溯管理，推动建立信息化质量控制体系。建立健全信用档案，推动质量安全情况公示上墙。推动智慧监管模式，加强基地日常巡查检查。

五是培育带动力强的生产经营主体。支持开展生产、加工、储运、保鲜等环节设施设备标准化改造，对标国内外先进水平，提升基地标准研制和实施能力，争创企业标准"领跑者"。支持基地开展专业化全程化生产技术服务，采取"公司+农户""合作社+农户"等形式，通过统一品种、统一技术、统一管理，将小农户纳入标准化生产体系，提升小农户按标生产意识和水平。培育一批按标生产的示范合作社与种养大户。

40. 如何推进农产品"三品一标"发展？

加强优质农产品基地建设，推进绿色、有机农产品、良好农业规范的认证管理，深入实施地理标志农产品保护工程，推进农产品"三品一标"发展，是落实《纲要》的重要举措。2022 年9 月，农业农村部印发《关于实施农产品"三品一标"四大行动的通知》，部署实施优质农产品生产基地建设、农产品质量提升、优质农产品消费促进、承诺达标合格农产品亮证等四大行动，重点发挥农产品"三品一标"对农业高质量发展的带动作用，让农产品既要产得出、产得优，也要卖得出、卖得好。

一是实施优质农产品生产基地建设行动。以绿色、有机、地理标志和名特优新农产品为重点，在全国范围引导建设一批优质农产品生产重点市、优质农产品生产重点县、优质农产品生产基地，形成以基地为核心的优质农产品生产供给体系，将基地规模作为各省绿色优质农产品占比测算的依据。

二是实施优质农产品品质提升行动。组织技术优势单位和省级农业农村部门，依托地理标志农产品保护工程，加强品种品质技术集成、评价和推广，培优一批区域特色品种，推广一批绿色生产技术，制定一批区域操作规程，遴选一批特征品质指标体系，建设一批成果转化试验站，让品质提升可量化、可评估、可感知。

三是实施优质农产品消费促进行动。组织地方农业农村部门，打造中国绿色食品博览会、有机食品博览会、中国国际农产品交易会、农产品"三品一标"培训的"三展一训"公益宣传平台。推进国家地理标志农产品展示体验馆建设。实施"十百千万"工程，在全国范围推动、引导、鼓励、支持市场主体设立一批电商专馆、市场专区、商超专柜，培养一批推广专员，建强专业化推广渠道。

四是实施承诺达标合格农产品亮证行动。全面推行承诺达标合格证，督促相关农产品生产企业、农民专业合作社批批开具，指导从事农产品收购的单位或个人在混装或者分装后销售时按规定开具，通过就近设置服务点、免费提供耗材等方式支持农户开具承诺达标合格证，加大宣传推广力度。组织开展承诺达标合格证进超市、进社区、进学校等活动，推动集团、学校食堂、食品生产者等采购农产品原料时收取查看承诺达标合格证。推动承诺达标合格证纳入监管平台管理，推进线上开证、线上查询、线下亮证。

41. 如何提升农产品质量安全治理能力和水平？

《纲要》提出，"加快构建全程覆盖、运行高效的农产品食品安全监管体系，强化信用和智慧赋能质量安全监管，提升农产品食品全链条质量安全水平"。提升农产品质量安全治理能力和水平，要注意把握以下5个方面：

一是逐级压实责任。用好考核手段，落实党政同责要求，将农产品质量安全逐级纳入政府考核，层层压实责任，直至乡镇。推行乡镇农产品质量安全网格化管理，规范巡查检查，严格日常监管。全面推行承诺达标合格证，指导生产者落实自控要求，压实主体责任。

二是健全体系队伍。推进乡镇农产品质量安全监管公共服务机构标准化建设，引导各地强化乡镇监管机构条件手段保障。深化乡镇网格化管理，健全完善乡镇监管员、村级协管员队伍。加大基层监管人员培训力度，建立常态化培训机制，提升体系队伍能力。

三是完善制度机制。强化准出准入衔接，构建统一协调的农产品质量安全监管机制。建立农产品质量安全追溯管理办法和追溯目录，完善国家追溯平台，加强部门协作、部省对接、政企协同，实现从产地到市场全程可追溯。推进农安信用管理，加快基础信息归集共享，依据信用等级探索分类监管。深化国家农产品质量安全县创建，探索创新监管模式。

四是推进智慧监管。全面强化信息技术对监测抽检、日常巡查检查、生产主体名录、风险分级管理等基础工作的支撑，推动监管工作系统平台上下整合互联，引导企业自控自检信息与监管系统平台对接，加强数据归集共享和分析应用，推动传统"人盯人"监管向线上智慧监管转变。

五是强化饲料、兽药等养殖业投入品质量安全监管，加大产品监督抽检力度。全面推行饲料领域"双随机、一公开"监管，持续开展生产企业现场检查、产品例行监测、风险预警、标签检查等专项任务。全面实施《兽药生产质量管理规范（2020年修订）》（兽药GMP）和《兽药经营质量管理规范》（兽药GSP），加强兽药二维码追溯监管，开展网络兽药销售整治行动，切实维护兽药行业发展秩序。深入开展"瘦肉精"专项整治，严厉打击饲料、兽药领域违法违规行为。

42. 如何提升农产品质量安全检测支撑能力？

检验检测是控制质量的技术关口，是落实计量基准、技术标准和认证认可的手段，是国家质量基础设施的重要组成部分。农产品质量安全检验检测，对于发现问题隐患、开展风险预警、加强风险防控、组织风险评估和加强执法监管发挥着不可替代的作用，是质量强国、农业强国建设和农业高质量发展的重要技术支撑。进入新发展阶段，完善农产品质量安全检验检测体系，强化农产品质量安全检验检测技术支撑能力，既是抓好农产品质量安全的重要保证，也是提升农业质量和效率，加快建设质量强国、农业强国和推进农业农村现代化的重大举措。提升农产品质量安全检测支撑能力，应重点做好以下3个方面工作：

一是突出抓好队伍建设，健全农产品质量安全检验检测高标准体系。按照以部级检测机构为龙头、省级检测机构为骨干、市县级检测机构为基础的定位，进一步稳定和加强现有各级农产品质量安全检验检测机构队伍。强化对农产品质量安全检验检测体系的整体谋划、组织协调和业务指导，支持各地更新升级检测设施设备，强化人员力量配备，整合汇集资源，培育一批满足基层监管需要、贴近地方产业发展实际的农产品质量安全检测机构。

二是突出抓好制度保障，促进农产品质量安全检测机构高水平运行管理。完善农产品质量安全检测机构管理相关法律配套规章，规范开展农产品质量安全检测机构考核，提升各级农产品质量安全检测机构资质获取率和检测能力覆盖度。按照"双随机、一公开"要求，定期开展监督检查、飞行检查等，规范各类农产品质量安全检测机构运行管理。组织开展农产品质量安全与营养品质检验检测业务技术能力验证工作，加强抽样等单项和综合能力考核，提升业务适用能力。广泛开展基层检测人员岗位技能培训和考核竞赛，打造一支结构优、业务强、作风硬的农产品质量安全检验检测人才队伍。

三是突出抓好技术创新，引领农产品质量安全检测行业高质量发展。强化农业检验检测适用技术产品信息汇集和应用推广。加快农产品质量安全快速检测技术（产品）研发，在摸清现有底数基础上，引导快速检测技术研发向常规药物、重点品种倾斜。加大"农检三标"（标准物质、标准样品、实物标样）研发，支持破解标准物质等"卡脖子"关键核心技术取得突破。加大针对新污染物、风险因子的筛查和定量高效检测技术研发力度，防范可能出现的农产品质量安全新风险。

43. 如何发挥农产品追溯体系的作用？

党中央高度重视农产品质量安全追溯工作。习近平总书记多次作出重要指示批示，要抓紧建立健全农产品质量和食品安全追溯体系，尽快把全国统一的农产品和食品安全信息追溯平台建立起来，实现农产品生产、收购、储存、运输、销售、消费全链条追溯，用可追溯制度倒逼和引导生产。要完善农产品原产地追溯制度和质量标识制度。要切实提高食品安全监管水平和能力，要加强从"农田到餐桌"全过程食品安全工作，保证广大人民群众吃得放心、吃得安心。

2012 年，国务院印发的《质量发展纲要（2011—2020 年）》提出，健全产品质量追溯体系，强化质量安全监管，增强产品质量安全溯源能力。2015 年，国务院办公厅印发《关于加快推进重要产品追溯体系建设的意见》，对农产品、食品等重要产品追溯体系建设作出了重要部署。2016 年，农业部出台《关于加快推进农产品质量安全追溯体系建设的意见》，指导各地加快推进农产品质量安全追溯体系建设。相关部门也出台了若干农产品追溯管理制度等。当前，国家农产品质量安全追溯管理信息平台已于 2018 年全面推广应用，部省平台对接工作在 2021 年底基本完成，农产品追溯"一张网"初步建成。2022 年，新修订的农产品质量安全法规定，国家对列入农产品质量安全追溯目录的农产品实施追溯管理，农产品追溯体系建设从此进入依法推进阶段。发挥农产品追溯体系的作用，应做好以下 6 个方面工作：

一是要根据新修订的农产品质量安全法要求，加快制定农产品质量安全追溯管理办法和追溯目录，为各地各部门依法开展监管提供法律基础。

二是要围绕农产品追溯目录产品，加强目录产品的追溯管理，督促相关环节市场主体全面落实追溯管理责任。鼓励有条件的地区、领域率先开展追溯管理，总结探索可行的经验模式。

三是要支持品牌农产品企业或行业协会发挥示范引领作用，深入宣传农产品追溯在促进现代农业高质量发展、品牌创建、现代物流、智慧监管、金融保险、卫生安全等领域中取得的积极成果，提高可追溯农产品的市场价值和社会价值。

四是要根据小农户仍是我国农产品市场供应主体的特点，紧紧抓住农业龙头企业、农民专业合作社、家庭农场及收储运主体这些关键点，督促其落实追溯管理责任，带动小农户全面参与追溯管理，确保源头生产主体全面落实质量安全责任。

五是要健全完善国家支持政策，调动相关市场主体实施追溯管理的积极性，提高社会各界参与度。鼓励有条件的农业规模经营主体，实施信息化追溯。

六是要建立健全农产品追溯协作机制。根据职责分工，相关部门分头实施农产品质量安全监督管理，督促本领域相关企业落实追溯管理责任。加强执法监管和追溯信息共享，组织开展预警防控和问题产品召回、查处等工作。

44. 如何推进食品安全放心工程？

《纲要》提出，"深入实施食品安全战略，推进食品安全放心工程"。食品安全是关系国计民生的大事，要以"四个最严"要求为根本遵循，进一步强化风险意识，牢固树立底线思维，坚决筑牢食品安全每一道防线，力求以点带面，提升食品全链条质量安全保障水平。推进食品安全放心工程，需要统筹实施以下10项行动：

一是实施风险评估和标准制定专项行动。系统开展食物消费量调查、总膳食研究、毒理学研究等基础性工作，完善风险评估基础数据库。加强食源性疾病、食品中有害物质、环境污染物、食品相关产品等风险监测，系统开展食品中主要危害因素的风险评估，建立更加适用于我国居民的健康指导值。按照最严谨要求和现阶段实际，制定实施计划，加快推进内外销食品标准互补和协调，促进国民健康公平。

二是实施农药兽药使用减量和产地环境净化行动。开展高毒高风险农药淘汰工作。实施化肥农药减量增效行动、水产养殖用药减量行动、兽药抗菌药治理行动，遏制农药兽药残留超标问题。加强耕地土壤环境类别划分和重金属污染区耕地风险管控与修复，重度污染区域加快退出食用农产品种植。

　　三是实施国产婴幼儿配方乳粉提升行动。在婴幼儿配方乳粉生产企业全面实施良好生产规范、危害分析和关键控制点体系。完善企业批批全检的检验制度，健全食品安全生产规范体系检查常态化机制。禁止使用进口大包装婴幼儿配方乳粉到境内分装，规范标识标注。支持婴幼儿配方乳粉企业兼并重组，建设自有自控奶源基地，严格奶牛养殖饲料、兽药管理。促进奶源基地实行专业化、规模化、智能化生产，提高原料奶质量。发挥骨干企业引领作用，加大产品研发力度，培育优质品牌。

　　四是实施校园食品安全守护行动。严格落实学校食品安全校长（园长）负责制，保证校园食品安全，防范发生群体性食源性疾病事件。全面推行"明厨亮灶"，大宗食品可实行框架协议等采购方式，建立学校相关负责人陪餐制度，鼓励家长参与监督。对学校食堂、学生集体用餐配送单位、校园周边餐饮门店及食品销售单位实行全覆盖监督检查。落实好农村义务教育学生营养改善计划，保证学生营养餐质量。

　　五是实施农村假冒伪劣食品治理行动。以农村地区、城乡结合部为主战场，全面清理无证无照食品生产经营者，严厉打击制售"三无"食品、假冒食品、劣质食品、过期食品等违法违规行为，坚决取缔"黑工厂""黑窝点""黑作坊"，实现风险隐患排查整治常态化。建立规范的农村食品流通供应体系，净化农村消费市场，提高农村食品安全保障水平。

　　六是实施餐饮质量安全提升行动。推广"明厨亮灶"、餐饮安全风险分级管理，支持餐饮服务企业发展连锁经营和中央厨房，提升餐饮行业标准化水平，规范快餐、团餐等大众餐饮服务。鼓励餐饮外卖对配送食品进行封签，使用环保可降解的容器包装。大力推进餐厨废弃物资源化利用和无害化处理，防范"地沟油"流入餐桌。开展餐饮门店"厕所革命"，改善就餐环境卫生。

七是实施保健食品行业专项清理整治行动。全面开展严厉打击保健食品欺诈和虚假宣传、虚假广告等违法犯罪行为。广泛开展以老年人识骗、防骗为主要内容的宣传教育活动。加大联合执法力度，大力整治保健食品市场经营秩序，严厉查处各种非法销售保健食品行为，打击传销。完善保健食品标准和标签标识管理。做好消费者维权服务工作。

八是实施"优质粮食工程"行动。完善粮食质量安全检验监测体系，健全为农户提供专业化社会化粮食产后烘干储存销售服务体系。开展"中国好粮油"行动，提高绿色优质安全粮油产品供给水平。

九是实施进口食品"国门守护"行动。将进口食品的境外生产经营企业、国内进口企业等纳入海关信用管理体系，实施差别化监管，开展科学有效的进口食品监督抽检和风险监控，完善企业信用管理、风险预警、产品追溯和快速反应机制，落实跨境电商零售进口监管政策，严防输入型食品安全风险。建立多双边国际合作信息通报机制、跨境检查执法协作机制，共同防控食品安全风险。严厉打击食品走私行为。

十是实施"双安双创"示范引领行动。发挥地方党委和政府积极性，持续开展食品安全示范城市创建和农产品质量安全县创建活动，总结推广经验，落实属地管理责任和生产经营者主体责任。

45. 如何推进药品质量标准提升？

药品标准是保障公众用药安全有效的重要基础，是推进医药产业高质量发展的重要保障。推进药品质量标准提升，主要有以下 5 个方面工作：

一是提升药品标准整体水平。以临床需求为导向，适应公共卫生需求，进一步提高对高风险制剂的标准要求，强化药品安全性指标的控制，保障临床用药安全。进一步应用现代成熟分析技术和手段，重点解决临床突出问题，服务临床用药需求。进一步加快我国医药创新研发成果的标准转化，填平空白，补齐短板，提升国家药品标准的整体水平。贯彻落实新发展理念，实现药品标准从数量快速增长向高质量发展转变。

二是优化药品标准体系。健全以《中国药典》为核心的国家药品标准体系，进一步完善纵向覆盖凡例、通则、各论、指导原则，横向包括中药、化药、生物制品、药用辅料和药包材，贯穿药物研发、生产、过程控制、质量评价、包装、储藏、运输以及生产检验环境控制等药品全生命周期的质控要求。

三是健全药品标准工作机制。探索完善国家药品标准形成机制，坚持"放、管、服"相结合，努力构建"政府主导、企业主体、专家指导、社会参与、国际协调"的药品标准形成机制。完善药品标准制修订管理机制，进一步完善标准立项、起草、复核、公示、审定等环节的管理制度，实现流程严谨、数据可靠、决策科学，为提高药典编制质量提供有力保障。

四是加强与国际标准的协调。积极参与国际药品标准协调，稳步有序推进《中国药典》与 ICH 指导原则的协调工作。积极参与 ICH 指导原则的制定，提升我国在全球药品标准制定中的影响力和话语权。

五是加快国家药品标准信息化建设。加强药品标准信息化建设，提高公共标准服务水平。探索建立国家药品标准信息平台，建立实时、动态管理的国家药品标准数据库，为监管部门和行业提供准确、快捷、便利的药品标准服务。

46. 如何实施消费品质量提升行动？

《纲要》提出，"实施消费品质量提升行动，加快升级消费品质量标准，提高研发设计与生产质量，推动消费品质量从生产端符合型向消费端适配型转变，促进增品种、提品质、创品牌"。消费品质量事关民生福祉改善，事关消费持续增长，事关经济提质增效升级。促进消费品质量提升，是改善民生的内在需要，是扩大内需的重要基础，是促进出口的有效途径，更是加快建设质量强国、制造强国的重要任务。开展消费品质量提升行动，可以从以下 3 个方面入手：

一是创新消费品供给。开展重点行业工艺优化行动，组织质量提升关键共性技术攻关，支持企业积极应用新技术、新工艺、新材料。鼓励企业优化设计，推广个性化定制、柔性化生产，推动基于材料选配、工艺美学、用户体验的消费品质量变革。加强消费品前瞻性功能研发，扩大优质新型消费品供给，推进食品农产品认证，强化农产品营养品质评价和分等分级，增加老年人、儿童、残疾人等特殊群体消费品供给，围绕消费需求推行高端品质认证，以创新供给引领消费需求。

二是加快标准提档升级。围绕重点行业、重点产品，开展国内外标准比对，对标国际先进标准，不断提升我国消费品标准水平，推动我国主要消费品标准与国际接轨，推进内外贸产品同线同标同质。加快推动家具、照明电器、家用电器等大宗消费品领域标准迭代升级，加大个性定制、智能产品、绿色产品、跨领域组合产品及消费品售后服务等国家标准研制力度，规范和引导新兴产品发展。发挥先进标准领航作用，积极培育适应新产品、新业态发展需求的团体标准。大力推进企业标准管理制度改革，引导企业开展标准自我声明，实施企业标准"领跑者"制度，引导消费者更多选择标准领跑者产品。

三是强化消费品质量监管。制定消费品质量安全监管目录，对质量问题突出、涉及人民群众身体健康和生命财产安全的重要消费品，严格质量安全监管。建立主要消费品质量安全追溯体系，实现来源可查、去向可追、责任可究。加大农村、网售等重点领域消费品质量安全监管力度，督促农村商品经营者和平台内经营者切实履行质量安全主体责任，保护消费者权益。加强获证产品的认证有效性抽查，监测获证产品是否持续符合认证要求，压实认证机构、生产企业主体责任，切实保障认证有效性和公信力，维护消费者权益。

47. 如何制定实施消费品质量安全监管目录？

《纲要》提出，"制定消费品质量安全监管目录，对质量问题突出、涉及人民群众身体健康和生命财产安全的重要消费品，严格质量安全监管"。这是提高监管效能、以监管促消费品质量提升的重要手段。制定实施消费品质量安全监管目录，应该注意把握以下 3 个方面：

一是加强安全评估。充分运用大数据等技术手段，从日常监管、检验检测、召回通报、投诉举报等渠道，广泛采集消费品质量安全数据，加强质量安全形势分析研判，找准找实质量安全问题，推动实现精准监管。

二是加强分类监管。在安全评估基础上，根据消费品质量安全风险高低，分类采取加强监督抽查、生产许可、执法打假、认证认可、风险监测、缺陷产品召回等措施。特别是针对风险高、已出现区域性或行业性质量安全问题苗头的消费品，及时开展专项整治，多措并举、综合施策、严控险情。

三是加强动态调整。组织专家对消费品质量安全状况进行跟踪评估，根据风险评估结果对重点监管的消费品目录进行动态调整。

48. 如何建立实施首台（套）重大技术装备检测评定制度？

《纲要》提出，"建立首台（套）重大技术装备检测评定制度，加强检测评定能力建设，促进原创性技术和成套装备产业化"。首台（套）重大技术装备是指在国内实现重大技术突破、拥有知识产权、尚未取得市场业绩的重大技术装备，事关综合国力和国家安全，在制造业中具有举足轻重的地位。建立实施首台（套）重大技术装备检测评定制度，主要涉及以下 3 个方面工作：

一是明确工作程序。研究制定《中国首台（套）重大技术装备检测评定管理办法》，明确申请、受理、评价、公示、发布的主要程序，定期发布并动态调整通过评定的首台（套）产品目录，作为示范应用的依据。

二是建立组织机构。成立中国首台（套）重大技术装备检测评定工作机构，建立分领域专家组，遴选检测评定机构，组织实施检测评定。

三是完善评价指标体系。将技术创新、质量安全、综合效益等方面作为首台（套）认定标准，对装备产品进行综合评定，促进形成重视首台（套）示范应用的导向。

49. 如何完善重大工程设备监理制度?

《纲要》提出，"完善重大工程设备监理制度，保障重大设备质量安全与投资效益"。重大工程设备是国民经济和社会发展的基础性、战略性物资装备。"十三五"期间，重大工程设备主要涉及的建设项目包括采矿业，制造业，电力、热力、燃气及水生产和供应业，信息传输、软件和信息技术服务业，水利、环境和公共设施管理业等 5 大行业，投资合计 167.57 万亿元，约占全社会固定资产投资 56%，占国内生产总值 37%。重大工程设备具有投资数额大、制造安装周期长、技术含量高、隐蔽工程多、质量安全要求高、不可替代性强等特点，其质量安全关系我国产业结构调整和转型升级效果，直接影响我国实体经济发展的质量和效益。

重大工程设备质量监理，是指设备监理单位接受委托，对重大工程设备、成套装置的设计、制造、储运、安装、调试等过程及结果实施见证、检验、审核等程序，以保障重大工程设备项目的质量安全、工程进度和投资效益等符合有关法律法规、标准规范和合同要求的监督管理活动。建立并实施重大工程设备质量监理制度，是贯彻总体国家安全观，统筹发展和安全，保障国民经济建设质量，促进装备制造业质量效益提升的重要举措。完善重大工程设备质量监理制度，应注重把握以下 4 个方面：

一是加强顶层设计。推动将重大工程设备质量监理纳入相关法律法规调整范围，确立重大工程设备质量保障体系，厘清重大工程设备质量管理中政府和市场的界限，明确重大工程设备质量监理范围，界定重大工程设备质量监理各方的责任关系，建立现代化重大工程设备质量监理市场秩序，对涉及国计民生、公共安全、资源环境的重大工程设备项目实施监理。

二是加快制度建设。按照国务院"放管服"改革要求，深化设备监理单位和设备监理师职业资格制度改革，修订完善关系国计民生、公共安全、资源环境等确需实施监理的重大工程设备目录，调整优化设备监理师报考条件及考试、登记制度，确立以市场主导、部门共管、行业规范、政府监督、社会共治相结合的重大工程设备质量监理制度体系。

三是加强政策引导。引导各级政府和国有企业在产业政策的制定和实施过程中，充分运用设备监理的市场机制和社会力量，保障重大工程设备质量安全和投资效益。加强我国设备监理工程咨询标准体系建设，发挥标准对设备监理工程咨询行业的引领和支持作用，推动标准"走出去"。协调我国设备监理行业与国际工程咨询行业国际互认，确立中国特色的设备监理服务体系在国际技术服务贸易中的地位，促进中国装备"走出去"向产品、标准、服务和品牌等综合体系"走出去"转化。

四是加强诚信自律管理。推进行业诚信自律体系建设，建立行业信用标准和评价指标体系，全面开展行业信用评价和自律管理，构建设备监理单位经营行为和服务质量动态管理机制，探索建立行业信用"红名单""黑名单"制度，落实和强化守信激励、失信惩戒运行机制，充分发挥能力评价和信用评价导向作用，引导设备监理单位和人员规范执业、提升能力，构建统一开放、竞争有序的市场体系。

50. 如何实施质量可靠性提升计划？

《纲要》提出，"实施质量可靠性提升计划，提高机械、电子、汽车等产品及其基础零部件、元器件可靠性水平，促进品质升级"。实施质量可靠性提升计划，主要包括以下8个方面：

一是提升制造业质量与可靠性管理水平。引导企业树立以可靠性为核心的质量管理观，贯彻实施先进质量管理标准。支持开展关键过程能力评价和制造成熟度评价，推进关键典型产品质量安全监管与质量技术帮扶衔接联动。开展质量与可靠性知识普及、对标达标等活动。推动产业链供应链可靠性协同管理。

二是加快可靠性工程技术研发与应用推广。开展可靠性前沿基础理论及应用技术研究，开发可靠性工程新方法和新工具。推广运用先进可靠性管理工具、可靠性设计技术、可靠性分析与评价技术、试验验证技术等，促进产品可靠性持续提升。

三是实施可靠性"筑基"和"倍增"。聚焦机械、电子、汽车等行业，实施基础产品可靠性"筑基"工程，筑牢核心基础零部件、核心基础元器件、关键软件、关键基础材料及基础工艺的可靠性水平。实施整机装备与系统可靠性"倍增"工程，促进可靠性增长。

四是完善可靠性标准体系。加强可靠性标准体系顶层设计，编制制造业可靠性标准体系建设指南，开展可靠性基础共性标准和亟须标准制修订，补齐缺失短板。强化标准宣贯实施，开展可靠性标准化建设与应用试点，加快相关标准推广应用。

五是发挥计量和测试验证对可靠性的支撑作用。加快亟须的标准物质研制和应用，建立一批高准确度、高稳定性计量基准、标准，制修订一批计量技术规范。支持企业改造升级试验检测设施，支持龙头企业、高校与检验检测机构合作搭建专用可靠性试验检测环境。支持第三方机构开发测量仪器和试验设备。

六是深化数字技术在可靠性提升中的应用。宣贯推广企业两化融合度、数据管理等国家标准，提升产品全生命周期数字化管理水平。推动生产制造装备数字化改造，加强智能检测技术与装备应用，提高检验检测效率和精准性。

七是提高可靠性公共服务水平。开展可靠性数据分析，加强典型产品失效机理研究，为产品迭代优化提供技术服务。开展可靠性培训、咨询、诊断等服务。探索推动自愿性产品认证和第三方可靠性评价认证。推动品牌服务专业机构将可靠性管理纳入企业品牌培育管理体系。

八是加强可靠性人才培养。强化可靠性课程和相关专业建设，加快培养高层次可靠性人才。加强可靠性职业教育和技能培训，提高工程技术人员的可靠性实践能力。制定可靠性工作岗位能力标准，开展可靠性工程师等岗位能力评价工作。

51. 重点产品质量阶梯攀登工程包含哪些内容？

《纲要》中设置了"重点产品质量阶梯攀登工程"专栏，以此作为"加快产品质量提档升级"工作的具体抓手。重点产品质量阶梯攀登工程，涉及关键基础材料、基础零部件及元器件、重点消费品、重大技术装备4个方面内容。

一是在关键基础材料领域，推进特种材料、功能材料、复合材料等质量提升关键共性技术研发，加速新材料应用验证和迭代升级，提高材料质量稳定性、一致性和适用性水平。

二是在基础零部件及元器件领域，强化通用型基础零部件质量攻关，加快发展核心元器件，依靠技术进步、管理创新、标准完善，提升零部件及元器件精确性、耐久性、通用性。

三是在重点消费品领域，加强创新创意设计，加快新技术研发应用，推动纺织品、快速消费品、家电家居用品等升级迭代和品牌化发展。加大健身器材和运动用品优质供给，提升移动终端、可穿戴设备、新能源汽车与智能网联汽车等新型消费产品用户体验和质量安全水平。强化玩具、文具等儿童和学生用品益智性、舒适性、安全性，加强养老产品、康复辅助器具等特殊消费品的研发和质量设计。针对家电、家具、可穿戴设备等产品，推广人体工效学设计，加强人体工效基础研究与产品标准研制。

四是在重大技术装备领域，推动新一代信息技术与先进制造技术加速融合，深入实施智能制造工程，大力推进企业技术改造和设备更新，提升品质性能。提升轨道交通装备、工程机械等质量可靠性。加强仪器仪表、农机装备等领域关键部件及整机装备的技术研发和质量攻关，保障产业链供应链安全稳定。开展关键承压类特种设备技术攻关，提升机电类特种设备安全可靠性。

七、提升建设工程品质

52. 如何健全新时代工程质量保障体系？

《纲要》提出，"强化工程质量保障。全面落实各方主体的工程质量责任，强化建设单位工程质量首要责任和勘察、设计、施工、监理单位主体责任。严格执行工程质量终身责任书面承诺制、永久性标牌制、质量信息档案等制度，强化质量责任追溯追究。落实建设项目法人责任制，保证合理工期、造价和质量。推进工程质量管理标准化，实施工程施工岗位责任制，严格进场设备和材料、施工工序、项目验收的全过程质量管控。完善建设工程质量保修制度，加强运营维护管理。强化工程建设全链条质量监管，完善日常检查和抽查抽测相结合的质量监督检查制度，加强工程质量监督队伍建设，探索推行政府购买服务方式委托社会力量辅助工程质量监督检查。完善工程建设招标投标制度，将企业工程质量情况纳入招标投标评审，加强标后合同履约监管"。健全新时代工程质量保障体系，主要包括以下5个方面：

一是强化各方主体工程质量责任。突出建设单位工程质量首要责任，要加强对工程建设全过程的质量管理，切实落实项目法人责任制，严格执行法定程序和发包制度，保证合理的工程设计、建造工期和相关的服务费用及工程造价，全面履行质量管理职责，履行质量保修责任，建立工程质量信息公示制度，接受社会质量监督；落实勘察设计单位质量责任，保证各阶段设计文件深度要求，加强施工交底和施工现场的技术服务，及时依法依规出具勘察设计变更；落实施工单位主体责任、监理责任，完善质量管理体系和岗位责任制度，严格全过程质量管控，加强全面质量管理。严格执行工程质量终身责任书面承诺制、永久性标牌制等制度，强化检验检测、施工记录和质量验收管理，实现质量责任可追溯。

二是完善管理体制机制。改革工程建设组织模式，推行全过程工程咨询、工程总承包，落实工程总承包单位在工程质量安全等方面的责任；完善招标人决策机制，严格评标专家管理，强化招标主体责任追溯，严厉打击围标、串标和虚假招标等违法行为，将企业工程质量情况纳入招标投标评审，加强标后合同履约监管。推行工程质量安全手册制度，推进工程质量管理标准化，建立质量诚信评价机制，规范质量管理行为，以工作质量保证工程质量。深入开展工程质量保险研究，组织开展工程质量保险试点，探索建立工程质量保险制度，加快发展工程质量保险。

三是健全质量标准支撑体系。持续完善工程建设标准体系，推进制定全文强制性工程建设规范工作，逐步形成由法律、行政法规、部门规章中的技术性规定与全文强制性工程建设规范构成的技术法规系统，精简整合政府推荐性标准，培育发展团体标准和企业标准，探索与加快国际标准适应性规则的建立。

四是强化政府的工程质量监督责任。加强政府对工程建设全过程的质量监督，强化工程勘察设计质量监督，提高勘察设计、消防设计水平。完善日常检查、巡查和抽查、抽测相结合的质量监督检查制度，探索推行政府购买服务方式委托社会力量辅助工程质量监督检查。加强工程质量监督队伍建设，创新完善职责明确、边界清晰、运转高效、保障有力、充满活力的工程质量监督管理机制，打造一支政治坚定、素质过硬、纪律严明、作风优良、清正廉洁的工程质量监督队伍。

五是构建新时代工程质量监督体系。进一步厘清各级政府主管部门之间的监督职能和模式，建立数据共享和业务协同的信息平台，有效进行资源整合。根据新时代建筑行业发展和工程质量风险特征，建立科学的工程质量评价指标体系，定期开展质量评价工作。强化示范引领，加快制定企业级《工程质量安全手册》，深入推进工程质量管理标准化，着力提升施工单位质量管理标准化和规范化水平。创新工程质量监督方式，实施数字化监督，建立基于大数据分析的工程质量信息平台，督促落实企业主体责任，创新信息技术手段。

53. 如何创新工程质量监督管理机制？

《纲要》提出，"强化工程建设全链条质量监管，完善日常检查和抽查抽测相结合的质量监督检查制度，加强工程质量监督队伍建设，探索推行政府购买服务方式委托社会力量辅助工程质量监督检查"。高质量发展是建筑业发展的首要任务。建设工程质量形成过程复杂多变、过程较长且不具备可逆性，工程质量监督是建设行政主管部门及所委托的工程质量监督机构根据国家的法律、法规和工程建设强制性标准，对责任主体和有关机构履行质量责任的行为以及实体质量进行监督检查处置，集法律、技术、经济和行政于一体的综合性工作，目的是提升工程质量、维护公众利益、守牢安全底线，代表的是政府为公众利益服务的公信力。新形势下，营建"企业自主、行业自律、政府监管、社会监督、科技赋能"的工程质量工作格局，落实政府监管责任，提升监管效率，要在范围、形式、方法等方面实施创新。主要包括以下 4 个方面：

一是构建以生产高品质建筑产品为目标的全过程监管机制。

以精心打造"好房子"为目的，建立严格、公正、权威、高效的监管制度，建立涵盖工程项目建设各方责任主体的全过程全链条监管机制。提高项目规划设计水平，统筹优化现有监督资源，整合勘察设计质量监督、施工质量监督、竣工验收监督和工程检测监督，实施从设计、施工、验收全周期质量监管。加强装配式建筑质量监管，严格住宅工程分户验收制度，推行信息公示及业主开放日制度，推广"先验后收"交付方式。加强工程建设参建各方责任主体的质量行为和实体质量监督管理，严厉查处各类违法违规行为，根据行政责任追究制度的要求，正确行使行政处罚权手段。进一步规范涉及工程结构安全和重要使用功能的检测工作，健全质量投诉处置，加强部门之间协同，切实维护人民群众的切身利益。

二是创新工程质量监督管理模式。坚持"属地监督、层级指导、依法监管、尽职履责、全面覆盖"的原则，加快工程质量监督管理创新与实践，明确工程质量监督监管职责，厘清权责界限，统一执法流程，制定各级（各方）职责清单，科学、公开、公正、公平依法开展监督工作。推行省市县（区）三级"数据一个库、监管一张网、管理一条线"的"互联网+监管"模式。完善日常检查和抽查抽测相结合的质量监督检查制度，积极推广举牌验收制度，在项目重点建材、重要检测、关键工序、重要隐蔽工程和重要节点验收时，留存验收人员与工程验收牌、实体部位影像资料，实现工程质量安全可追溯。推行工程质量风险分类分级管控预防机制，压实各方责任及措施，实施差异化、规范化、标准化动态监管。鼓励采取政府购买服务的方式，委托具备条件的社会力量进行工程质量监督辅助检查和抽测，探索工程监理企业参与监管模式。组织开展工程质量评价，加强评价成果应用，探索将评价结果纳入政府质量考核指标。

三是加强工程质量监督队伍建设。健全省、市、县监管体系，强化层级监督管理与指导。加强建设工程质量监督机构和人员的考核管理和业务指导，配齐配足专业监督人员和抽测设备、交通工具，所需经费由同级财政预算全额保障。打造一支业务素质过硬、纪律严明，具备专业化和数字化监督手段的质量监督队伍，保证科学、公正、独立履行监督职能。

四是科技赋能工程质量监督。打造统一的建筑业大数据平台。实现工程建设项目审批管理系统、全国建筑市场监管公共服务平台、全国工程质量安全监管平台的互联互通，探索建立大数据辅助监督和决策的机制。探索建立"互联网+监管"模式，充分运用大数据、云计算等信息化手段和差异化监督方式，实现过程留痕、结果公开。推进建设工程质量检测机构资质证书电子化，督促地方建立信息化管理系统，对检测业务受理、数据采集、报告出具、归档等检测活动进行信息化管理，完善全国工程质量安全监管信息平台工程质量检测子系统，推动信息归集共享应用。

54. 为什么要健全建设工程质量指标体系和评价制度？

《纲要》提出，"健全建设工程质量指标体系和评价制度"。

健全建设工程质量指标体系和评价制度是贯彻党中央、国务院建设质量强国决策部署的一项重要举措，是以提升工程品质为目标、以完善质量保障体系为抓手、以创新质量发展机制为导向的新型工程质量管理制度。通过开展工程质量评价工作，查找问题，补足短板，不断健全建设工程质量治理体系，全面提升建设工程质量水平和人民群众对建设工程品质的满意度。

当前，我国建设工程质量发展不平衡不充分的问题仍比较突出，工程质量管理较为粗放，无法有效实施精细化和差异化管理。全国工程质量情况底数不清，难以客观衡量质量发展水平和区域质量差异，对建筑工程质量状况缺乏定量评价。目前，住房和城乡建设部正在开展建筑工程质量评价试点工作，通过试点，抓两头带中间，有序推进建筑工程质量评价工作，逐步建立科学合理、系统完备、可感知可量化的建筑工程质量评价指标体系，客观衡量地区工程质量发展水平。

同时，引导社会力量参与质量监督，构建社会共建共治共享质量体系，提升建设工程品质。通过政府购买服务等方式，委托第三方评价机构，依据质量评价指标体系，独立、客观、公正、专业地开展建设工程质量评价工作。运用评价成果，比对地区间及城市间建设工程质量水平的高低，加大对质量发展水平低的地区和城市的督促指导力度，帮助找差距、补短板，逐渐缩短地区间及城市间的建设工程质量水平差距。研究分析工程质量主要问题和不足，总结各地建筑工程质量管理工作好的政策、措施和普遍性的问题，完善建筑工程质量管理制度体系和政策措施，不断提升我国建设工程质量治理能力和水平，推动建筑业高质量发展。

55. 为什么要推动发展工程质量保险？

改革开放以来，经过四十余年的发展，我国工程质量管理"四梁八柱"制度体系基本建立，形成包括施工图设计文件审查、施工单位自检、监理单位复验、建设单位组织竣工验收、政府监督抽查以及质量保修等在内的质量管理机制。实践证明，这套质量保障体系能够守住不发生系统性风险的质量底线要求，为实现国民经济持续健康发展、城乡统筹建设、社会和谐稳定和人民安居乐业发挥了重要作用。

进入新时代，人民群众对美好生活的需求持续提升，但我国建筑质量整体不高，不同地区、企业和项目质量水平存在差异，政府监管力量不足，数字化、智能化技术对监管赋能不足，主体质量行为难以把控，市场对工程质量的保障和促进作用没有得到充分发挥，违法违规行为时有发生，难以有效满足人民群众质量获得感。

工程质量保险运用市场化手段，通过建设单位对在建工程投保，保险公司根据保险合同约定，对在保险范围和保险期限内，由于工程质量潜在缺陷所导致的被保建筑物的物质损坏，履行赔偿义务，同时保险公司委托工程质量风险管理机构，对工程建设全过程进行质量风险辨识、评估、提出风险控制的处理建议，并督促有关参建单位整改以减少风险。总体上讲，工程质量保险可以作为现有质量保障体系的有益补充，有效发挥"托底"和"补缺"作用，在一定程度上解决参建主体质量行为难以管控和监管力量不足等问题。

党中央、国务院高度重视工程质量保险工作。2016年，中共中央、国务院印发《关于进一步加强城市规划建设管理工作的若干意见》，要求"实行工程质量责任保险制度"。2017年，国务院办公厅印发《关于促进建筑业持续健康发展的意见》，要求"推动发展工程质量保险"。2019年，国务院办公厅转发住房和城乡建设部《关于完善质量保障体系提升建筑工程品质指导意见的通知》，提出要"组织开展工程质量保险试点，加快发展工程质量保险"。

我们要深入贯彻党中央、国务院决策部署，充分认识到推进工程质量保险是加强质量监管、保障工程质量的重要路径，是增强工程质量安全保障能力、推进国家治理体系和治理能力现代化的有效方式。要以推动工程建设高质量发展、满足人民日益增长的美好生活需要为目的，积极推动发展工程质量保险，运用市场化手段完善质量监管机制。

56. 如何提高建筑材料质量水平？

《纲要》提出，"提高建筑材料质量水平"。提高建筑材料质量水平，可以从以下6个方面着手：

一是加强建材生产与应用的联动。统筹建材生产、应用、标准、评价等环节，加强建材生产与应用的上下游互动，推动形成市场化的建材应用需求反馈机制，强化应用对建材生产的引导作用。

二是提升建材性能和品质。加快高强度持久、可循环利用、绿色环保等新型建材研发与应用，推动钢材、玻璃、陶瓷等传统建材升级换代。加快发展适用于多种场景的绿色建材产品，开发针对农村市场的产品和整体解决方案。开展绿色建材质量提升行动，推进绿色建材产品质量分级评价体系建设。鼓励企业加大品牌建设投入，完善品牌服务，提升企业和产品品牌影响力。

三是大力发展绿色建材。完善绿色建材产品标准和认证评价体系，倡导选用绿色建材。深化开展绿色建材下乡活动和政府采购试点城市建设。进一步扩大绿色建材产品认证目录范围，制定覆盖建材全行业的绿色建材产品目录，制定绿色建材碳排放相关技术要求和标准。充分利用各类媒介，采取多渠道多方式，强化绿色生产和消费理念，通过多种形式及时总结推广好的经验做法。

四是鼓励发展装配式建筑部品部件。构建装配式建筑标准化设计和生产体系，推动生产和施工智能化升级，扩大标准化构件和部品部件使用规模。鼓励企业建立装配式建筑部品部件生产、施工、安装全生命周期质量控制体系，推行装配式建筑部品部件驻厂监造。

五是落实建材质量责任制。落实建材生产和供应单位终身责任，规范建材市场秩序。严格建材使用单位质量责任，强化影响结构强度和安全性、耐久性的关键建材全过程质量管理。

六是加强建材质量监管。加大对外墙保温材料、水泥、电线电缆等重点建材产品质量监督抽查力度，实施缺陷建材响应处理和质量追溯。开展住宅、公共建筑等重点领域建材专项整治，促进从生产到施工全链条的建材行业质量提升。

57. 如何发展绿色建筑？

《纲要》提出，"大力发展绿色建筑"。绿色建筑是在全生命期内，节约资源、保护环境、减少污染，为人们提供健康、适用、高效的使用空间，最大限度地实现人与自然和谐共生的高质量建筑。发展绿色建筑是转变城乡建设发展模式、实现城乡建设领域碳达峰的重要举措，是满足人民日益增长的美好生活需要的重要抓手。我国绿色建筑工作起步于 21 世纪初，相对于发达国家晚 30 年左右，但发展的速度非常快，已形成目标清晰、政策配套、标准较为完善的绿色建筑推进体系。截至 2021 年，全国累计建成绿色建筑面积超过 85 亿平方米，2021 年全国城镇新建绿色建筑占当年新建建筑面积比例达到 84%。下一步，重点要从以下 5 个方面推进工作：

一是加强政策引导。加强绿色建筑市场化发展机制建设，进一步完善发展高星级绿色建筑的激励政策，探索绿色金融支持绿色建筑发展的政策措施，推动绿色建筑和绿色金融协同发展。

二是完善标准体系。修订完善绿色建筑评价标准，与全文强制性国家规范有效衔接，强化绿色低碳性能要求，进一步优化评价指标体系，推动城镇新建建筑全面执行绿色建筑标准。

三是开展创建行动。持续推动各地开展绿色建筑创建行动，加快开展星级绿色建筑认定，提高星级绿色建筑占比，促进高品质绿色建筑规模化发展。

四是推动产业发展。鼓励绿色建筑技术科技创新，支持绿色建筑在设计、建造、绿色建材产品应用等领域的科技研发和成果转化，推动绿色建筑产业链高质量发展。

五是加强宣传推广。加强舆论引导，积极开展绿色建筑宣传活动，多渠道、多种形式宣传绿色建筑政策法规、技术标准、典型案例、先进经验，提升群众对绿色建筑的感知度与获得感。

58. 如何推进建设工程质量管理标准化？

《纲要》提出，"推进建设工程质量管理标准化"。建设工程质量管理标准化是指通过建立健全企业质量管理、施工项目质量管控、涉及结构安全的进入施工现场的材料和设备质量控制、工程实体质量控制、工序质量过程控制等管理制度、工作标准和操作规程，建立工程质量管理长效机制。推行建设工程质量管理标准化，参建企业是主体，施工现场是核心，监管部门是关键，主要包括以下 3 个方面：

一是强化组织部署，有序开展试点工作。强化组织领导，制定工作方案，出台指导性文件，系统部署标准化推进工作。按照"试点先行、分类指导，以点带面、稳步推进"的原则，明确职责细化措施，有序推动试点工作。以施工项目为载体，强化全过程控制和全员管理标准化，建立从资料到实体、材料到工序、过程到验收、项目到企业、实施到评价等不同层次的管理制度；以样板示范为路径，现场展示关键部位与工序的技术、施工要求，强化智慧工地、精益建造和精细管理相互融合，鼓励企业实施质量品牌战略，提高全生命周期管理能力，促进工程质量管理标准化、均衡化发展。

二是强化措施执行，有效落实各方责任。首先，推进质量行为标准化。按照"体系健全、制度完备、责任明确"的要求，认真履行质量管理体系建立、机构设置、人员配备、制度实施等质量责任，强化建设单位工程质量首要责任和勘察、设计、施工、监理单位主体责任，严格执行工程质量终身责任书面承诺制、永久性标牌制、质量信息档案等制度，强化质量责任追溯追究。其次，推进实体质量控制标准化。按照"质量标准样板化、方案交底可视化、操作过程精细化"的要求，建立基于质量行为标准化和工程实体质量控制标准化为核心内容的指标体系和评价制度，强化企业和项目的质量管理责任，提升全过程质量控制水平。再次，推进监督管理工作标准化，按照"职责明确、程序清晰、行为规范"的要求，加强质量监督队伍建设，升级推广质量监督信息化系统，明确质量监督内容、统一监督工作程序、规范质量监管行为，利用信息化手段覆盖监督全过程，在工作中查问题、排隐患、找原因、提措施，落实部门监管责任，保障工程质量安全。

三是强化统筹结合，有力提升工程品质。加大统筹力度，整合管理措施，持续完善优化，建立长效机制。以推行工程质量管理标准化为抓手，与住宅工程质量常见问题治理结合，以影响使用功能的渗、漏、裂为突破口，组织编制《工程实体质量控制标准化图集》《质量常见问题防控标准化图册》等，指导施工企业和项目加强质量常见问题防治；以"互联网+监管"和"双随机、一公开"为手段开展工程质量督查；与日常质量监管工作结合，强化事前事中事后全链条监管，将质量管理标准化工作贯穿到日常工作中，在制定监督计划、开展监督交底时提出要求，将监督检查情况纳入质量监督报告内容，强化监督抽查结果闭环处理，严把质量验收"最后一公里"。倒逼参建主体落实质量责任，加强完善质量体系建设，提高项目质量管控能力，积极实践不断改进，提升建筑工程品质。

59. 如何打造样板示范工程？

《纲要》提出，"实施样板示范。以现场示范操作、视频影像、实物展示等形式展示关键部位与工序的技术、施工要求，引导施工人员熟练掌握质量标准和具体工艺。积极实施质量管理标准化示范工程，发挥示范带动作用，推动工程建设领域优质化、品牌化发展。推动精品建造和精细管理，建设品质工程"。打造样板示范工程，主要包括以下5个方面：

一是建立样板示范工程创建机制。发动建设单位和勘察、设计、施工、监理单位共同参与，明确各方质量责任，规范各方质量行为，形成可追溯质量记录，建立可复制推广的项目质量管理各方协同机制。明确企业精益建造理念，制定包含样板示范工程确定、实施策划、过程管控、结果验证、成果推广的全过程管理制度和工作流程，总结和固化经验成果，组织各层级质量观摩活动，加速优秀经验推广，发挥示范引领作用。

二是确立样板示范工程实施标准。以强化企业质量管理为核心，逐级分解质量目标到关键工序部位，明确样板示范工程管理人员数量和素质要求，设定原材料、施工人员等重要资源选用标准，制定关键部位、重要工序预控方案，通过工艺试验、实操示范、互动展示等方式，严格实施与检查，以确保方案落地。做实样板引路，制定样板实施计划，应用 BIM 技术、二维码技术、VR 技术和物联网技术，将实体样板和数字样板相结合，丰富技术方案和质量标准交底手段。

三是实施质量管理标准化举措。推行工程质量管理行为标准化和实体质量标准化管理，制定清单，明确职责，实施监督考核，落实工程质量安全手册制度，通过标准化管理动作规范管控流程，约束参建人员的质量行为，通过实体质量标准化，减少质量常见问题的发生。开展施工技术标准化培训和考核，提高工程操作层的质量标准。开展设计深化和技术优化，提高图纸可实施性，提升施工过程绩效和工程实体品质。借鉴制造业 PDM、PLM 等先进经验做法，建立持续改进提升的质量运行机制。

四是推进建筑行业创新成果应用。通过分析建筑行业新形势和企业面临的共性问题，探索和应用创新管理方法和工艺做法，加速以建筑工业化为主的建造方式升级，倡导推进智慧建造、绿色建造，在样板示范工程中充分体现创新成果的价值，引导建筑行业高质量发展。积极推广数智技术，展现智慧工地、建筑机器人、数字协同等先进科技手段在质量标准控制、质量工作提效等方面的实施效果。

五是树立过程精品工程创建意识。强化工程质量底线红线控制，开展全文强制性工程建设规范等的全面贯彻实施活动。培养员工质量创效和质量品牌意识，开展对标先进、学习标杆活动，营造良好的质量氛围，组织质量技术研究攻关，开展群众性质量管理活动，加速质量管理方法创新，建立过程质量管理责任认定和追责机制，对违规行为依法处罚，对质量结果奖优罚劣，强化导向，提升全员精品意识。

八、增加优质服务供给

60. 提高生产服务专业化水平要把握哪些重点领域？

《纲要》提出，"提高生产服务专业化水平"。生产性服务业是指为保持工业生产过程的连续性、促进工业技术进步、产业升级和提高生产效率提供保障服务的服务行业。它是与制造业直接相关的配套服务业，是从制造业内部生产服务部门独立发展起来的新兴产业，本身并不向消费者提供直接的、独立的服务效用。近年来，我国生产性服务业呈现快速发展态势，占服务业增加值的比重稳步提升。但支撑我国质量强国建设的生产性服务业整体水平还不高，生产性服务业与制造业、农业和其他服务业的融合效率远低于发达国家的水平。《纲要》聚焦我国生产性服务业，在农业社会化服务、科技服务、金融服务、物流服务、售后服务等方面提出了具体的政策措施。

在农业社会化服务领域，大力发展农业社会化服务，开展农技推广、生产托管、代耕代种等专业服务。充分发挥农业社会化服务在集成推广应用绿色优质新品种、先进适用技术和现代物质装备中的重要作用，促进服务与科技深度融合，着力解决农业科技落地的"最后一公里"问题。

在科技服务领域，发展智能化解决方案、系统性集成、流程再造等服务，提升工业设计、检验检测、知识产权、质量咨询等科技服务水平，推动产业链与创新链、价值链精准对接、深度融合。鼓励科技服务机构加强区域协作，推动科技服务业协同发展，加强国际交流与合作，培育具有全球影响力的服务品牌。

在金融服务领域，统筹推进普惠金融、绿色金融、科创金融、供应链金融发展，完善金融支持科技创新体系，促进实现金融与科技、产业良性循环，提高服务实体经济质量升级的精准性和可及性。

在物流服务领域，加快建设现代物流体系，促进物流提质增效降本，积极发展多式联运、智慧物流、供应链物流，补齐产地冷链物流设施短板，提升冷链物流服务质量，优化国际物流通道，提高口岸通关便利化程度。加快发展海外仓等外贸新业态。

在售后服务领域，加强重大装备、特种设备、耐用消费品的售后服务能力建设，提升安装、维修、保养质量水平。积极运用互联网、物联网、大数据等信息技术，发展远程检测诊断、运营维护、技术支持等售后服务新业态。完善售后服务标准，健全售后服务认证制度和质量监测体系，不断提高用户满意度。

61. 如何促进生活服务品质升级？

《纲要》提出，"促进生活服务品质升级"，并对未来一个时期生活服务质量提出了明确目标。《中华人民共和国国民经济和社会发展第十四个五年规划和2035年远景目标纲要》提出要"加快生活性服务业品质化发展"，"以提升便利度和改善服务体验为导向，推动生活性服务业向高品质和多样化升级"。生活性服务业是服务业重要组成部分，与老百姓生活密切相关。近年来，我国生活性服务业发展取得显著成效，供给质量水平持续改善，有力支撑人民美好生活需求。但总体上看，我国生活性服务业发展仍然存在有效供给不足、便利共享不够、质量标准不高等问题。促进生活服务品质升级，需要从以下3个方面不断加强：

一是不断丰富生活服务优质供给。聚焦与人民生活密切相关的生活服务领域，鼓励各类市场主体根据消费升级发展趋势，创新服务业态和商业模式，优化服务供给，增加短缺服务，开发新型服务，重点加强社区服务等基础性、普惠性生活服务。大力发展大众餐饮服务，创新丰富家政服务，大力发展公共交通，引导网约出租车、定制公交等个性化出行服务规范发展，积极培育体育赛事活动、社区健身等服务项目。深化产业融合，推进数字化智能化改造和跨界融合，鼓励超市、电商平台等零售业态多元化融合发展，充分利用线上线下渠道满足服务消费需求。引导生活服务企业积极运用互联网等现代信息技术提升服务管理水平，拓展服务维度，精细服务环节，改进服务流程，延伸服务链条，发展智慧服务。

二是推进生活服务业质量品牌建设。健全生活服务标准，引导服务企业坚持质量第一、诚信经营，强化质量责任意识，制定高于国家标准或行业标准的团体标准、企业标准。探索建立优质服务承诺认证、标识制度，引导企业作出优质服务承诺，推动服务质量信息公开，倒逼提升服务质量。推广先进质量管理体系和方法，强化服务品牌建设，培育中国服务品牌和具有地方特色的区域服务品牌。提升服务从业人员素质，推进生活性服务业职业化发展，鼓励企业加强员工培训，增强爱岗敬业的职业精神和专业技能，提高职业素质。

三是加强生活服务质量监督监测。建立以"双随机、一公开"监管为基本手段、以重点监管为补充、以信用监管为基础的新型服务质量监管机制。积极适应服务经济新业态、新模式特点，坚持包容审慎监管，为新兴服务产业营造良好发展环境。加快构建模型统一、方法一致、结果可比的服务质量监测体系，督促引导社会各方提高服务质量水平。

62. 如何提升公共服务质量效率？

《纲要》提出，"提升公共服务质量效率"。公共服务包括基本公共服务、普惠性非基本公共服务两大类。基本公共服务由政府承担保障供给数量和质量的主要责任，引导市场主体和公益性社会机构补充供给。非基本公共服务由政府通过支持公益性社会机构或市场主体，增加服务供给、提升服务质量。近年来，我国公共服务体系建设取得突出成就，基本公共服务标准体系逐步形成，义务教育、公共卫生等领域服务设施更加完善，社会兜底能力和保障水平显著提高，公共服务质量满意度水平逐年提升。但同时也要看到，我国公共服务发展不平衡不充分的问题仍然比较突出，主要体现在一些基本公共服务仍然存在短板弱项，非基本公共服务供给还有不足，优质公共服务资源总体短缺，公共服务资源配置机制不尽完善，公共服务设施布局与人口分布匹配不够，服务效能有待提高。提升公共服务质量效率，要求加快补齐基本公共服务短板，着力增强非基本公共服务弱项，不断完善公共服务质量标准，实现基本公共服务均等享有、便利可及，推动普惠性非基本公共服务付费可享有、价格可承受、质量有保障、安全有监管。

一是加强公共服务质量标准体系建设。健全完善基本公共服务标准体系，建立基本公共服务动态调整机制，完善常住地提供基本公共服务制度，围绕公共教育、就业创业、社会保险、医疗卫生、社会服务、住房保障、公共文化体育、优抚安置、残疾人服务等领域，推动城乡区域基本公共服务制度统一、质量水平有效衔接。持续开展国家基本公共服务标准化试点，加强养老服务质量标准与评价体系建设，扩大日间照料、失能照护、助餐助行等养老服务有效供给，积极发展互助性养老服务。健全医疗质量管理体系，完善突发公共卫生事件监测预警处理机制。

二是加强公共服务设施和能力建设。聚焦不同公共服务领域供给短板问题，针对性加强服务设施和能力建设。围绕城乡居民生活便利化、品质化需要，加强便民服务设施建设。加强基层公共就业创业服务平台建设，强化职业技能培训、用工指导等服务。加强公共配套设施适老化、适儿化、无障碍改造。建设高质量教育体系，推动基本公共教育、职业技术教育、高等教育等提质扩容。按照常住人口规模和服务半径统筹基本公共服务设施布局和共建共享，促进基本公共服务资源向基层延伸、向农村覆盖、向边远地区和生活困难群众倾斜。

三是创新公共服务供给方式。充分运用大数据、云计算、人工智能、物联网、区块链等新技术手段，为人民群众提供更加智能、更加便捷、更加优质的公共服务。发挥"互联网+政务服务"作用，推动政务服务联动审批、一窗通办、网上办理、跨省通办，提高服务便利度。大力推动图书馆、博物馆等公共文化场馆数字化发展，加快线上线下服务融合。推动非基本公共服务提供主体多元化、提供方式多样化。在托育、养老等供需矛盾突出的服务领域，支持社会力量扩大普惠性规范性服务供给。鼓励社会力量参与公共服务供给。

四是加强公共服务质量监督监测。聚焦重点公共服务领域，推动制修订相关法律法规和标准规范，加强服务质量监督监测。健全公共服务机构评审评价体系，鼓励开展第三方服务认证，推行服务承诺和服务公约制度。发挥社会监督作用，拓宽公众参与监督的渠道，推广服务质量社会监督员制度，鼓励第三方服务质量调查。

63. 如何提升农产品冷链物流服务质量？

我国是农业大国，由于农产品具有易腐烂、易变质等特点，使得其在流通环节上成本高、损耗大。为有效降低农产品的损失率，必须进行低温冷藏运输。近几年国家十分重视农产品冷链物流建设，《"十四五"冷链物流发展规划》对进一步完善农产品产地冷链物流设施布局、构建农产品产地冷链物流服务网络、创新产地冷链物流组织模式等工作提出明确要求。《"十四五"全国农产品产地仓储保鲜冷链物流建设规划》重点聚焦农产品产地端，明确"一个网络、五大支撑"的产地冷链物流体系建设思路、原则、目标、任务。提升农产品冷链物流服务质量，要把握好以下3项重点工作：

一是围绕生鲜农产品生产重点村镇，支持建设产地仓储保鲜设施；围绕产地流通重要节点，鼓励引导社会资本建设产地冷链集配中心和产地骨干冷链物流基地。增强产地贮藏保鲜和商品化处理能力。

二是壮大一批产地冷链物流运营服务主体，打造一批低温处理、集中仓储、冷链配送、运营管护、技术保障等社会化服务新模式新业态，构建网络化经营、专业化服务的产地冷链物流服务体系。

三是适配农业产业发展，合理布局产地冷链物流设施。改善产地冷链物流技术装备，制修订一批产地冷链物流标准，提升绿色化数字化标准化水平，促进农产品产后损失显著下降。

64. 如何推动航空公司和机场建立旅客服务质量管理体系？

《纲要》提出，"推动航空公司和机场全面建立旅客服务质量管理体系，提高航空服务能力和品质"。建立完善的旅客服务质量管理体系，是航空公司和机场提升服务管理水平的重要抓手。推动航空公司和机场建立旅客服务质量管理体系，应从以下5个方面入手：

一是明确企业服务文化和管理目标的制定原则，增强内部凝聚力。要求航空公司和机场根据自身发展情况，构建企业服务文化，并通过提炼总结、培训宣贯、学习实践、文化传播、理念创新等多种措施持续推进服务文化建设，营造浓厚的服务氛围。同时，督促航空公司和机场在制定服务质量管理目标时，以提升旅客"真情服务"获得感为核心，建立航班正常率、旅客满意度、投诉率等量化考核指标。

二是完善企业服务质量管理组织架构，为服务工作提供保障。首先，要求航空公司和机场设立一名副总经理或以上职级人员作为服务质量工作的最高管理者。其次，督促年旅客运输量、旅客吞吐量1000万人次以上的航空公司和机场组建独立设置的、专门的服务质量管理部门；年旅客运输量、旅客吞吐量1000万人次以下的航空公司和机场可根据实际情况在其他部门内成立专门的服务质量管理机构，要求专人专岗负责。同时，明确服务质量相关部门及合约方的职责及管理要求，为服务质量管理工作提供支撑。

三是建立服务风险管控机制，有效规避服务风险。督促航空公司和机场树立风险管理理念，制定服务质量风险管理制度和程序，综合利用主动的、被动的和预测性的服务数据、信息等收集方法，重点关注并识别标准制度、设备设施、人员配置、服务流程、服务信息、教育培训、工作环境、管理监督等方面的风险源，对风险源可能导致的不利后果进行分析评估，确定风险等级，并制定风险控制措施，以有效防范服务危机事件发生。

四是加强服务监测与评价，持续改进服务质量。引导航空公司和机场综合运用多种调查和测评方法，全方位开展旅客需求与分析研究。同时，通过服务质量检查、旅客投诉分析、满意度测评、内部审核、管理评审和舆情监测等多种服务监测、评价方式，及时检验服务工作策划环节的充分性、适宜性和有效性，结合监测结果制定改进方案并监督落实，实现服务工作闭环管理。

五是坚持服务创新，提升服务管理的智慧化水平。要求航空公司和机场以旅客需求为导向，不断创新服务理念、管理模式和服务产品，为提升服务质量提供持续动力。同时，注重新技术开发和应用，建立配套的激励机制，推动大数据、云计算、人工智能等新技术在民航服务领域的深度应用，进一步提升服务效率和水平。

65. 如何加强医疗卫生机构适老化改造？

《纲要》提出，"加强公共配套设施适老化、适儿化、无障碍改造"。医疗卫生机构适老化改造是其中的重要内容。目前，我国正在开展建设老年友善医疗机构工作，要求综合性医院、康复医院、护理院和基层医疗卫生机构等为老年人提供医疗服务的医疗卫生机构，从老年友善文化、管理、服务、环境4个方面，全面落实老年人医疗服务优待政策，优化老年人就医流程，提供老年友善服务。

一是弘扬老年友善文化。要求机构愿景或文化中有关心、关爱老年人、保障老年人权益、维护老年人尊严等内容，职工手册、行为守则等规范中有对老年人态度、行为和用语等要求。

二是优化老年友善管理。建立老年友善医疗机构的运行机制，主要是具有老年医学服务特点的技术规范和持续改进机制，老年学和老年医学知识、技能等教育培训长效机制，老年患者双向转诊机制，形成医联体协作管理模式。

三是发展老年友善服务。完善电话、网络、现场预约等多种挂号方式，畅通老年人预约挂号渠道。优化服务流程，建立老年人就医绿色通道。在老年医学科或内科门诊开展老年综合评估服务，对老年患者高风险因素给予早期识别与干预，保障医疗安全。通过签约、巡诊等多种方式为确有需要的老年人开展上门诊疗、康复、照护等个性服务，为老年人提供远程医疗服务。注重对老年综合征、衰弱、失能、失智的评估与干预，开展多学科合作诊疗。对住院老年患者进行高风险筛查，建立风险防范措施与应急预案、高风险筛查后知情告知制度。

四是营造老年友善环境。在门急诊、住院病区配备有辅助移乘设备，主出入口处有方便老年人上下车的临时停车区和安全标识，所有出入口、门、台阶、坡道、转弯处、轮椅坡道及信息标识系统等的设置均应当符合国家标准。设置无障碍卫生间，保持适老性病房温馨整洁。

根据《"十四五"健康老龄化规划》要求，到 2025 年，85%以上的综合性医院、康复医院、护理院和基层医疗卫生机构将成为老年友善医疗机构。

66. 如何推动医养结合高质量发展？

《纲要》指出，"完善城乡医疗服务网络"，"加强养老服务质量标准与评价体系建设，扩大日间照料、失能照护、助餐助行等养老服务有效供给"。医养结合，就是医疗卫生服务与养老服务相结合，是指面向居家、社区和机构养老的老年人，在日常生活照料的基础上，提供所需的医疗卫生相关服务，通过将相对独立的医疗卫生资源和养老服务资源进行有效结合，实现资源共享、服务衔接。经国务院同意，国家卫生健康委会同国家发展改革委等部门印发《关于深入推进医养结合发展的若干意见》《关于进一步推进医养结合发展的指导意见》等，提出了多项政策措施，推动医养结合高质量发展。

一是发展居家社区医养结合服务。支持有条件的医疗卫生机构为居家失能（含失智）、慢性病、高龄、残疾等老年人提供居家医疗服务。实施社区医养结合能力提升行动，改扩建一批医养结合服务设施。有条件的地方可为老年人免费接种流感、肺炎等疫苗。

二是推动机构深入开展医养结合服务。鼓励医疗卫生机构依法依规在养老服务机构设立医疗服务站点，推动医疗卫生机构将上门医疗服务向养老机构拓展。推动养老机构改造增加护理型床位和设施，鼓励大型或主要接收失能老年人的养老机构内部设置医疗卫生机构。

三是优化服务衔接。推动社区医疗卫生、养老服务、扶残助残等公共服务设施统筹布局、资源共享。将养老机构内设的医疗卫生机构纳入医疗联合体管理，实现医疗、康复、护理、养老服务资源的高效协同。鼓励基层积极探索相关机构养老床位和医疗床位按需规范转换机制。

四是完善支持政策。完善公立医疗卫生机构开展上门医疗服务和养老服务的价格政策，加大医保支持力度，合理确定养老机构内设医疗卫生机构医保总额控制指标，鼓励有条件的地方预付部分医保资金。盘活土地资源，优先保障接收失能老年人的医养结合项目用地需求。

五是多渠道引才育才。引导医务人员从事医养结合服务，基层卫生健康人才招聘、使用和培养等要向提供医养结合服务的医疗卫生机构倾斜，公立医疗卫生机构在内部绩效分配时，对完成居家医疗服务、医养结合签约服务等较好的医务人员给予适当倾斜。

六是强化服务监管。将医养结合服务纳入医疗卫生行业、养老服务行业综合监管和质量工作考核内容，将相关机构纳入医疗卫生机构和养老机构"双随机、一公开"监督抽查范围。严格执行传染病防控和医疗机构感染防控各项要求，严格落实安全生产和消防安全主体责任。

67. 如何完善城乡医疗服务网络？

《纲要》提出，"完善城乡医疗服务网络"。2015 年以来，国务院办公厅先后印发《关于推进分级诊疗制度建设的指导意见》《关于推进医疗联合体建设和发展的指导意见》等文件，指导各地推进医联体建设和发展，以构建基层首诊、双向转诊、急慢分治、上下联动的分级诊疗格局为目标，逐步形成城市医疗集团、县域医疗共同体、专科联盟和远程医疗协作网等多种形式的医联体组织模式。

一是持续推动分级诊疗制度建设，优化城乡医疗资源配置。网格化布局组建紧密型城市医疗集团和县域医共体，推动人、财、物、信息系统等统筹管理，同步提升服务能力，为网格内居民提供同质化、连续性的医疗卫生服务。积极推动远程医疗建设，完善省—地市—县—乡—村五级远程医疗服务网络，运用远程医疗技术强化对口帮扶工作，推动优质医疗资源下沉。截至目前，远程医疗服务平台已覆盖全国所有省份，地市级远程医疗服务覆盖率达到 100%，县（区、市）远程医疗服务覆盖率已达到

90%以上。

二是加强国家医学中心和国家区域医疗中心设置和建设，构建公立医院高质量发展新体系。不断推进国家医学中心和国家区域医疗中心设置和建设工作。截至目前，已设置心血管病、癌症、老年等13个类别的国家医学中心和儿童类别的国家区域医疗中心，已开展23个省份的76个国家区域医疗中心建设项目，并启动第五批区域医疗中心建设项目的遴选工作，为实现"大病不出省"、满足人民群众看病就医需求奠定坚实基础。研究启动"十四五"时期国家医学中心建设工作，依托高水平医院建设国家医学中心，着力解决卫生健康领域的全局性、先进性和"卡脖子"问题，引领我国临床医学和研究转化迈入世界先进水平。

三是开展多项工作促进城乡融合，提升县医院居民健康"守门人"能力。在"十三五"时期三级医院对口帮扶县级医院工作基础上，"十四五"时期继续组织三级医院对口帮扶940个县1496家县级医院，特别是对国家乡村振兴重点帮扶县有针对性地加大帮扶力度。持续开展"万名医师支援农村卫生工程"和国家医疗队巡回医疗等工作，组织专家赴相关地区开展疾病诊疗、健康宣教，推动优质医疗资源下沉。开展"千县工程"县医院综合能力提升工作，促进县医院有效发挥在县域医疗服务体系中的龙头作用和城乡医疗服务体系中的桥梁纽带作用，促进优质医疗资源扩容下沉和区域均衡布局。

68. 如何完善突发公共卫生事件监测预警机制？

《纲要》提出，"完善突发公共卫生事件监测预警处置机制，加强实验室检测网络建设，强化科技标准支撑和物资质量保障"。党中央、国务院高度重视公共卫生应急和突发公共卫生事件监测预警工作。习近平总书记强调，要把增强早期监测预警能力作为健全公共卫生体系当务之急，完善传染病疫情和突发公共卫生事件监测系统，改进不明原因疾病和异常健康事件监测机制，提高评估监测敏感性和准确性，建立智慧化预警多点触发机制，健全多渠道监测预警机制，提高实时分析、集中研判的能力。《中共中央关于制定国民经济和社会发展第十四个五年规划和二〇三五年远景目标的建议》明确要求，"完善突发公共卫生事件监测预警机制，健全医疗救治、科技支撑、物资保障体系，提高应对突发公共卫生事件能力"。

经过十几年的发展，我国初步建立了适应我国国情的突发公共卫生事件监测体系，确立了行政上分级设立、业务和技术上上级指导下级的突发公共卫生事件监测管理体制和网络运行机制，国家突发公共卫生事件监测体系初步建立。颁布《突发公共事件应对法》《突发公共卫生事件应急条例》《国家突发公共卫生事件应急预案》等法律法规和预案，对建立监测预警制度、组建监测网络、制定监测预警规范等作出规定和要求。基本构建国家、省、市、县四级疾病预防控制网络，建成全球规模最大的法定传染病疫情和突发公共卫生事件网络直报系统，覆盖全国

100%县级以上疾病预防控制机构、98%县级以上医疗机构和94%基层以上医疗卫生机构，法定传染病和突发公共卫生事件报告覆盖率和及时性大为提高。突发公共卫生事件监测和风险评估技术体系日趋规范，建立了时空聚集性探测预警模型，传染病及突发公共卫生事件风险评估成为各级疾控机构的制度化常态化工作。下一步，要从以下3个方面进一步完善突发公共卫生事件监测预警处置机制：

一是完善相关法律法规。在《传染病防治法》等法律法规修订中进一步明确预警信息发布制度。规定各级疾控机构根据多渠道传染病监测信息和风险评估结果，向社会发布健康风险提示，并根据需要向同级卫生健康主管部门提出预警建议。卫生健康主管部门在接到预警建议后及时组织评估，对于需要发布预警的，应当及时向同级人民政府提出发布预警和启动应急响应的建议，各级人民政府决定向社会发布传染病预警并启动应急响应。

二是加强监测预警机制和能力建设。完善传染病疫情监测评估，突出对不明原因传染病的监测评估与处置。加强国家传染病监测平台建设，建立重点传染病及不明原因传染病监测哨点，拓展传染病症状监测并建立传染病病原学监测网络，及时掌握重点传染病相关情况，快速发现和甄别不明原因传染病；建立传染病诊疗、病原检测数据的自动获取和传染病监测信息共享机制。布局建设区域公共卫生实验室，发挥检验检测资源辐射作用。国家建立公共卫生实验室检测网络，各类从事病原微生物检测的实验室，发现新发或不明原因病原，应当向公共卫生网络实验室报告。依托区域全民健康信息平台，建设完善各级疾病预防控制信息系统，整合升级各类疾病监测系统，推动卫生健康相关数据的采集、汇聚、挖掘、分析、评估和使用。建立公共卫生信息化建设标准，建立公共卫生数据上报规范，实现电子病历相关数据自动抓取。明确各级疾病预防控制中心实验室检验检测能力标准，加强标准化建设，增强对传染病病原体、健康危害因素和公共卫生事件处置的"一锤定音"能力。构建重要传染病和感染性疾病实验室参比体系，建立重要传染病诊断信息和菌（毒）株报送机制。

三是加强疾控人才培育。加强公共卫生相关学科建设，提升专业人才教育培养质量的要求。健全公共卫生医师制度，加快推进公共卫生医师规范化培训，加强规范化培养基地和师资队伍建设。加强骨干人才培养，重点提高现场流行病学调查、检验检测、风险评估研判和数据分析利用等能力。强化全科医师和临床医生流行病等公共卫生知识培训。建立具有医学本科教育背景且具备相应临床知识的公共卫生医师，在医疗卫生机构开展传染病、职业病、地方病、常见慢性病等方面医疗工作的机制。支持有条件的疾病预防控制中心与高校开展教学合作，人员兼职任教。

69. 如何看待城乡家庭医生签约工作？

《纲要》提出，"逐步扩大城乡家庭医生签约服务覆盖范围"。2016年5月，国务院医改办等7部门联合印发《关于推进家庭医生签约服务的指导意见》，在全国范围内启动家庭医生签约服务工作。近年来，各地将家庭医生签约服务工作作为改善民生的重要发力点，统筹部署、积极推进，我国家庭医生队伍持续壮大，签约服务内涵日渐丰富、质量不断提升、覆盖率稳步提高，取得了良好成效。家庭医生以人的健康为中心，为居民提供全周期、全方位的健康服务，对提升居民健康水平、满足居民基本医疗卫生服务需求、提高医疗卫生服务体系整体效率发挥了重要作用，也为打赢脱贫攻坚战和助力城乡社区疫情防控作出了突出贡献。推进家庭医生签约服务有利于转变基层医疗卫生服务模式，有利于构建和谐医患关系，有利于推进分级诊疗制度建设。

2022年3月，国家卫生健康委、财政部等6部门联合印发《关于推进家庭医生签约服务高质量发展的指导意见》，明确了"十四五"和今后较长一个时期家庭医生签约服务的发展方向和目标任务。具体要实现"五个拓展"。

一是由全科向各专科拓展。家庭医生不限于全科医生，内、外、妇、儿、中医等各临床专业医生均可参与家庭医生签约服务。

二是由基层医疗卫生机构向二、三级医院拓展。积极鼓励和引导二级以上医疗机构的全、专科临床医师到基层医疗卫生机构提供签约服务，基层医疗卫生机构做好平台支持服务。

三是由公立医疗卫生机构向民营医疗机构拓展。在做好一、二、三级公立医疗卫生机构家庭医生签约服务基础上，支持民营医疗机构参与提供家庭医生签约服务，使服务更方便、更可及。

四是由团队签约向与医生个人签约拓展。参与家庭医生签约服务的既可以是家庭医生团队，也可以是家庭医生个人，团队与个人在签约服务中共同发挥作用。

五是由固定 1 年签约周期向灵活签约周期拓展。为适应居民流动和签约服务愿望，签约服务周期应更加灵活，可以是 1 年，也可以少于 1 年或一次签约 2—3 年，建立灵活、稳定、信任的签约服务关系。进一步健全保障机制，充分发挥基本医疗保险对签约服务的支持作用，让家庭医生提供签约服务更有积极性。

70. 如何健全服务质量标准体系？

《纲要》提出，"开展优质服务标准建设行动""健全服务质量标准体系"。近年来，我国不断推进服务质量标准体系建设，加强标准宣贯与实施。当前，除个别领域外，绝大部分服务行业都有正式发布的服务质量国家标准。相关部委、地方政府、社会团体也开展了服务质量行业标准、地方标准和团体标准的研制工作。总体而言，服务质量标准体系已基本建成，但仍存在各领域发展不均衡、部分技术指标不明确等问题。健全服务质量标准体系，要注意把握以下 3 个方面：

一是在生产性服务业标准领域，制定电子商务、共享经济、邮政物流和商贸物流等标准。完善绿色金融、普惠金融、供应链金融、金融市场、金融科技、金融风险防控等标准。完善社会信用标准体系，重点制定信用信息采集、归集共享、公开使用和信用评价、管理、应用及主体权益保护等标准。完善升级质量管理标准体系，加快制定以卓越质量为核心，适应数字化转型需求的质量管理方法、管理体系和管理模式等标准。加强流通标准体系建设，推进供应链风险评估、供应链数字化、供应链管理服务等领域标准研制，完善商务领域数字技术应用相关标准。研究制定服务贸易标准。以跨境电商综合试验区为抓手，加强相关标准制定。

二是在生活性服务业标准领域，加强零售、家政、旅游、教育、餐饮等重点服务领域标准制定工作，加快研制家政电商、家政教育培训、在线学习、中央厨房等新业态标准，建立健全服务质量标准，完善便民生活圈标准体系。加快完善面向数字交通应用的城市出行服务标准，研制网络预约出租车、互联网租赁自行车、小微型客车分时租赁等城市出行服务新业态标准。

三是在公共服务标准领域，加快建立统筹城乡的基本公共服务标准体系，研制托育、教育、养老、儿童福利和未成年人保护、残疾人服务、就业创业、社会保险、气象等服务标准。进一步提升医疗卫生和中医药标准水平，完善基本公共卫生服务项目标准体系。修订国家基本公共文化服务指导标准，完善全民健身等公共体育服务标准。推进社区服务、社区智慧治理标准建设，加快研制社会工作和志愿服务标准。完善公共法律标准体系，推进司法行政服务等领域标准建设。

71. 如何加强养老服务质量标准与评价体系建设？

《纲要》提出，"加强养老服务质量标准与评价体系建设"。养老服务质量标准和评价体系建设是推动养老服务专业化、规范化、标准化发展的重要依托，也是衡量养老服务高质量发展水平，保障广大老年人知情选择权，满足人民群众多层次、多样化养老服务需求的重要举措。2017 年起，民政部联合住房和城乡建设部、国家卫生健康委、市场监管总局、应急管理部等部门开展了为期 4 年的全国养老院服务质量建设专项行动，将建立健全养老服务质量标准和评价体系作为重点任务，先后研究制定了《养老机构服务安全基本规范》《养老机构服务质量基本规范》《养老机构等级划分与评定》等 3 个国家标准及若干配套行业标准。同时，通过试点方式以点带面逐步推开养老机构等级评定。加强养老服务质量标准和评价体系建设，要重点开展以下 4 个方面工作：

一是不断完善养老服务质量标准体系。持续完善养老服务质量标准配套措施，研究制定与养老服务质量建设密切相关的国家标准、行业标准，积极推动地方标准的制修订工作。鼓励行业组织、养老服务机构按照高于国家标准和行业标准的原则制定发布养老服务质量团体标准和企业标准。

二是狠抓养老服务质量标准宣传贯彻。督促指导养老机构贯彻落实《养老机构服务安全基本规范》《养老机构服务质量基本规范》《养老机构等级划分与评定》等养老服务质量建设方面的基础性、支撑性国家标准，充分发挥其在保障安全、规范服务、提升质量方面的积极作用。

三是全面推行养老机构等级评定。总结前期试点经验，完善工作机制，开展专业化评定工作培训，推动所有省份开展养老机构等级评定。鼓励各地设立养老机构等级评定专项经费，保障等级评定工作顺利开展。推动各地形成政府购买服务支持等级评定工作的长效机制。

四是加强养老服务质量评价结果运用。鼓励各地探索不同等级养老机构差异化的扶持和监管政策。对等级较高、多次检查符合要求的养老机构在"双随机、一公开"监管中可以适当减少检查频次；对于等级低或者有降级的养老机构，列入重点检查对象，及时发现安全风险隐患，依法依规妥当处理。

72. 如何提升公共就业服务质量水平？

《纲要》提出，"提升公共服务质量效率"，"加强基层公共就业创业服务平台建设，强化职业技能培训、用工指导等公共就业服务"。就业是最基本的民生，就业服务是促进高质量充分就业的重要举措，是国家基本公共服务的重要组成，是稳定扩大就业、化解失业风险的基础手段。提升就业服务质量对改善民生福祉、促进经济发展和社会和谐具有重要作用。党中央、国务院高度重视，习近平总书记强调要实施就业优先战略，强化就业优先政策，健全就业促进机制，促进高质量充分就业。党的二十大提出健全就业公共服务体系。为贯彻落实党中央、国务院决策部署，人力资源社会保障部、国家发展改革委、民政部、财政部实施提升就业服务质量工程。总体目标是争取到2025年，均等化的服务制度更加健全，基本公共就业服务均等化水平明显提高；广覆盖的服务功能和体系不断健全，更好满足多样化、多层次的就业服务需求；专业化智慧化服务能力显著提升，劳动者和用人单位对就业服务满意度保持在较高水平。主要内容包括以下6个方面：

一是着力提升公共就业服务均等化水平。各级公共就业服务机构全面开放，免费向城乡各类劳动者提供政策咨询、信息发布、职业介绍、职业指导、创业指导等服务，向各类用人单位提供招聘、用工指导等服务。失业人员可在户籍地或常住地、就业地、参保地公共就业服务机构进行失业登记，平等享受各类就业服务。

二是着力提升人力资源供需匹配效率。加大招聘信息归集力度，依托现场经办、电话服务、网络登记等渠道全方位采集岗位信息。完善岗位信息免费发布机制，扩大公共招聘网岗位信息覆盖范围。开展免费招聘对接活动，搭建辖区内企业用工调剂平台，组织劳务协作，满足市场主体用工需求。

三是着力提升服务对象帮扶有效性。完善重点群体主动服务机制，对高校毕业生等青年群体、农民工、就业困难人员、登记失业人员等重点群体提供职业指导、职业介绍、创业孵化、政策落实等服务。健全重点群体用工常态化服务机制，制定重点企业清单，设立联络服务专员，努力保障重点企业用工。

四是着力提升职业技能培训针对性。强化就业导向，加强急需紧缺职业（工种）培训。强化重点群体技能培训和创业培训，持续实施专项培训计划。推进中国特色企业新型学徒制培训，实现培训培养与企业岗位需求有效衔接。

五是着力提升服务多元供给水平。强化公共就业服务机构建设，县以上政府要设立公共就业服务机构，街道（乡镇）和社区（村）要加强基层公共就业服务。创新经营性人力资源服务机构管理，满足多样化需求。培育就业服务社会组织，支持和引导行业协会商会、社工服务机构、社区社会组织等社会组织积极提供就业服务。因地制宜建设劳动力市场、人才市场、零工市场，提供面对面即时对接服务。

六是着力提升公共就业服务能力。构建智慧服务体系，推进"互联网+"公共就业服务，加快省级集中的就业管理信息系统建设，持续推进就业信息联网发布。打造专业人员队伍，实施公共就业服务人员能力提升计划，推行职业指导师、创业指导师和劳动保障协理员等相关人员职业技能等级认定工作，支持建立职业指导工作室，提供专业化职业指导服务。

73. 如何推行服务质量监测评价？

《纲要》提出，"推行服务质量监测评价""加强服务质量监测评价能力建设"。开展服务质量监测是实施宏观质量管理的基础和出发点，通过查找服务业运行质量短板和影响顾客满意的关键因素，促进服务质量相关方健全完善服务质量措施，加强服务质量提升和治理，持续提高服务质量供给水平。近年来，我国研究构建符合服务业发展特点的服务质量监测指标体系，制定《服务质量监测技术指南》，推动构建模型统一、方法一致、结果可比的服务质量监测体系，为各类组织系统化、规范化开展服务质量监测工作提供了支撑。下一步，要从以下 3 个方面做好有关工作：

一是不断提升服务质量监测评价能力。持续开展服务质量监测评价模型和方法研究，聚焦现代服务业发展趋势，结合不同行业发展特点，创新完善监测评价指标体系，全面反映服务业质量状况。积极采用人工智能、大数据、自动语音识别等先进技术和方法，不断提升服务质量信息采集、追踪、分析和处理水平，增强服务质量监测结果的准确度和灵敏度。

二是支持服务质量监测公共服务平台建设。鼓励打造一批服务质量监测评价中心，培育市场化、专业化第三方监测评价机构，逐渐覆盖主要服务行业和公共服务领域。积极开展服务质量体验调查和比对分析等工作，引导消费者用脚投票、理性消费。

三是加强服务质量监测结果应用。持续开展服务质量监测结果通报，不断扩大监测覆盖范围，引导地方政府和有关部门改善服务供给结构和质量。支持地方重点选择区域支柱型或重点发展的服务业、与人民群众生活密切相关的服务业、快速发展的新兴服务业、质量问题突出的服务业等开展监测工作，动态掌握服务质量状况，实施更有针对性的政策措施。

74. 如何实施服务品质升级计划？

《纲要》提出，"实施服务品质升级计划"。围绕服务质量提档升级，重点要开展以下 3 项工作：

一是开展服务质量提升行动。完善服务质量提升政策体系、标准体系、绩效评价体系，在物流、商务咨询、检验检测等生产性服务领域，开展质量标杆企业创建行动；在健康、养老、文化、旅游、体育等生活性服务领域，开展质量满意度提升行动。

二是加强服务质量管理。引导服务企业严格落实企业及企业负责人质量责任，实施以质取胜经营战略，不断创新质量管理理念、方法和工具，加大质量技术创新投入和应用，加强全员、全过程、全方位质量管理，推动服务企业公开服务质量承诺。

三是打造知名服务品牌。加快工业设计、建筑设计、服务设计、文化创意协同发展，打造高端设计服务企业和品牌。着力推进文化创意和设计服务与装备制造业、消费品工业、建筑业、信息业、旅游业、农业、体育产业等重点领域融合发展。培育一批专业度高、覆盖面广、影响力大、放心安全的服务精品。

九、增强企业质量和品牌发展能力

75. 加快质量技术创新应用有什么新举措？

《纲要》提出，"加快质量技术创新应用"。随着创新驱动发展战略深入实施，产学研合作不断完善，企业质量技术创新能力明显增强，推动我国产业升级和经济发展质量效益提升。但目前仍存在企业质量创新主体地位不强、市场作用发挥不够、产学研协同创新机制不够健全等问题，导致质量技术优势转化为产业优势的能力不足。《纲要》从强化企业创新主体地位、加强质量技术创新组织建设、提升中小微企业质量技术创新能力等方面提出相关举措，具体包括：

在强化企业创新主体地位方面，引导企业加大质量技术创新投入，推动新技术、新工艺、新材料应用，促进品种开发和品质升级。支持企业开展科技成果转化应用，推动企业联合高校、科研院所，建设研发和技术转移机构，加强创新成果应用推广、标准研制等。

在加强质量技术创新组织建设方面，鼓励企业加强质量技术创新中心建设，推进质量设计、试验检测、可靠性工程等先进质量技术的研发应用。支持企业牵头组建质量技术创新联合体，实施重大质量改进项目，协同开展产业链供应链质量共性技术攻关。

在提升中小微企业质量技术创新能力方面，贯彻落实各项财政金融激励政策措施，鼓励支持中小微企业实施技术改造、质量改进、品牌建设。鼓励建设开放式创新服务平台，整合行业创新资源，面向中小微企业开放产业资源、应用场景和研发需求。

76. 如何理解质量技术创新联合体？

《纲要》提出，"支持企业牵头组建质量技术创新联合体，实施重大质量改进项目，协同开展产业链供应链质量共性技术攻关"。质量技术创新联合体是行业龙头企业、中小企业和社会各方技术力量联合参与，围绕质量、安全、健康、环保等领域，联合开展质量管理、生产工艺、检验检测、标准研制等方面创新，旨在促进产业链供应链质量共性技术攻关，强化产业质量基础和产业应用融合，提升产业基础能力，服务产业质量提升和高质量发展的创新体组织形式。质量技术创新联合体建设可以从以下4个方面着力：

一是开展质量共性技术攻关创新。梳理相关产业质量技术、质量管理、质量标准发展趋势，明确产业布局方向。围绕重点技术领域，积极申报科技和产业领域组织的重大专项，或者依托行业企业等自有资金设立质量共性技术攻关项目，联合行业专家和质量专家开展技术攻关。

二是开展先进质量管理技术推广。依托质量技术创新专家资源，定期面向行业企业，特别是中小企业和初创企业提供质量诊断、质量培训等服务。大力推广质量技术创新联合体的技术创新成果，提高联合体内部成员单位质量技术、质量管理水平。

三是推进质量基础设施服务协同共享。探索多方协作、精准服务的质量基础设施服务新模式，推进质量资源、信息资源、人才资源、设备设施协同共享，为产业集聚区和区域经济发展提供全方位、全过程质量基础设施服务支撑。

四是完善质量创新联合体运行管理制度。建立健全质量技术创新联合体成员单位进入和退出机制，完善质量创新联合体技术攻关和知识产权分配、创新资源共享管理激励等运行机制。

77. 如何提升全面质量管理水平？

《纲要》提出，"提升全面质量管理水平"，并从以下4个方面作出部署：

一是着力提升企业质量管理成熟度。鼓励企业制定实施以质取胜生产经营战略，明确质量方针目标，坚持走质量效益型发展道路。将先进质量管理模式和企业实际相结合，创新质量管理理念、方法和工具，推动全员、全要素、全过程、全数据的新型质量管理体系应用。

二是着力提升数字化质量管控能力。将大数据、云计算、人工智能、区块链等新一代信息技术与质量管理深度融合，推进数据驱动的质量策划、质量控制和质量改进，推动质量形成过程的显性化、可视化，实现质量管理的数字化、网络化、智能化升级。

三是着力提升供应链质量管理水平。将供应链上下游企业纳入共同的质量管理体系，推动质量数据共享、设备互联、生产有机协同，实施质量一致性管控。

四是着力加强企业全员质量管理。加强全员质量教育培训，健全企业首席质量官制度，重视质量经理、质量工程师、质量技术能手队伍建设，加强企业质量管理与技能型人才培养，提高全员质量意识和质量素养。推动质量标准制定和实施应用，广泛开展质量比对、质量改进、质量攻关、质量成本控制、质量管理小组等活动。树立一批企业内部的质量标杆，总结提炼可复制、可推广的经验，发挥示范带动效应。

78. 如何理解新型质量管理体系？

《纲要》提出，"鼓励企业制定实施以质取胜生产经营战略，创新质量管理理念、方法、工具，推动全员、全要素、全过程、全数据的新型质量管理体系应用，加快质量管理成熟度跃升"。在经历了质量检验管理、统计质量控制、全面质量管理等多个实践阶段后，质量管理理念、方法、工具与物联网、云计算等信息技术相互促进，呈现出数字化、智能化的发展趋势。新型质量管理体系是在传统全面质量管理体系的基础上，由技术和管理共同驱动发展，应用数字化、网络化、智能化技术，创新质量管理模式和方法，实现全员、全过程、全要素、全数据的数字化质量管理体系。构建新型质量管理体系，要实现管理和技术的双升级。

一方面，要通过管理升级，强化全员、全过程的质量管理。要以顾客需求为焦点，进一步关注用户体验质量和感知质量，面向顾客进行全过程互动，实现由产品交付向价值交付转变。提升全员参与质量管理程度，组织中各级人员充分参与到质量管理工作中，组织中不同部门人员加强团队协作和跨学科参与。要基于数据进行决策，采取更加灵活多样的方式开展持续改进，以快速迭代不断形成质量解决方案。

另一方面，要通过技术升级，实现全要素、全数据的质量管理。应用现代数字化技术、硬件设备、系统软件等，在工业互联网和智能制造生产运营环境中，直接采集质量数据，通过质量云平台、大数据挖掘等技术直接对数据进行定义、存储、分析和应用。以质量大数据为基础，对全业务链条上的活动要素实施最大限度的标准化和数字化，包括目标数字化、工艺过程数字化、设备数字化、服务质量数字化等。通过实施动态化、数字化的管理，最终实现覆盖研发设计、采购、生产制造、销售服务等不同流程与场景，以及产品全生命周期的全要素、全数据管理。

79. 如何加强供应链质量管理？

《纲要》提出，"集中实施一批产业链供应链质量攻关项目""大力发展绿色供应链""协同开展产业链供应链质量共性技术攻关"，对加强和改进供应链质量管理提出了明确要求。供应链质量管理要求供应链上所有企业参与，通过供应链上各企业之间的质量协同、整合、分析和不断改进，对供应链范围内的产品和服务质量的产生、形成和实现过程进行管理，从而实现供应链环境下产品和服务质量控制与质量保证，满足供应链绩效改进和客户对产品及服务的质量要求。加强供应链质量管理可以从以下4个方面着手：

一是实施统一规范的质量管理体系。从整个供应链的角度，建立基于产品全生命周期的质量信息管理系统，统一上下游企业的质量术语表述，统一质量管理和监控方法，统一质量要求。鼓励"链主"企业等牵头开展供应链质量管理监测和质量协作，实现上下游企业质量管理和质量保证的规范化、系列化和程序化，促进上下游企业整体提升质量管理水平。

二是建立产品的协同设计机制。鼓励"链主"企业采取委托研发或协同研发等模式，在新产品的设计阶段邀请供应商进行产品协同设计与开发，一方面降低企业间的质量协调成本，提高产品的设计与开发效率，另一方面解决由于前期设计缺陷而导致在生产过程中产生的质量问题。

三是建立质量管理信息系统，实现信息共享。支持"链主"企业建立稳定、可靠、高效率的质量管理信息系统，对信息进行有效控制及进一步的信息挖掘，加强产业链上下游企业间质量信息、数据的共享，实现质量信息的及时查询和处理，支持产品协同设计开发、协作生产、售后服务等环节对质量信息的需求，满足质量持续改进的要求。

四是完善质量管理激励约束机制。鼓励"链主"企业与供应链上下游企业共同协商建立供应商质量管理激励约束机制，采用标准化的流程对供应商质量改进措施进行奖励，对质量问题进行处罚，引导供应商提高质量管理水平，并在改进的过程中逐步完善质量管理体系，促进供应链企业质量水平的整体提升。

80. 如何完善品牌培育发展机制？

《纲要》提出，"完善品牌培育发展机制，开展中国品牌创建行动"，实现"品牌培育、发展、壮大的促进机制和支持制度更加健全，品牌建设水平显著提高，企业争创品牌、大众信赖品牌的社会氛围更加浓厚，品质卓越、特色鲜明的品牌领军企业持续涌现，形成一大批质量过硬、优势明显的中国品牌"。培育发展品牌，可以从以下 3 个方面入手：

一是培育产业和区域品牌。深入实施农业生产"三品一标"提升行动，加强绿色、有机和地理标志农产品培育发展，打造一批绿色优质农产品品牌。大力实施制造业"增品种、提品质、创品牌"行动，形成有影响力的"中国制造"卓著品牌，培育一批先进制造业集群品牌。加强服务品牌意识，提升服务品牌价值，做强做精服务业品牌。鼓励各地围绕区域优势特色产业，打造竞争力强、美誉度高的区域品牌。

二是支持企业实施品牌战略。鼓励企业实施质量品牌战略，建立品牌培育管理体系，深化品牌设计、市场推广、品牌维护等能力建设，提高品牌全生命周期管理运营能力。支持企业推进产品设计、文化创意、技术创新与品牌建设融合发展，建设品牌专业化服务平台，提升品牌营销服务、广告服务等策划设计水平。引导企业诚实经营，信守承诺，积极履行社会责任，塑造良好品牌形象。积极推动中华文化元素融入中国品牌，深度挖掘中华老字号文化、非物质文化遗产、节庆文化精髓，彰显中国品牌文化特色。支持企业强化商标品牌资产管理，提升品牌核心价值和品牌竞争力。

三是加强品牌宣传推广。以质量品牌为重点，促进消费向绿色、健康、安全发展。广泛开展品牌宣传推广工作，推进品牌故事"走基层、入民心"，引导消费者认可、信任优质品牌。鼓励企业在重大装备和重点工程中使用优质品牌产品。鼓励企业实施品牌国际化战略，拓展国际市场。鼓励与国际品牌企业合作，提高品牌国际化运营能力。

81. 如何完善品牌建设标准体系？

2012 年，全国品牌评价标准化技术委员会成立（SAC/TC

532）。2014年，我国成功向国际标准化组织申请成立了品牌评价技术委员会（ISO/TC 289）并承担秘书处职务。现行品牌评价国家标准共41项，涵盖品牌评价基础标准、方法标准、应用指南标准以及培育与建设标准等方面，为重点行业、相关领域的品牌评价与建设工作提供了有力支撑。在国际标准方面，由我国主导制定的国际标准《品牌评价　原则与基础》（ISO 20671：2019）于2019年正式发布，为品牌标准化建设贡献了中国智慧。继续完善品牌建设标准体系，要重点做好以下工作：

一是要持续优化品牌评价标准体系结构，根据发展需要适时调整标准制修订优先次序。

二是加强品牌价值、品牌评价、品牌培育与管理等领域的技术及标准化研究，加强品牌培育与管理方面的标准研制。

三是加强品牌从业人员和机构管理标准化研究，加快制定品牌从业人员技术服务规范和机构管理指南。

四是充分发挥SAC/TC 532和ISO/TC 289的优势，统筹协调国内、国际品牌评价标准化工作，积极参与并适时主导制定品牌评价、品牌管理国际标准，提升品牌标准建设国际化水平。

82. 如何开展品牌保护和维权？

《纲要》提出，"支持企业加强品牌保护和维权，依法严厉打击品牌仿冒、商标侵权等违法行为，为优质品牌企业发展创造良好环境"。开展品牌保护和维权有利于促进市场公平竞争，保护创新创业积极性，营造健康有序的品牌发展环境。应重点做好以下6个方面工作：

一是完善相关法律法规。推进《电子商务法》《商标法》《专利法实施细则》《商标法实施条例》等法律法规的修订工作，为品牌保护和维权工作提供更坚实的法律支撑。

二是加强统筹协调。强化品牌保护行政执法和刑事司法的协同配合，形成跨部门、跨领域、跨区域执法合力。强化知识产权领域严重失信主体联合惩戒机制，加大跨部门间打击侵权假冒工作力度。针对重点领域、重点行业、重点区域开展执法打假等专项行动。

三是强化商标管理与保护。充分发挥商标制度对品牌保护维权的基础保障作用，为企业发展创造良好环境。支持企业加强商标品牌资产管理，加强商标海外布局，提升企业知识产权管理能力。严厉打击商标侵权、恶意商标申请等违法行为。提升商标代理服务水平，加快推动从商标申请注册服务向品牌策划、培育、管理等多元服务转变。

四是推动社会共治。在品牌保护行政执法工作基础上，构建企业主体、行业协同、社会参与的多元共治保护体系。指导社会组织积极开展品牌保护研究、品牌权益维护等工作。督促企业落实主体责任，强化品牌自我管理和主动维权。

五是做好宣传普及。围绕全国"质量月"、世界知识产权日、中国品牌日等重要时间节点开展集中宣传，提升全社会的品牌保护和维权意识。及时发布品牌保护重要工作进展，解读法律政策要求，宣传品牌保护和维权重要成就，回应社会关切，增强全社会依法保护品牌、维护品牌合法权益的意识。

六是加强国际合作。不断深化拓展与国际组织在品牌保护和维权领域的合作，建立双边和多边合作机制，主动参与国际规则制定，深度参与全球品牌建设和治理。

83. 如何实施中国精品培育行动？

《纲要》提出，"实施中国精品培育行动"。中国精品是具有高标准、高质量、高影响力的精品产品、服务、工程。中国精品在质量水平、创新能力等方面达到"国内一流、国际先进"水平，在品牌文化、品牌形象等方面能够彰显中国文化特色、体现国家品牌形象，是中国品牌中的精华。实施中国精品培育行动，要大力夯实中国精品质量基础，对标国际一流，围绕产品和服务的全生命周期，建立起精美设计、精细生产和精心服务的中国精品标准体系。要聚焦先进制造业和现代服务业等重要领域，开展中国标识管理制度的研究与实践。要加强中国精品宣传推广，挖掘能够彰显品牌个性、弘扬中国文化的中国精品故事，展示中国精品正能量，树立中国精品新形象，讲好中国品牌故事，传播中国文化。

84. 如何提升品牌建设软实力？

《纲要》提出，"提升品牌建设软实力"。品牌建设软实力的提升，可以从以下 5 个方面着力：

一是加强品牌服务机构培育。推动建设品牌专业服务平台，提升品牌设计、品牌策划、品牌培育、品牌管理、品牌营销、品牌评估等领域专业服务能力，为企业提供品牌专业化服务，促进产品设计、文化创意、技术创新与品牌建设相融合，提升企业品牌发展能力。

二是加强品牌理论研究。引导高等学校、科研院所、行业协会等开展市场应用导向的品牌发展与传播理论研究、政策研究、技术开发，支撑品牌创建、运营和管理。

三是加强品牌人才建设。鼓励高等学校、职业学校等加强品牌管理学科建设，开设品牌经济理论和应用管理相关课程。强化品牌从业人员教育和培训工作，建立品牌管理专业人才培训、使用、评价机制，提升企业及从业人员品牌建设素质和能力。鼓励企业设置专职品牌经理、品牌总监、首席品牌官等品牌管理专业岗位，提高品牌建设和运营能力。

四是加强品牌标准体系支撑。进一步完善品牌建设标准体系，研究制定品牌建设基础标准、方法标准、培育标准和管理标准，做好标准宣贯，推动品牌评价国家标准与国际标准接轨，以标准化手段全面支撑中国品牌建设工作。

五是完善质量认证制度。充分发挥质量认证"传递信任，服务发展"的本质属性，鼓励各类企业及其产品、服务通过质量认证，提升管理能力、质量水平和市场美誉度，支持引导各地方各行业运用质量认证手段培育高端质量品牌。

十、构建高水平质量基础设施

85. 为什么要构建高水平质量基础设施？

党的二十大报告强调，加快建设质量强国，构建现代化基础设施体系。《纲要》提出，"构建高水平质量基础设施"。质量基础设施是联合国贸易和发展会议、联合国工业发展组织、国际标准化组织等国际组织，在总结全球可持续发展、缩小贫富差异、实现公平竞争、促进经济繁荣等实践经验基础上提出的一个系统性概念，是一个国家建立和执行标准、计量、检验检测、认证认可等所需制度框架的统称。质量基础设施是促进产业发展、科技创新、国际贸易和实现可持续发展的重要技术基础，是基础之基础。不断推动质量基础设施水平、效能跃升，意义重大。

一是有利于建设统一大市场。质量基础设施是统一大市场的底层规则，是实现政策统一性、规则一致性、执行协同性的重要保障。标准深度嵌入到设计、生产、分配、流通、消费中，是促进现代化大生产、大市场各环节有效链接的重要纽带。计量实现单位统一、保证量值准确可靠，保障了贸易公平公正。检验检测和认证认可传递质量信任，降低交易成本，助力消除交易双方信息不对称，促进市场循环高效畅通。

二是有利于促进科技创新和应用。科学性是质量基础设施的本质属性，质量基础设施发展带动科学技术创新，同时促进实现核心关键技术从研发创新到产业化应用的跨越。科技创新成果通过标准实现提炼和固化,标准实施也促进科技成果推广转化。国际单位制量子化最新变革为我国相关基础研究深化发展提供了契机。精密仪器仪表、高端检测技术与装备研发应用,特别是国产技术装备研制和产业化、工程化应用,需要基础研究、工程技术创新的支撑,反过来也促进了科研和技术取得新成果、新发现。

三是有利于助推产业基础再造。质量基础设施是现代产业技术体系不可或缺的重要组成部分,推动产业基础再造必须同步提升质量基础设施水平。高水平、先进适用的标准带动基础材料、核心元器件、重大装备、关键工艺等的质量提升。计量被称作工业生产的"眼睛"和"神经",超精测量技术是重大先进装备达成相应工作精度和工作效率的重要保障,也是突破微电子光刻机等"卡脖子"问题的先决条件。检验检测和认证认可实现基础材料和元器件等产品质量信任的传递,促进产业化应用。

四是有利于推动区域高质量发展。质量基础设施是助推区域高质量发展的重要公共产品,不同区域要从区位生产力布局和发展实际需求出发,加强质量基础设施能力建设。建设系统、适用的质量基础设施是助力区域产业改造升级、培育质量发展比较优势的重要保障。区域内质量基础设施要素融通互补,也是促进区域质量协同发展的重要内容。

五是有利于打造国际竞争新优势。质量基础设施支撑我国商品融入全球市场,实现要素资源、产品和服务等在更大范围内流动。标准是国际竞争制高点,也是国际贸易通用的"技术语言"。通过深度参与和主导标准及合格评定规则制定和交流合作，稳步扩大规则、规制、管理、标准等制度型开放，促进国内国际规则规制的衔接互认和质量基础设施的互联互通，助推中国产品、服务、技术、品牌、标准"走出去"，支持中国企业和中国品牌融入全球产业链供应链。

86. 如何优化质量基础设施管理？

《纲要》提出，"建立高效权威的国家质量基础设施管理体制，推进质量基础设施分级分类管理"。优化质量基础设施管理，应从以下几个方面入手：

在计量方面，深化计量技术机构改革创新，推进国家现代先进测量体系建设，完善国家依法管理的量值传递体系和市场需求导向的量值溯源体系，规范和引导计量技术服务市场发展。

在标准方面，深入推进标准化运行机制创新，优化政府颁布标准与市场自主制定标准二元结构，不断提升标准供给质量和效率，推动国内国际标准化协同发展。完善专业标准化技术组织体系，健全跨领域工作机制。

在合格评定方面，围绕"市场化、国际化、专业化、集约化、规范化"发展要求，加快构建统一管理、共同实施、权威公信、通用互认的认证认可检验检测体系。着力发挥强制性认证"保底线"，自愿性认证"拉高线"作用。深化检验检测机构市场化改革，加强公益性机构功能性定位、专业化建设，推进经营性机构集约化运营、产业化发展。深化认证机构资质审批、强制性产品认证机构和实验室指定、检验检测机构资质审批制度改革，全面实施告知承诺和优化审批服务，优化认证认可检验检测领域行政许可程序。加强认证认可检验检测多双边交流合作，提升互认水平，促进贸易便利化。加强检验检测认证机构监管，落实主体责任，规范从业行为。

此外，要开展质量基础设施运行监测和综合评价，推进质量基础设施分级分类管理，提高质量技术服务机构管理水平。

87. 如何加强质量基础设施能力建设？

《纲要》提出，"加强质量基础设施能力建设"。以计量基准量子化为代表的质量基础设施技术变革，深刻改变了质量基础设施领域原有的量值传递、管理体制、技术路线，质量基础设施日益呈现扁平化、数字化、智能化的特点。要通过推进质量基础设施数字化、网络化、智能化改造，提高质量基础设施现代化水平，提升质量基础设施支撑现代化产业发展的能力和水平。

一是优化完善布局。合理布局国家、区域、产业质量技术服务机构，建设系统完备、结构优化、高效实用的质量基础设施。

二是加快创新突破。突破量子化计量及扁平化量值传递关键技术，构建标准数字化平台，发展新型标准化服务工具和模式，加强检验检测技术与装备研发，加快认证认可技术研究由单一要素向系统性、集成化方向发展。加强计量、标准化、检验检疫、合格评定等基础理论、应用技术研究，推动专业技术能力和研究领域拓展。

三是强化培育发展。加快建设国家级质量标准实验室，开展先进质量标准、检验检测方法、高端计量仪器、检验检测设备设施的研制验证。加快国家产业计量测试中心、国家产品质量检验检测中心规划建设。完善检验检测认证行业品牌培育、发展、保护机制，推动形成检验检测认证知名品牌。

四是加大建设投入。逐步增加计量检定校准、标准研制与实施、检验检测认证等无形资产投资，加快重大科研装备和实验室设施更新改造，鼓励社会各方共同参与质量基础设施建设。

88. 如何提升质量基础设施服务效能？

《纲要》提出，"提升质量基础设施服务效能"。质量基础设施服务效能的提升，要从以下 3 个方面入手：

一是开展质量基础设施助力行动。围绕科技创新、优质制造、乡村振兴、生态环保等重点领域，大力开展计量、标准化、合格评定等技术服务，推动数据、仪器、设备等资源开放共享，更好服务市场需求。加强国家标准全文公开系统建设，服务各类市场主体更加公平、便捷获得标准信息资源。深入推进"计量服务中小企业行""小微企业质量管理体系认证提升行动""质量技术帮扶'提质强企'行动"。

二是实施质量基础设施拓展伙伴计划。引导各地区继续深化质量基础设施"一站式"服务平台建设，在计量、标准化、认证认可、检验检测、质量管理等要素基础上不断向品牌培育、知识产权、质量信贷、质量保险等方面拓展服务内容，鼓励和支持商会协会积极参与，强化对中小企业和民营企业的支持帮扶。以产业园区、头部企业、国家质检中心为骨干，打造质量基础设施集成服务基地，加强质量要素统筹建设与协同服务，推进技术、信息、人才、设备等向社会开放共享，助力产业集群质量升级、产业链质量联动提升。探索建立全国质量基础设施信息平台，纳入集成服务基地、"一站式"服务平台等名录信息，构建协同服务网络，推进质量数字化服务。

三是加强国内国际衔接。建设技术性贸易措施公共服务体系，加强对技术性贸易壁垒和动植物卫生检疫措施的跟踪、研判、预警、评议、应对。加强质量标准、检验检疫、认证认可等国内国际衔接，推进内外贸产品"同线同标同质"，促进内外贸一体化发展。加强技术性贸易措施研判应对和信息服务，引导企业加强合规管理，优化出口商品和服务质量。

89. 如何建设国家级质量标准实验室？

《纲要》提出，"加快建设国家级质量标准实验室，开展先进质量标准、检验检测方法、高端计量仪器、检验检测设备设施的研制验证"。国家级质量标准实验室是国家质量基础设施体系的重要组成部分，是支撑科技创新、服务产业基础高级化和产业链现代化的基础保障。国家级质量标准实验室的主要任务是面向产业和区域创新发展的重大需求，承担质量标准基础科学与应用研究，加强关键性、前瞻性、战略性质量共性技术攻关，研究解决质量创新、安全风险管控、质量治理重要问题，加快质量科研成果转化。建设国家级质量标准实验室，要注意把握以下3点：

質量強国建設綱要学習読本

一是科学规划布局。面向国家重大战略任务、重点工程、民生工程，围绕产业基础高级化和产业链现代化，科学规划，系统安排，分步实施，形成国家级质量标准实验室的合理布局。坚持重点支持、动态调整，集中优势资源和力量，重点支持具有基础研究能力、技术创新能力、高效管理能力的实验室。

二是把准功能定位。国家级质量标准实验室以产业高质量发展需要为出发点，围绕质量、安全、健康、环保等领域，开展质量政策、质量科学、共性质量工程技术、标准（标准样品）实验验证、计量检测技术方法和测试装备、产品安全评估和监管技术等研究，聚集和培养优秀科技人才，开展高层次学术交流，发挥质量标准支撑引领作用。

三是建立"进退"机制。国家级质量标准实验室主要依托具有较强研究开发和技术辐射能力的大企业、科研机构或高等院校，采取产学研用合作模式，通过自上而下定向设立与主管部门择优推荐相结合的方式推进建设。要成立国家级质量标准实验室评审委员会，制定管理办法和评审规则，加强监督管理和阶段性评价，建立国家级质量标准实验室"进退"机制，实现动态管理。

国家级质量标准实验室建设的目标是，到 2025 年，力争在高端制造、新材料、信息技术、生物医药等重点领域建设若干国家级质量标准实验室，掌握质量技术的最新发展方向，突破一批检验检测新技术和共性关键技术，研制一批智能化高端检测设备，形成一批重点产业标准及认证方法，与国际先进水平的差距明显缩小。到2035年，基本建成同现代产业体系发展与安全保障相适应的国家级质量标准实验室体系，形成重点突出、布局合理、规模适度、技术先进、运行高效的良性发展局面。

90. 如何完善技术性贸易措施公共服务？

《纲要》提出，"建设技术性贸易措施公共服务体系，加强对技术性贸易壁垒和动植物卫生检疫措施的跟踪、研判、预警、评议、应对。加强质量标准、检验检疫、认证认可等国内国际衔接，促进内外贸一体化发展"。完善技术性贸易措施公共服务，提高技术性贸易措施工作效能，可以从以下3个方面着手：

一是夯实制度基础。加强技术性贸易措施工作制度建设，建立健全相关部门的工作协调机制，强化部际协调、基层技术支撑和专家队伍建设。鼓励支持行业商会协会和专家力量参与技术性贸易措施工作，建立企业技术性贸易措施问题信息需求反馈机制。优化技术性贸易措施信息收集、分析、预警、评议、咨询等工作机制，加强通报咨询中心建设。建立技术性贸易措施标准体系，推进重点标准制定与推广应用工作。

二是加强规则对接。推动国内外规制协调、标准协同以及合格评定结果互认，积极参与技术性贸易措施相关国际规则和标准的制定。积极参与世界贸易组织等多边框架下的全球治理，深入推进与联合国工业发展组织、国际标准化组织、国际电工委员会等国际组织交流合作，推动完善技术性贸易措施国际规则。推进自贸协定中技术性贸易壁垒议题谈判，推动国内市场监管规则与高水平自贸协定义务相衔接。

三是提升服务效能。加强对技术性贸易措施信息的跟踪、研判、预警，优化技术性贸易措施公共服务，妥善化解贸易摩擦，帮助企业规避风险，切实维护企业合法权益。完善技术性贸易措施信息服务平台，跟踪发布相关国家和地区技术性贸易措施信息，制定技术性贸易措施风险防控国别指南。支持鼓励行业商会协会、专业机构跟踪重点产业动态信息，加强对核心产业和关键产品供应链技术标准、合格评定程序的梳理比对分析，及时制定应对预案。指导企业加强贸易合规与风险防范，注意收集、分析、共享技术性贸易措施合规典型案例，推广熟练运用规则维护贸易利益的成功经验，降低不合规带来的贸易风险。

十一、推进质量治理现代化

91. 质量法治建设的总体思路是什么？

《纲要》提出，"加强质量法治建设"。质量法治建设，是质量强国建设的重要组成部分，是实现质量治理体系和治理能力现代化的重要支撑，在质量事业发展中具有全局性、战略性、基础性、保障性作用。加强质量法治建设，要把握好以下4个方面：

一是健全质量法律法规。修订完善产品质量法，推动产品安全、产品责任、质量基础设施等领域法律法规建设。加强市场监管行政立法工作，完善市场监管程序。加强市场监管标准化规范化建设，依法公开监管标准和规则，提高市场监管制度和政策的稳定性、可预期性。

二是加强执法监管。推进维护统一市场综合执法能力建设，依法依规严厉打击制售假冒伪劣商品、侵犯知识产权、工程质量违法违规等行为，加强知识产权保护、反垄断、反不正当竞争执法力量。推动跨行业跨区域监管执法合作，推进行政执法与刑事司法衔接。

三是强化质量纠纷解决机制。支持开展质量公益诉讼和集体诉讼，有效执行商品质量惩罚性赔偿制度。健全产品和服务质量担保与争议处理机制，推行第三方质量争议仲裁。

四是加强质量法治宣传教育。改进创新普法工作，全面落实"谁执法谁普法"普法责任制，落实"八五"普法规划，将普法融入监管执法的全过程各环节，增强全民质量法治观念。创新运用多种形式，加强对新出台质量法律法规规章的解读。加强市场主体守法经营教育、消费者依法维权教育，积极营造守法经营、依法维权的质量法治环境。

92. 《产品质量法》修订思路是什么？

《纲要》提出，"修订完善产品质量法"。《产品质量法》是产品质量领域的基本法，于1993年2月22日经第七届全国人大常委会第三十次会议审议通过，自1993年9月1日起施行。《产品质量法》将产品质量责任和对产品质量的监督管理融为一体，比较系统地规定了国家关于产品质量宏观管理和激励引导措施，特别是确立了质量认证和监督抽查两项基本制度，规定了政府部门、企业和用户、消费者在涉及产品质量活动中的权利和义务、基本行为准则。《产品质量法》的实施，标志着我国产品质量工作步入了法制化、规范化轨道，是质量法制建设史上极其重要的里程碑。

《产品质量法》先后经历了2000年、2009年和2018年三次修订，特别是2000年的修订，是一次比较全面、系统的修改。《产品质量法》实施以来，对于明确产品质量责任，建立我国产品质量监督管理制度，增强全民质量意识，提高我国产品质量的总体水平，保护用户、消费者的合法权益，维护社会主义市场经济秩序发挥了重要作用，但也还存在企业质量主体责任落实不到位、产品质量优胜劣汰的市场机制作用发挥不够、质量基础设施建设不牢固、质量监管仍有薄弱环节等问题。伴随中国经济高质量发展，在建设质量强国、满足人民对美好生活向往的时代背景下，有必要再次启动对《产品质量法》的修订工作。

《产品质量法》修订总体思路是，坚持以习近平新时代中国特色社会主义思想为指导，深入贯彻习近平法治思想，着眼推进质量治理体系和治理能力现代化，以满足人民群众对美好生活的向往、对高质量产品的需求为出发点，以筑牢产品安全底线、促进产品质量提升为目标，以使市场在资源配置中起决定性作用、更好发挥政府作用为方向，以落实企业质量安全主体责任为根本，以创新监管机制、优化市场环境、完善责任体系为重点，努力实现产品质量监管法、责任法、促进法"三位一体"，为建设质量强国、推动经济高质量发展提供强有力的法律保障。

具体来说，有以下考虑：

一是坚持"三位一体"。借鉴国际经验，立足当前和今后一段时期质量工作发展的需要，确立《产品质量法》"三位一体"的立法定位，即《产品质量法》是产品质量监管法、产品责任法和产品质量促进法三类法律规范的总和。通过修订，使《产品质量法》成为维护质量安全的重要保障、创新质量管理的有效规制、推动质量提升的有力保障。

二是坚持问题导向。紧紧抓住实践中遇到的痛点、难点问题，把修法决策变为发现问题、剖析问题、解决问题的过程。重点解决企业质量主体责任落实不到位、产品质量优胜劣汰的市场机制作用发挥不够、质量监管措施手段不足等问题。创新完善监督抽查、缺陷产品召回、执法检查等现有的法律制度，研究设计信用监管、"双随机、一公开"监管、惩罚性赔偿、质量安全追溯、风险监控、产品质量责任保险等新的制度安排，切实增强法律的针对性、实效性。

三是坚持系统思维。紧扣推进质量治理体系和治理能力现代化的要求，更加全面、系统地设计《产品质量法》的基本框架，在质量治理体系中，质量安全是底线需求，质量提升是高线需求。质量安全和质量提升都需要质量基础设施作为支撑，三者共同构成了质量治理的主要内容。《产品质量法》修订要体现上述3个方面内容。

四是坚持"两手"并重。围绕经济体制改革的核心问题，坚持用辩证法、两点论来处理政府和市场的关系，既要"有效的市场"，也要"有为的政府"。在保障质量安全制度设计中，更多用好政府"有形的手"，弥补"市场失灵"；在促进质量提升制度设计中，更多用好市场"无形的手"，创造公平的市场环境，真正使市场在资源配置中起决定性作用，更好发挥政府作用。

93. 如何加大质量违法行为打击力度？

《纲要》提出，"依法依规严厉打击制售假冒伪劣商品、侵犯知识产权、工程质量违法违规等行为，推动跨行业跨区域监管执法合作，推进行政执法与刑事司法衔接"。打击质量违法行为，应该在以下 5 个方面着力：

一是突出重点领域。突出特种设备安全、工业产品质量安全等关系群众切身利益的重点领域，加大执法力度，牢牢守住安全底线。加强重点行业特种设备安全监察，推进特种设备安全风险分级管控与隐患排查治理双重预防体系建设，深入开展特种设备安全专项执法行动。聚焦"民意最盼、危害最大、市场监管风险和压力最大"的重点领域，严厉打击群众身边性质恶劣的违法行为。

二是抓好关键环节。建立健全产品质量安全监测预警机制，强化源头治理，加强风险信息采集研判，及时处置产品质量安全风险。着力拓宽案源渠道，通过分析投诉举报、舆情监测以及与企业、行业组织交流等多种方式，梳理汇集违法线索。扩展查办关联案件，树立全链条办案理念，注重在个案查办中追查生产源头和销售网络，努力铲除整个违法产业链条，端掉"黑窝点""黑作坊"。

三是完善执法机制。建立内部协调机制，加强内部协调，形成内部合力，组织推进"铁拳"行动。建立上下联动机制，树立全国"一盘棋"思想，协调开展跨区域联合执法和案件协查，消除各自为战、碎片化执法。建立部门协作机制，加强执法部门与行业主管部门的沟通协作，加强信息共享、线索研判，及时分析风险点，做到执法办案与行业监管相互支撑。大力推进行刑衔接，加强执法部门与公安机关的情况通报、线索研判。积极开展行纪贯通协同，加强执法部门与纪检监察机关的联系，强化纪检监察监督，防止对执法办案的干扰。

四是创新执法方式。加强日常监管与综合执法工作的有效衔接，强化"双随机、一公开"等日常监管结果在综合执法工作中的运用。积极推动"互联网+监管"，建立整合市场监管执法信息平台，探索利用信息化手段开展监督执法，实现执法全程可留痕可追溯。注重执法监管和企业征信等数据资料的归集整理和共享共用，加强分析研判，充分发挥政府大数据监管的作用。综合运用计量、标准、检验检测、认证认可等国家质量基础设施，提升执法的专业化水平，增强市场监管综合执法的公信力和权威性。

五是强化执法效应。发挥执法的打击惩处效应，充分发挥综合执法的优势，综合运用《产品质量法》《消费者权益保护法》《商标法》《电子商务法》等法律规定的手段，对违法行为综合分析，依法从重处罚，用足法律规定的处罚措施，切实加大违法成本。发挥宣传的警示震慑效应，及时公布查办的大案要案，持续释放震慑效果，加强舆论监督，扩大办案影响。将符合条件的违法失信企业列入严重违法失信企业名单，采取相应的管理措施，加强信用约束，依法实施联合惩戒，警示经营者守法经营。

94. 如何理解和推行第三方质量担保争议处理机制？

《纲要》提出，"健全产品和服务质量担保与争议处理机制，推行第三方质量争议仲裁"。质量担保是指生产经营者对其生产或销售的产品不能使用、不符合标准或产品说明而承担的修理、更换、退货责任。第三方质量担保争议处理机制是指质量担保争议当事人之外的第三方，为促使争议的解决，对质量担保争议双方当事人所进行的劝说和协调活动，是在双方当事人自愿的基础上，通过第三方的协调活动，促使纠纷得以顺利解决的一种方式，也是国际上解决产品质量争议的通行办法。推行第三方质量担保争议处理机制，可以以更低的成本、更高的效率处理更多消费者投诉，对强化消费者权利保护、构建放心消费环境具有积极作用。推行第三方质量担保争议处理机制，要在以下4个方面下功夫：

一是建立第三方质量担保争议处理的相关制度。推动做好第三方质量担保争议处理的相关制度设计，建立第三方质量担保争议处理相关管理规范和操作流程，积极受理关于第三方争议处理组织相关违法违规行为的投诉举报，对侵害消费者合法权益的行为及时依法予以查处。加强对争议处理工作的监督检查，切实保护消费者权益。

二是鼓励第三方争议处理组织依法依规开展争议处理工作。鼓励具备相应条件的社会专业力量参加民事产品质量担保争议处理，指导第三方争议处理组织健全完善争议处理程序和内部管理制度，以保护消费者合法权益为根本出发点，努力促成争议双方达成一致意见，有效化解质量担保争议。

三是支持企业实施第三方争议处理机制。落实企业质量主体责任，引导企业通过调查或评估，选择优质的第三方争议处理组织，委托其处理遇到的质量担保争议，配合开展工作，提供必要的技术支持。按照第三方争议处理组织所作出的处理意见，积极履行相关义务和责任。

四是引导消费者选择第三方争议处理方式。鼓励消费者在现有市场监管部门、消费者保护组织、仲裁和诉讼等争议处理体系之外，选择专业的第三方争议处理组织，高效解决质量担保纠纷。

95.《纲要》规定的质量政策制度包括哪些？

质量政策是通过保障质量基础设施良好运行，增加优质产品和服务供给，持续促进消费提质扩容所采取的一系列政策措施。《纲要》从供给侧和需求侧两端创新设计了质量政策。

在加强统计分析方面，丰富质量统计指标体系，拓展质量竞争型产业统计试点范围，完善制造业产品质量合格率、制造业竞争力指数等统计指标，开展质量基础设施能力指数试点测评工作。开展质量统计分析，深化统计监测结果运用，积极为各级党委政府制定质量政策提供决策参考。

在强化质量激励方面，完善多元化、多层级的质量激励机制，健全国家质量奖励制度，鼓励地方按有关规定对质量管理先进、成绩显著的组织和个人实施激励。

在推动优质优价方面，建立质量分级标准规则，实施产品和服务质量分级，引导优质优价，促进精准监管。建立健全强制性与自愿性相结合的质量披露制度，鼓励企业实施质量承诺和标准自我声明公开。完善政府采购制度和招投标制度，健全符合采购需求特点、质量标准、市场交易习惯的交易规则，加强采购需求管理，推动形成需求引领、优质优价的采购制度。

在促进质量创新方面，健全覆盖质量、标准、品牌、专利等要素的融资增信体系，强化对质量改进、技术改造、设备更新的金融服务供给，加大对中小微企业质量创新的金融扶持力度。

在培育质量人才方面，将质量内容纳入中小学义务教育，支持高等学校加强质量相关学科建设和专业设置，完善质量专业技术技能人才职业培训制度和职称制度，实现职称制度与职业资格制度有效衔接，着力培养质量专业技能型人才、科研人才、经营管理人才。

96. 如何完善质量统计指标体系？

《纲要》提出，"完善质量统计指标体系，开展质量统计分析"。开展质量统计监测是推动高质量发展的现实需要。为有效监测与评价实体经济供给体系质量发展状况，需加快构建符合我国国情的质量统计监测体系，反映质量发展成果，服务质量发展决策，引导质量发展实践。完善质量统计指标体系，应该把握好以下3个方面工作：

一是以质量供需适配为目标，持续完善制造业产品质量合格率、服务质量满意度等反映质量水平的统计指标体系，不断拓展质量统计指标体系的监测范畴。

二是以增强产业质量竞争力为核心，完善反映质量效益的统计指标体系，研究引入产业基础质量支撑、区域质量发展优势、出口质量溢价水平等方面的质量指标。

三是以计量、标准、认证认可、检验检测等要素协同发展为原则，研究质量基础设施能力指数等反映质量基础设施发展水平的统计指标体系。

97. 如何完善多元化、多层级的质量激励机制？

《纲要》提出，"完善多元化、多层级的质量激励机制，健全国家质量奖励制度，鼓励地方按有关规定对质量管理先进、成绩显著的组织和个人实施激励"。政府质量激励机制是质量政策制度的重要组成部分之一。完善多元化、多层级的质量激励机制，有利于引导和鼓励各行各业不断增强质量意识，加强全面质量管理，促进质量水平提升，推动质量强国建设。具体应该从以下3个方面推进：

一要健全国家质量奖励制度。经党中央批准，中国质量奖于2012年设立，是我国质量领域的最高荣誉。中国质量奖已连续开展四届评选表彰活动，共有251家组织和35名个人获奖，涵盖了制造业、服务业、工程建设行业、国防军工、医疗、教育等经济社会各个领域。要健全和完善中国质量奖制度，进一步推广科学的质量管理制度、模式和方法，促进质量管理创新，传播先进质量理念，激励引导全社会不断提升质量，建设质量强国。

二要健全地方各级政府质量激励机制。建立和完善省级政府质量奖励制度，对质量管理先进、成绩显著的组织和个人实施激励。推动省、市、县各级政府因地制宜，构建多层级的质量激励机制，促进产业质量提升和区域经济高质量发展。

三要推动质量激励机制多元化。鼓励各地按照国家有关规定，结合当地实际情况，更好发挥政府作用，结合政府采购、税收优惠、重点项目支持、金融、人才引进等相关政策，创新构建多元化质量激励机制，进一步强化质量激励成效，带动广大组织、个人和全社会加强质量变革创新、提升质量总体水平。

98. 如何实施产品和服务质量分级？

《纲要》提出，"建立质量分级标准规则，实施产品和服务质量分级，引导优质优价，促进精准监管"。建立健全质量分级制度，旨在通过构建产品和服务质量分级标准体系，搭建重点产品质量升级阶梯，提高产品和服务质量信息的对称性，促进科学消费、理性消费、放心消费，助力品种培优、品质提升、品牌打造，逐步形成高水平供给适应高水平需求、高水平需求倒逼高水平供给的良性循环。

在产品质量分级方面，产品质量分级是在保障产品质量安全基础上，依据先进标准，通过科学评价对产品质量进行分等分级，进一步明示产品真实质量水平，有效降低乃至消除产品本质质量与宣称质量信息误差的过程。通过开展产品质量分级，引导供需两端信息更加对称，提高企业质量提升积极性，提振消费信心、激发消费活力，营造优质优价的市场环境，促进消费提质升级。质量分级工作总体定位是：政府规范引导、企业自愿参与、市场牵引驱动、消费便利透明，通过构建全国统一的质量分级制度体系，实行统一的顶层设计、统一的标准体系、统一的标识体系、统一的信息平台，探索建立质量分级采信机制和质量分级激励措施，在市场竞争中推动优质优价制度有序落地，助力消费提质升级。

在服务质量分级方面，加强服务质量基础研究，在不同行业细化建立各层级服务质量指标体系、政策体系、标准体系、统计体系、绩效评价体系。开展服务质量分级标准研究，在旅游住宿、家政、养老、政务服务、医疗卫生等重点服务行业，建立完善服务质量分级标准。开展服务质量分级实践活动，建立优质服务引导激励制度，探索将高质量的服务纳入各种评选及服务采购活动中。强化服务质量分级、监测相关组织建设和人才培养，积极搭建服务质量经验交流平台，鼓励企业对照国内外先进标准进行自我检视，不断提升。

99. 如何加大对企业质量创新的金融扶持力度？

《纲要》提出，"统筹推进普惠金融、绿色金融、科创金融、供应链金融发展，提高服务实体经济质量升级的精准性和可及性"。加大对企业质量创新的金融扶持力度，主要包括以下4个方面：

一是持续提升普惠金融服务的针对性和有效性。加强民营和小微企业金融服务，推动建立金融服务小微企业敢贷愿贷能贷会贷长效机制，提升金融机构服务小微企业的意愿、能力和可持续性。发挥好普惠小微贷款支持工具等结构性工具作用，引导商业银行增加普惠小微贷款投放，积极申请工具支持，充分发挥工具的正向激励作用。

二是持续完善绿色金融体系。用好碳减排支持工具，向金融机构提供低成本资金，引导金融机构在自主决策、自担风险的前提下，向清洁能源、节能环保、碳减排技术等碳减排重点领域提供碳减排贷款，带动更多信贷资金流向碳减排领域。发挥银行业金融机构绿色金融评价的指挥棒作用，引导金融机构做好绿色项目储备，积极发行和投资绿色债券，推动更多募集资金投向绿色发展领域，提高金融机构环境信息披露水平，切实提高金融支持绿色发展的精准性。

三是持续做好科技创新金融服务工作。加强金融支持创新体系工作的顶层设计，培育支持科技创新的金融生态。充分发挥再贷款等货币政策工具激励作用，推动银行业金融机构加强服务科技创新能力建设，为承担国家重大科技创新任务的企业以及高新技术企业、"专精特新"中小企业等提供资金支持。支持符合条件的科技创新企业发行科创票据，降低企业融资成本。

四是规范发展供应链金融。推动金融机构、核心企业、政府部门、第三方专业机构等各方加强信息共享，鼓励银行等金融机构为产业链提供结算、融资和财务管理等系统化的综合解决方案，提升产业链整体金融服务水平，加大对先进制造业等国家战略领域核心企业和上下游中小企业的支持力度。

100. 如何加强质量教育和质量人才培养？

《纲要》对加强质量教育和质量人才培养工作进行了系统部署，既明确要"将质量内容纳入中小学义务教育，支持高等学校加强质量相关学科建设和专业设置，完善质量专业技术技能人才职业培训制度和职称制度，实现职称制度与职业资格制度有效衔接，着力培养质量专业技能型人才、科研人才、经营管理人才。建立质量政策评估制度，强化结果反馈和跟踪改进"，也明确要"加强全员质量教育培训，健全企业首席质量官制度，重视质量经理、质量工程师、质量技术能手队伍建设"。加强质量教育和质量人才培养，可以从以下4个方面着力：

一是在中小学阶段注重教育引导学生逐步树立质量意识和依法维权意识。将诚实守信、工匠精神等典型人物事迹纳入中小学教育教学活动，提升青少年的质量意识，培养青少年的诚信意识和精益求精的品质。

二是支持高等院校加强质量相关学科建设和专业设置，培养质量专业人才。契合高质量发展要求、对接市场需求，引导高校进行质量相关学科建设和专业设置，做好质量课程和质量师资的开发。按照质量通识教育和专业教育的不同特点，统筹质量教育的通识性课程和专业课程开发，做好大纲编制工作，增强质量通识性课程和专业课程的实用性。按照"专业能力+质量素养"的方式促进师资开发，建立科学、合理、有效的教师质量素养培训标准体系，提升教师质量通识教育和专业教育能力。

三是完善质量专业技术技能人才职业培训制度和职称制度，实现职称制度与职业资格制度有效衔接。适应技术技能人才融合发展趋势，进一步打通高技能人才与专业技术人才职业发展通道，促进两类人才深度融合。以质量专业高技能人才为重点，打破技术职称评审与职业技能评价界限，创新技术技能导向的评价机制，拓宽技术技能人才发展通道，支持质量专业高技能人才参加职称评审、专业技术人才参加职业资格评价。

四是健全企业首席质量官制度。按照大中型企业先行、小微企业跟进的实施策略，逐步实现"一企一岗"和"持证上岗"的制度格局，明确首席质量官的职责，统一首席质量官的培养，强化首席质量官的任职评估和考核，提高首席质量官职业素养。

101. 如何理解新型质量监管机制的内涵？

《纲要》提出，"健全以'双随机、一公开'监管和'互联网+监管'为基本手段、以重点监管为补充、以信用监管为基础的新型监管机制"。新型质量监管机制的内涵，包括以下4个方面：

一是健全"双随机、一公开"监管。统筹建设监管工作平台，各省（区、市）人民政府以国家企业信用信息公示系统和全国信用信息共享平台等为依托，建设本辖区统一的"双随机、一公开"监管工作平台。实行抽查事项清单管理，各有关部门依照法律、法规、规章规定，建立本部门随机抽查事项清单，明确抽查依据、主体、内容、方式等。建立健全随机抽查"两库"，各省（区、市）人民政府统筹建立健全覆盖本辖区各层级、与抽查事项相对应的检查对象名录库和执法检查人员名录库。统筹制定抽查计划，县级以上地方人民政府结合本地实际及行业主管部门的抽查要求，统筹制定本辖区年度抽查工作计划，明确工作任务和参与部门。科学实施抽查检查，县级以上地方人民政府根据年度抽查工作计划，组织领导本辖区内的部门联合"双随机、一公开"监管工作。强化抽查检查结果公示运用，将抽查检查结果通过国家企业信用信息公示系统和全国信用信息共享平台等进行公示。

二是立足智慧监管推进监管方式创新。建立和完善智慧监管制度，充分运用互联网、大数据、人工智能等信息技术推进监管方式创新。探索推行以远程监管、移动监管、预警防控为特征的非现场监管，解决人少事多的难题。推进线上线下一体化监管，完善与创新创造相适应的包容审慎监管方式。以统一社会信用代码为标识，将企业登记备案、行政许可、行政处罚、年报公示、抽查检查结果、经营异常名录和严重违法失信名单、知识产权出质登记、营业执照作废声明、执行标准自我声明等信息，全部记于企业名下并通过国家企业信用信息公示系统向社会公示，通过协同监管平台等方式向相关政府部门推送公示系统相关公示数据以及"多报合一"数据，形成涉企信息公示全国"一张网"。

三是实施重点监管。对直接关系人民群众生命财产安全、公共安全，以及潜在风险大、社会风险高的重点领域，实施重点监管。建立重点领域企业清单，全面归集重点领域企业信息，依法公示重点领域企业信息。强化事前防范和事中监管，统筹推进重点监管和"双随机、一公开"监管。

四是全面推进企业信用风险分类管理、信用约束和信用修复等工作。通过全面归集、综合分析运用各类涉企信息，构建企业信用风险分类管理指标体系和风险监测预警模型，加强对企业信用风险的分类管理和监测预警，实现监管资源合理配置和高效利用，提升监管效能。加大事后失信惩戒力度，加强严重违法失信名单管理，加大对违法失信企业的约束惩戒，依法依规实施信用修复。

102. 如何实现事前事中事后全链条监管？

《纲要》提出，"创新质量监管方式，完善市场准入制度，深化工业产品生产许可证和强制性认证制度改革，分类放宽一般工业产品和服务业准入限制，强化事前事中事后全链条监管"。强化事前事中事后全链条监管，应该注重把握以下 3 个方面：

一是依托清单明确监管重点。行政许可事项清单是完善事前事中事后全链条全领域监管的重要基础。对列入清单的事项，充分评估其实际情况和风险隐患，科学划分风险等级，明确监管重点环节，实施针对性、差异化的监管政策，提升监管的精准性和有效性。对直接涉及公共安全、公众健康，以及潜在风险大、社会风险高的重点领域，依法依规进行重点监管，守牢质量安全底线。与行政许可事项对应的监管事项，将其纳入"互联网＋监管"平台监管事项动态管理系统。

二是对清单内事项逐项明确监管主体。严格依照法律法规和"三定"规定，确定监管主体。法律法规和"三定"规定未明确监管职责的，按照"谁审批、谁监管，谁主管、谁监管"的原则，确定监管主体。实行相对集中行政许可权改革的地区，按照改革方案确定监管职责。对多部门共同承担监管职责的事项，行业主管部门会同相关部门实施综合监管。有关部门之间就监管主体存在争议的，报同级人民政府决定。

三是结合清单完善监管规则标准。对于法律、行政法规、国务院决定设定的行政许可事项，逐事项或者分领域制定并公布全国统一、简明易行、科学合理的监管规则和标准。地方性法规、省级政府规章设定的行政许可事项，由省级、设区的市级人民政府有关部门制定并公布监管规则和标准。实行相对集中行政许可权改革的地区，明晰审管的边界，强化审管的互动，确保无缝衔接。对取消和下放的行政许可事项，明确监管层级、监管部门、监管规则和标准。

103. 如何完善产品质量监督抽查制度?

《纲要》提出,"完善产品质量监督抽查制度,加强工业品和消费品质量监督检查,推动实现生产流通、线上线下一体化抽查,探索建立全国联动抽查机制,对重点产品实施全国企业抽查全覆盖,强化监督抽查结果处理"。产品质量监督抽查,是指依据现行有效的产品标准,有计划地对国内生产、销售的产品进行随机抽样、检验,向社会发布抽查结果,并依法处理质量不合格产品和生产经营企业质量违法行为的活动。这项制度从 1985 年建立,1986 年由国务院发布《工业产品质量责任条例》正式确立,1993 年由《产品质量法》明确规定为国家产品质量监督检查制度的主要方式。2000 年修正后的《产品质量法》对产品质量国家监督抽查工作的要求更加全面和明确,对监督抽查的抽样程序、抽查的样品数量、检验结果的异议处理、抽查任务承担机构的资质要求和工作纪律、不合格产品生产企业的后处理等作出了严格规定。

监督抽查分为国家监督抽查和地方监督抽查,主要流程包括制定抽查计划、制定抽查方案、选定抽检主体、抽样、检验、异议处理、公布结果、质量分析、后处理等环节。截至目前,国家监督抽查累计抽查了 53 万家企业生产的 59 万批次产品,发现并处理 9.8 万余家企业生产的 10.6 万批次不合格产品,国家监督抽查合格率累计提高了 24.1 个百分点。近 3 年来,每年国家监督抽查产品批次数在 20000—27000 批次,产品批次不合格发现率在10%左右。实践证明，监督抽查依据标准对产品检验，不仅可以发现问题产品和问题企业，还可以精准找出产品存在的缺陷；通过对质量问题的"把脉问诊"，解决行业性、区域性突出质量问题。这项制度在规范市场经济秩序、促进产品质量水平提升方面发挥了重要作用，实现了"抽查一类产品，整顿一批企业，提高一个行业"的效果。

近年来，以提升抽查效能为目标，加大了监督抽查改革力度，着力完善国家监督抽查制度，重点推行"抽检分离"、检验机构公开招标遴选、"双随机"深度嵌入业务信息化系统、抽样全程可视化视频监控等改革措施，提升了监督抽查问题发现能力，有力增强了监督抽查工作的震慑力和公信力。下一步，要以问题为导向，不断完善产品质量监督抽查制度，对监督抽查全链条、全流程进行顶层设计，着力改革重构制度施行的"前后两端"。"前端"要调整抽查计划立项程序和方式，健全抽查产品会商机制，提高消费者参与度，增强抽查目录的靶向性、计划安排的系统性、抽查对象的随机性以及抽查流程的严肃性，注重强化全国抽查工作协同联动。"后端"要强化抽查后处理工作，建立抽查过程快检快处机制、抽查结果共享互认共用机制、抽查通报分批分类发布机制、抽查结果综合分析和宏观应用机制、不合格企业整改及反馈机制、区域治理"回头看"等一系列机制，让监督抽查既成为发现质量问题提出整改措施的"探测仪"，又成为分类施策、开展风险分类监管和质量技术帮扶的"指南针"，还成为发出消费警示、开展消费引导的"提示器"。

104. 如何建立健全产品质量安全风险监控机制？

《纲要》提出，"建立健全产品质量安全风险监控机制，完善产品伤害监测体系，开展质量安全风险识别、评估和处置"。产品质量安全风险监控主要是通过采集汇总多源质量安全信息，监测质量安全风险，综合评估质量安全风险等级，分类处置质量安全风险问题，实现对系统性、区域性、行业性质量安全风险的早发现、早研判、早预警、早处置。加强产品质量安全风险监控工作，要把握好以下 3 点：

一是坚持三条基本原则。牢牢把握重安全守底线、重数据谋创新、重应用促协同三条基本原则，坚决守住不发生系统性、区域性、行业性产品质量安全事件的底线，及时研判、突出重点、科学处置。加强顶层设计，充分发挥市场监管大数据优势，构建数据驱动的产品质量安全风险评估模型，促进产品质量安全风险评估结果应用，做好与产品质量安全监管措施的衔接，切实提高监管效能。

二是加强产品质量安全风险信息的采集和分析。不断拓宽产品质量安全风险信息采集渠道，建立产品质量安全形势综合分析制度，定期组织质量安全形势分析会，全国上下互通重点质量安全风险信息，做到风险信息共享共用。进一步明确风险监测定位，重点监测区域性或系统性质量问题，加强联动监测联合处置，充分发挥多元参与风险监测治理模式。

三是坚持风险监控工作全链条监管。以"信息收集、风险监测、风险评估、风险处置"4个环节为工作主线。强化风险信息定期归集，在原有风险信息采集渠道基础上，强化伤害监测、风险监测信息应用，探索将企事业单位、行业协会商会、大型平台企业产品质量数据纳入风险信息范围。科学开展风险评估，研究建立通用的风险评估指标体系，实现全国范围产品质量安全风险评估相对统一，风险等级与企业信用风险分类管理形成有效衔接。基于风险等级进行风险处置，制定实施《重点工业产品质量安全监管目录》，依据风险等级对企业实施精准监管，搭建产品质量安全风险监测预警平台，建立健全风险预警机制，提升风险预警效能，实现产品质量安全风险联防联控。

105. 如何建立健全产品质量安全事故强制报告制度？

《纲要》提出，"建立健全产品质量安全事故强制报告制度，开展重大质量安全事故调查与处理"。建立健全产品质量安全事故强制报告制度，是推动落实企业质量安全主体责任的关键举措，是提高产品质量水平、维护人身财产安全的迫切需要，也是完善我国产品质量安全监管制度和贯彻落实高质量发展综合绩效评价的需要。目前，我国产品质量安全事故强制报告制度尚在探索建立中。建立健全产品质量安全事故强制报告制度，要把握好以下4个环节：

一是事故报告。充分借鉴国内外相关制度经验，明确事故报告的产品范畴、报告主体、报告流程、报告内容、报告时间等，建立快速、高效、顺畅的产品质量安全事故强制报告机制。加强制度宣贯与培训，督促生产者、其他经营者等相关主体主动上报产品质量安全事故。

二是事故调查。主要由生产者负责事故调查分析，向政府监管部门提交调查报告，说明事故发生经过、事故原因及判定依据、采取的整改措施及其实施范围和持续时间等。生产者提交的调查报告未通过审查的，由相关政府监管部门组织开展事故调查。

三是事故处理。有关政府监管部门可以根据事故调查结果，采取相应处理措施，包括及时发布相关消费预警或者使用警示；发现产品可能存在缺陷的，依法开展缺陷调查、实施召回；对可能存在区域性或行业性重大质量安全问题的产品开展专项整治；将相应产品纳入国家级或省级监督抽查计划，加强对重点产品的监督管理；制修订相关标准、技术和管理规范等，涉及标准制修订的，应及时将有关信息反馈至制定标准的管理部门。生产者应当落实事故防范和整改措施，及时报告落实情况。

四是信息公开。依法向社会公开事故调查处理情况，将相关企业及时报告和整改措施落实情况纳入国家企业信用信息公示系统向社会公示。建立全国统一的产品质量安全事故信息化管理平台，积极促进事故信息在全国各区域间的交流共享，防范类似产品质量安全事故发生。

106. 如何健全产品召回管理体制机制？

《纲要》提出，"健全产品召回管理体制机制，加强召回技术支撑，强化缺陷产品召回管理"。产品召回是产品质量安全监管的重要手段。经过近 20 年建设发展，我国产品召回制度体系为坚守产品安全底线、维护市场秩序和保障人身财产安全发挥了重要作用。随着信息技术、新能源、新材料、生物技术等重要领域和前沿方向的革命性突破和交叉融合，新产业新业态新模式不断涌现，线上和线下市场在交织并行中形成复杂生态，对产品召回监管提出了新的挑战。为适应产品质量安全新形势，主要从以下 5 个方面健全产品召回管理体制机制：

一是推进汽车安全沙盒监管制度，探索创新产品安全监管新模式。针对智能网联技术发展新趋势，推进汽车安全沙盒监管制度实施，通过对车辆应用的前沿技术进行深度安全测试，将前沿技术引发的质量安全问题纳入监管范围，防范和化解重大风险，提升召回监管效能。同时，通过沙盒监管引导企业查找问题、改进设计、降低产品安全风险，倡导最佳安全设计实践。

二是完善消费品召回管理机制，推动电商召回共治合作。着力构建"国家统一管理，地方分级负责，相关部门协调配合"的消费品召回工作体系。不断优化消费品召回管理运行机制，加强对全国消费品召回工作的指导和监督。引导电商平台加强在线销售产品安全管理，开展电商平台企业产品安全与召回承诺，强化召回信息提示，防止缺陷产品继续销售，推进网上销售消费品召回共治合作。

三是加强召回技术支撑体系建设，提升召回技术支撑能力。加强汽车远程升级技术安全与召回监管技术研究，探索建立监管数据平台，组织开展安全技术评估。健全数据驱动的汽车事故深度调查体系，推进新能源汽车事故调查体系建设和安全评估。完善产品伤害监测体系，加强产品伤害统计分析。夯实产品安全实验室建设，加强汽车、消费品危害识别和试验验证，强化产品缺陷与失效分析。建立并完善市场监管总局与生态环境部机动车排放召回信息系统和监督管理平台，加强信息共享。

四是强化召回应急处置机制，快速应对产品质量安全事故。构建并完善汽车、消费品安全突发公共事件应急管理机制，切实加强预案预警机制、应急响应机制、应急处置机制建设，提高应急处置、事故调查和舆情应对等综合能力。在产品召回监管工作中，及时化解产品质量安全存量风险，防范增量风险、严控变量风险，切实防范质量安全事故发生。

五是探索召回与质量提升联动机制，推动产业链质量升级。将召回管理与质量提升紧密结合，联合行业协会、企业开展"实施一个召回、提升一个产业"工程，推动相关行业整体质量水平改进和提升。积极探索"发现产品缺陷—提出产品安全规范建议—实现质量提升"的工作思路，针对企业内部质量安全管理问题，提升缺陷分析和识别能力，加强产品安全测试，推动汽车、消费品产业链质量升级。

107. 如何理解质量安全"沙盒监管"制度？

《纲要》提出，"建立质量安全'沙盒监管'制度，为新产品新业态发展提供容错纠错空间"。沙盒监管起源于英国金融科技监管领域，目的是保护消费者利益，促进金融科技产业规范发展。美国、德国、日本等20多个国家和地区在金融、汽车、能源等领域，积极实施或探索这种针对技术创新的柔性监管制度。目前，我国正在积极探索汽车安全沙盒监管制度。

近年来，我国汽车产业稳中有进、稳中向好，特别是新能源汽车产业呈现高速增长的发展态势。新技术的创新应用为产业发展注入新动能的同时，也衍生出软件安全、网络安全、产业供应链安全等新型安全问题，带来了新的质量不确定性和安全风险，给汽车产业安全有序发展带来了挑战。现有的技术法规已经无法满足环境感知、智能决策、协同控制等前沿技术快速融合发展的需要，沙盒监管制度有利于鼓励支持汽车产业技术创新，更好地平衡技术创新和安全风险，为推动我国汽车产业繁荣健康、安全有序发展提供新的管理思路。

汽车安全沙盒监管是在后市场阶段聚焦现有法规没有覆盖的技术风险和质量不确定性问题，通过风险评估的方式，就创新技术安全性进行深度测试和评估，最大限度地防范产品应用风险。推进汽车安全沙盒监管试点主要有3个目的：从企业层面，鼓励企业技术创新，引导企业就新技术应用主动查找问题，改进设计、制造，降低产品安全风险；从政府层面，探索汽车新技术、新业态、新模式安全监管方式，更好地平衡技术创新和安全风险，推动产业健康、安全、有序发展；从消费者层面，尽早将前沿技术引发的质量安全问题纳入监管范围，更好地保护消费者合法权益。

沙盒监管与现有汽车产品质量安全监管制度是互为补充的关系。沙盒监管制度关注创新产品、前沿技术应用中不可预期的技术风险，是一种关口前移的新型监管方式的尝试和探索，有利于监管部门更早把握前沿技术发展，适应新一轮科技引领产业变革需求。沙盒监管坚持企业自愿参与的原则，不涉及强制增加行政相对人的权利和义务，但是进入沙盒监管实施周期内的企业若发生违反现行法律法规行为的，不免除其相关法律责任。

108. 新形势下完善进出口商品质量安全风险预警和快速反应监管体系有哪些重要意义？

《纲要》提出，"严格进出口商品质量安全检验监管，持续完善进出口商品质量安全风险预警和快速反应监管机制"。进出口商品质量安全事关人民群众切身利益、国门安全和对外贸易可持续发展，是实现质量强国的重要组成部分。科学预防和有效控制进出口商品质量安全风险，是加强全面质量管理、促进质量提升、增强人民群众获得感的重要途径，是深化简政放权、放管结合、优化服务改革的重要内容，对推进供给侧结构性改革、质量安全治理体系和治理能力现代化具有重要意义。

一是坚决贯彻落实党中央、国务院深化改革要求的重要举措。党中央、国务院高度重视进出口商品质量安全。2017 年 7 月，习近平总书记主持召开中央全面深化改革领导小组第三十七次会议并发表重要讲话，强调完善进出口商品质量安全风险预警和快速反应监管体系，要把人民群众切身利益放在首位，正确处理质量安全和发展的关系，坚持安全为本、严守底线，预防为主、防控结合，创新引领、开放共享，全面加强质量安全风险监测、评估、预警、处置和管理结果运用，切实保护消费者权益。2017年9月，国务院印发《关于完善进出口商品质量安全风险预警和快速反应监管体系切实保护消费者权益的意见》，提出了5个方面22条措施，要求各地方人民政府、国务院有关部门推动落实。

二是更好满足人民群众对高质量产品供给需求的重要举措。当前，我国社会主要矛盾已经转化为人民日益增长的美好生活需要和不平衡不充分的发展之间的矛盾。随着高质量发展高水平开放的不断推进，模仿型、排浪式消费加快向个性化、多元化消费转变，人民群众对高品质商品供给的需求愈发强烈，对进出口商品质量安全监管模式提出了新的更高要求。完善进出口商品质量安全风险预警和快速反应监管体系，进一步加强风险监测、评估、预警及处置，就是要实现进出口商品质量安全风险早发现、早研判、早预警、早处置，有效预防、系统应对质量安全风险，并通过健全快速反应措施、强化联合惩戒、落实企业主体责任、加大违法行为惩治等举措，严守质量安全底线，将有毒有害物质挡在国门之外，更好满足人民群众日益增长的物质文化需要，更好保护消费者合法权益，增强人民群众获得感。

三是促进外贸高质量发展维护产业链供应链安全稳定的重要举措。近年来，尽管面临需求收缩、供给冲击、预期转弱三重压力，我国外贸进出口依然展现出强劲韧性。2022年我国外贸进出口总值首次突破 40 万亿元关口，连续 6 年保持世界第一货物贸易国地位。同时，也要看到，世界经济复苏乏力，我国开放型经济处于优化升级换挡期，建设贸易强国，促进高水平开放，加强多双边合作，以高水平开放促进高质量发展，推动外贸实现质的有效提升和量的合理增长的任务仍然艰巨。完善进出口商品质量安全风险预警和快速反应监管体系的重要工作之一，就是要基于质量安全风险监测和评估结果，进一步优化检验监管模式、动态调整法检目录、实施差异化监管，实现高风险商品精准监管，低风险商品快速通关。这对促进商品优进优出、快进快出，促进跨境贸易高质量发展，大力"稳链"、精准"补链"、促进"强链"，确保产业链供应链安全稳定具有重要意义。

四是提升进出口商品质量安全防控能力维护国门安全的重要举措。当前，百年变局加速演进，粮食和能源危机多重叠加，外部环境更趋复杂严峻和不确定，国门安全面临的风险挑战复杂严峻。受多重因素影响，固体废物走私入境、危险品高危低报、多危少报、涉危不报等风险加大，部分医疗器械、儿童用品、机动车等与人民群众生命健康安全息息相关的商品质量安全风险仍然较高，须臾不可放松。完善进出口商品质量安全风险预警和快速反应监管体系，有利于提升进出口商品质量安全防控能力，聚焦安全卫生健康环保项目实施监管，科学指导风险防控决策，健全快速反应措施，综合运用加严监管、缺陷召回、退运、销毁等手段，切实防范化解质量安全风险，有力维护国门安全。

109. 如何推动质量社会共治？

《纲要》提出，"创新质量治理模式，健全以法治为基础、政府为主导、社会各方参与的多元治理机制，强化基层治理、企业主责和行业自律"。推动质量社会共治，应从以下 4 个方面着手：

一是落实企业质量主体责任。督促企业建立全员、全过程、全方位质量管理体系，支持群团组织、一线班组开展质量改进、质量创新和劳动技能竞赛等群众性质量活动。鼓励龙头企业开展面向小微企业的质量帮扶活动，推动全生产链条质量管理水平协同提升。督促企业健全质量追溯体系，履行出厂检验、质量担保、售后服务、缺陷召回等法定义务，落实重大质量安全事故报告与应急处理制度，依法承担质量损害赔偿责任。

二是有效发挥政府主导作用。加强质量安全监管和质量安全风险监测，强化不合格产品监督后处理，对主流媒体曝光、连续两年监督抽查不合格率较高、质量问题反响强烈、质量违法行为较多的区域，经调查属实的，实施通报集中整治。对整治不力地区，采取约谈主要负责人、挂牌督办、发稽查建议书等方式，督促落实整改措施。用好质量工作考核制度，强化政府质量工作考核结果运用。

三是强化行业自律作用。发挥行业协会商会、学会及消费者组织等桥梁纽带作用，开展标准制定、品牌建设、质量管理等技术服务，推进行业质量诚信自律。

四是动员社会多方参与。发挥新闻媒体宣传引导作用，传播先进质量理念和最佳实践，曝光制售假冒伪劣等违法行为，营造扶优治劣的良好氛围。引导社会力量参与质量文化建设，鼓励创作体现质量文化特色的影视和文学作品。引导消费者树立绿色健康安全的消费理念，主动参与质量促进、社会监督等活动。大力推行产品质量安全有奖举报制度，畅通投诉举报渠道，调动消费者参与质量监督的积极性。

110. 如何开展好全国"质量月"活动？

全国"质量月"活动是 1978 年以来长期开展的一项群众性质量活动。全国"质量月"活动围绕党中央、国务院对质量工作的要求，每年确定一个活动主题，由政府部门统一部署和动员，广大企业、社会组织和群众广泛参与，推动提升各行各业质量水平。开展好全国"质量月"活动，要从以下 5 个方面发力：

一是加强质量主题宣传教育。深入宣传贯彻习近平总书记关于质量工作的重要论述，贯彻落实党中央、国务院关于深入实施质量提升行动、建设质量强国的决策部署。树立"质量第一"的强烈意识，挖掘一批质量提升的典型，展示中国质量发展成就，讲好中国质量故事，树立中国质量新形象，让质量深入人心。

二是联合好相关部门。相关政府质量主管部门积极倡导和统一部署是"质量月"活动取得成功的重要保障。要加强部门联合，做好活动策划，明确活动目标、制定工作方案、细化任务分工。通过加强统筹协调、部门联动，促进社会共治，形成合力，共同开展好"质量月"活动。

三是活动重心下移。广泛动员基层一线深入开展质量提升小组、质量改进、质量攻关等活动，激发群众质量创新热情，分享和推广一批质量创新成果。加强质量教育和培训，普及质量知识、提升质量意识，推广先进的质量提升做法，不断提高基层人员质量素质和技能。发掘行业、地方的工匠代表，弘扬质量先进，在全社会形成尊重基层创造、崇尚工匠精神的价值导向。

四是发挥好企业的主体作用。广泛动员各类企业特别是中小企业大力开展"质量月"活动，推动企业开展质量风险分析与控制、质量成本管理、质量管理体系升级等活动，加强全员、全要素、全过程、全数据的质量管理。针对企业短板实施精准质量提升帮扶措施，引导企业深入推广应用科学质量管理模式、方法，建立完善新型质量管理体系。

五是不断增强群众的质量获得感。办好民生实事，解决群众关心、关注的质量问题是"质量月"活动的重要目的。要针对群众关切的"身边质量"，提升产品和服务质量水平，推出质量惠民、质量便民的实招硬招，让群众享受"质量月"的成果。要畅通线上线下消费维权渠道，加大消费维权力度，让群众买得放心、用得放心、吃得放心。

111. 如何加强质量国际合作？

《纲要》提出，"加强质量国际合作"。加强质量国际合作，可以从以下4个方面着手：

一是深入开展双多边质量合作交流。加强与国际组织、区域组织和有关国家的质量对话与磋商，开展质量教育培训、文化交流和人才培养等合作。加强与非盟委员会质量基础设施领域合作，定期举办中欧工业品安全与WTO/TBT磋商机制会议、中俄标准计量合格评定与检验监管常设工作组等双边会议，就标准、认证认可、计量等问题进行深入交流。推动达成双多边合作互认成果，提升质量国际合作和贸易便利化水平。

二是推进质量基础设施互联互通。围绕区域全面经济伙伴关系协定实施等，建设跨区域计量技术转移平台和标准、认证认可信息平台。

三是健全贸易质量争端预警和协调机制。积极参与技术性贸易措施相关规则和标准制定，参与建立跨国（境）消费争议处理和执法监管合作机制，开展质量监管执法和消费维权双多边合作。

四是积极参加和承办国际性质量会议。包括定期举办中国质量大会。中国质量大会是中国政府主办的双年度国际性质量会议，自2014年起已分别在北京、上海、深圳和杭州成功举办四届。习近平总书记两次向大会致贺信，国务院总理等国务院领导出席大会并发表重要讲话。参与者涵盖部分国家领导人、国际组织负责人、驻华使节、政府质量相关部门负责人，以及质量工作管理者、专家学者和知名企业家，在国内外产生了广泛而积极的影响，成为我国举办的质量领域规格最高、规模最大、影响最广的国际性会议。

十二、组织保障

112. 如何加强党对质量强国建设的领导？

《纲要》提出，"坚持党对质量工作的全面领导，把党的领导贯彻到质量工作的各领域各方面各环节，确保党中央决策部署落到实处"。质量工作是经济社会发展的重要基础和保障。党的十八大以来，党中央对质量的重视前所未有，明确提出要把推动发展的立足点转到提高质量和效益上来，坚持以发展质量和效益为中心。加强党对质量工作的领导，充分发挥党总揽全局、协调各方的领导核心作用，有利于从更高层面、在更大范围、以更大力度向全党全国进行质量动员，进一步调动各个方面抓质量的积极性，更加有效地深入实施质量强国战略。加强党对质量强国建设的领导，应从以下4个方面着力：

一是坚持以习近平新时代中国特色社会主义思想为指导。全面学习领会习近平新时代中国特色社会主义思想，自觉运用贯穿其中的马克思主义立场观点方法指导质量强国建设各项工作。深入学习贯彻习近平总书记系列重要论述和重要指示批示精神，推动及时转化为质量政策，以实际行动践行"两个维护"。

二是健全质量工作体制机制。建立质量强国建设统筹协调工作机制，强化部门协同、上下联动，将质量强国建设列入各级党委议事日程，构建形成"党委领导、政府主导、部门联合、企业主责、社会参与"的大质量工作格局。

三是狠抓督察考核。探索建立中央质量督察工作机制，将质量工作考核结果作为各级党委和政府领导班子及有关领导干部综合考核评价的重要内容，把质量发展纳入党校（行政学院）和各类干部教育培训机构教学计划，让质量第一成为各级党委和政府的基本理念，成为领导干部工作责任。

四是加强质量宣传动员。将质量文化作为社会主义核心价值观的重要内容，组织质量主题宣传系列活动，加强质量公益宣传，真正形成各级党委和政府重视质量、企业追求质量、社会崇尚质量、人人关心质量的良好氛围。

113. 为什么要建立质量强国建设统筹协调工作机制?

《纲要》明确提出，"建立质量强国建设统筹协调工作机制，健全质量监督管理体制，强化部门协同、上下联动，整体有序推进质量强国战略实施"。2012 年 8 月，国务院办公厅同意建立全国质量工作部际联席会议制度。在新发展阶段，党中央、国务院将质量工作提到了前所未有的高度。质量工作涉及面广，涉及部门多，需要在全国质量工作部际联席会议制度的基础上，建立国家层面的质量强国建设统筹协调工作机制。按照《纲要》部署要求，市场监管总局会同中央组织部、中央网信办、国家发展改革委、教育部等 31 个部门和单位，提请国务院在原全国质量工作部际联席会议制度的基础上，调整设立国家质量强国建设协调推进领导小组。2022 年 8 月，国务院办公厅印发《关于成立国家质量强国建设协调推进领导小组的通知》，我国质量工作从此有了更高层面的议事协调机构进行组织领导，能够更好凝聚各地区、各部门工作合力，对质量强国建设具有重要推动作用。领导小组成立后，各地区对标国务院成立的领导小组，相应调整完善了本地区质量强国建设协调推进工作机制。

国家质量强国建设协调推进领导小组主要职责是，深入学习贯彻习近平总书记关于质量强国建设的重要指示精神，全面贯彻落实党中央、国务院有关决策部署；推动完善质量工作有关法律法规，研究审议重大质量政策措施；统筹协调质量强国建设工作，研究解决质量强国建设重大问题，部署推进质量提升行动、质量基础设施建设、质量安全监管、全国"质量月"活动等重点工作；督促检查质量工作有关法律法规和重大政策措施落实情况；完成党中央、国务院交办的其他事项。领导小组还建立了定期会议、信息通报、工作简报等工作制度，确保及时沟通各方面工作进展情况，研究协调有关问题，督促推动相关工作开展，全方位推进质量强国建设。

114. 如何理解实施中央质量督察的重要意义？

《纲要》提出，"加强中央质量督察工作，形成有效的督促检查和整改落实机制"。建立实施中央质量督察制度，意义重大。

一是推动贯彻落实党中央关于质量工作决策部署的内在要求。党的十八大以来，以习近平同志为核心的党中央把质量摆到了更加突出的战略位置。习近平总书记强调，要始终坚持质量第

一、效益优先，大力增强质量意识，视质量为生命，以高质量为追求；在党的十九大上明确提出建设质量强国，在党的十九届五中全会上要求完善国家质量基础设施，深入开展质量提升行动，在党的二十大上再次强调加快建设质量强国。实施中央质量督察，要将贯彻落实习近平总书记关于质量工作的重要指示批示要求、党中央关于质量工作的重大决策部署作为督察的核心内容，强化监督检查，压实政治责任，督促引导各地区各部门突出对标对表、狠抓贯彻落实，确保落地生根、取得实效。

二是坚持党对质量工作全面领导的关键所在。习近平总书记深刻指出，全面建设社会主义现代化国家、全面推进中华民族伟大复兴，关键在党。推动质量强国建设是强国建设、民族复兴的重要内容，是一项系统工程，必须坚持和加强党对质量工作的全面领导。实施中央质量督察，进而推动地方实施党委质量督察制度，有助于发挥好党总揽全局、协调各方的领导核心作用，不断健全完善"党委领导、政府主导、部门联合、企业主责、社会参与"的质量工作格局，组织领导和统筹协调各方力量，合力推进质量强国建设。

三是提高质量治理能力、推动各方履职尽责真抓实干的有力手段。质量治理现代化是国家治理体系和治理能力现代化的重要组成部分。提高质量治理能力，各级党委政府和广大干部职工的精神状态和工作作风是关键。开展中央质量督察工作，有助于压实各地区各部门质量工作责任，有助于督促广大干部职工认真履职尽责、提高工作效能，有助于激发和调动各方干事创业的积极性、主动性和创造性，着力解决好人民群众最关心的质量问题，不断改善和提高供给质量，促进形成担当作为、改革创新、真抓实干的良好氛围。

115. 如何抓好《纲要》贯彻落实？

《纲要》是首个由党中央、国务院印发的中长期质量纲领性文件，确立了新时代质量工作的全新方位，为统筹推进质量强国建设提供了行动指南、注入了强大动力。贯彻落实好《纲要》是深入学习贯彻习近平总书记重要指示精神，推动落实党中央、国务院决策部署的必然要求，是全面建设社会主义现代化国家、推进中国式现代化的重要举措，是建设现代化产业体系、推动高质量发展的迫切需要，是增进民生福祉、更好满足人民群众美好生活需要的有力抓手。要锚定加快建设质量强国的任务要求，切实加强《纲要》实施的组织领导和统筹协调，真抓实干，锐意进取，狠抓贯彻落实，推动《纲要》各项任务落地见效。

一是加强《纲要》实施组织领导。坚持党对质量工作的全面领导，把党的领导贯彻到质量工作的各领域各方面各环节，确保党中央决策部署落到实处。建立质量强国建设统筹协调工作机制，健全质量监督管理体制，强化部门协同、上下联动。结合各地实际研究制定《纲要》贯彻落实文件，推进质量强国、强省、强市向纵深发展。推动将贯彻落实《纲要》与全面贯彻党的二十大精神结合起来，与落实当地"十四五"国民经济和社会发展规划有效衔接，与年度重点工作同步推进。

二是推进《纲要》各项任务落实。紧盯《纲要》提出的发展目标、重点任务、重大工程，明确任务分工、工作重点和保障措施，细化责任人和时间表。聚焦难点堵点和薄弱环节，加大质量攻关和投入保障，促进产业、财政、金融、科技、贸易、环境、人才等方面政策与质量政策协同，汇聚优质资源，狠抓推进落实。注重调动和发挥各方积极性，将着眼长远规划落实和解决当前突出问题统筹起来，确保各项任务整体有序推进、按期高效完成。

三是健全《纲要》实施推进机制。推动把《纲要》贯彻落实情况纳入各级党委督察，深化政府质量工作考核，将考核结果纳入各级党政领导班子和领导干部政绩考核内容。鼓励基层积极探索创新《纲要》实施的思路和举措，及时总结推广典型经验做法。对《纲要》实施中作出突出贡献的单位和个人，按照国家有关规定予以表彰。建立《纲要》实施监测评估制度，加强对《纲要》实施的跟踪分析和督促指导，及时研究解决实施过程中遇到的新情况新问题。

策　　划：蒋茂凝　陈鹏鸣
审　　校：吴华龙
责任编辑：吴继平　吴广庆
装帧设计：林芝玉

图书在版编目（CIP）数据

质量强国建设纲要学习读本/国家市场监督管理总局 组织编写. —北京：
　人民出版社,2023.6
（强国读本系列图书）
ISBN 978－7－01－025746－4

Ⅰ.①质…　Ⅱ.①国…　Ⅲ.①制造工业-质量管理-中国-学习参考资料
　Ⅳ.①F426.4

中国国家版本馆 CIP 数据核字（2023）第 096176 号

质量强国建设纲要学习读本
ZHILIANG QIANGGUO JIANSHE GANGYAO XUEXI DUBEN

国家市场监督管理总局　组织编写

人民出版社 出版发行
（100706　北京市东城区隆福寺街99号）

北京汇林印务有限公司印刷　新华书店经销

2023 年 6 月第 1 版　2023 年 6 月北京第 2 次印刷
开本:710 毫米×1000 毫米 1/16　印张:22
字数:232 千字

ISBN 978－7－01－025746－4　定价:59.80 元

邮购地址 100706　北京市东城区隆福寺街 99 号
人民东方图书销售中心　电话 (010)65250042　65289539